「現代町家」という方法

家づくりで町かどの風景を変える

趙 海光
Cho Umihiko

まえがき

これは家のつくり方について考えた本です。

いまの家づくりは個々の敷地の中だけに閉じすぎではないか、家の周りに魅力的な「町かど」をつくり出す力をなくしているのではないか、どうしたらその力を回復できるか、そういったことを設計の立場から考えました。

考えるきっかけになったのは古い町家や日本家屋の間取り図です。

間取り図の持つ魔力には子供の頃からハマっていました。建築学科の学生になりたての頃、初めて見たのがフランク・ロイド・ライトの図面です。暖炉を囲む分厚い煉瓦造の壁から木造の屋根が水平に伸び広がっていくプランを見てドキドキしました。建築ってすごいなあと思ったのです。家と周りの木々がいっしょに描かれたその平面図は絵地図のようで、アメリカの深い森の匂いがしました。

日本の町家の間取り図を熱心に見始めたのは、自分で住宅を設計するようになってからです。職業上の必要というよりは気晴らしみたいなものだったのですが、ある日、気が付いたのです。

「自分が古い間取り図にひかれるのは、いま自分が設計している住宅とはまるで別の考え方でつくられているからではないか?」

いまの住宅はやろうと思えばなんでもできる。でも古い間取り図から見えるものは逆です。たとえば町家なら「通り土間に沿った短冊形」という同じ間取りと構造を、つまり「型」を繰り返すだけ。ところが、それが集まって町になると、じつに美しい姿が現れます。いまの町の姿とは反対なんですね。

やがて「現代のスタンダードな木造住宅をつくれ」という仕事に出会って、私は頭を切り替えました。勝手気ままにつくるのではなく、共有できる住宅の「型」を見つけて、そこから出発しようと思ったのです。

その仕事で私が提案したのは、6m立方の箱型のスケルトン（構造体）です。プラン（間取り）ではなく、容れ物（スケルトン）のほうをスタンダード化すべき、というのは町家の間取り図から学んだことでした。6m立方のスケルトンをベースに、土間や物置など必要なパーツをゲヤとして加えていけば家になる、つまり誰もが使える「型」になると思ったのです。

同時に考えていたのは家の外の余白（庭）です。6m立方のスケルトンなら小さな敷地にも入るし、外に余白も残る。その余白を庭として、敷地を越えて町かど全体につないでいく仕組みも考えていました。

ただし、これはまだ仕組みの段階です。この仕組みを「型」として育てていくためには仲間が必要です。賛同者を募るために、この提案を「現代町家」という設計方法にまとめて日本各地の工務店の方々に呼びかけました。その呼びかけに応えていただいた方々と「現代町家」の設計法を共有する作業を続ける過程から生まれたのがこの本です。

本書には日本の各地につくられた「現代町家」の事例やプロジェクトが多数収録されています。住宅が好きな方々、家の間取り図にハマっている人、そしてとくに設計事務所や工務店で住宅設計の腕を磨いている皆さんに、ぜひ読んでほしいと思いながらこの本をつくりました。

3 「現代町家」の工夫

1

「現代町家」という考え方

今日の家づくりは敷地のなかだけに終始して、周囲に魅力的な町の風景をつくり出す力をなくしています。もっと周りの環境に開いた家づくりの仕組みを考える必要があります。

「現代町家」はベースとゲヤを連結する仕組みによって環境に開き、敷地条件や家族構成に臨機応変に対応しながら家と町かどをつくる設計方法です。

第１章では「現代町家」の基本となる考え方と、それを支える３つの設計ルールについて解説します。

一軒の家から町の家へ

　駅のまわりに多少のにぎわいがあって、すこし離れるとあとは延々とどこまでも家並みが広がっている。それが私のイメージのなかにある日本の町の風景です。

　その都市とも郊外ともつかない、とらえどころのない町の広がりのなかで私は住宅を設計する機会が多いのですが、設計のたびになにかしら不自由な思いに捕われます。どうしても考えが与えられた敷地だけに閉じてしまい、町につながっていかないのです。

　一戸の住宅をつくることが、本来は町の風景をつくることにつながっていくのが自然なのですけれど、その実感が持てません。一つの敷地を越えて、町全体とはいわなくても、せめて町かどくらいの単位で住宅を考える方法を持ちたいと思いました。

　町の風景について、先輩の建築家がこう言ったのを覚えています。

「町全体からみれば新築なんてない。すべては増改築なんだ」

　この言葉は妙に新鮮でした。たしかに町のどこかで家が建て替えられようと、空き地に家が建とうと、それは絶え間のない「風景のリフォーム」です。そう考えたとき、ふと住宅の設計も増改築のように時間を勘定に入れながらやるべきではないかと思ったのです。

　町づくりについてはこれまでもたくさんの議論がありましたが、一軒の家あるいは数軒の家から、つまり町の片隅から始められる具体的な方法がない、そんなフラストレーションが私にはあります。都市計画的な町づくりは町を一新する「新築的」な考え方ですが、いま必要なのは町の現況を時間をかけてゆっくり「増改築」していくような考え方でしょう。そのためには敷地（環境）と家との関係を考え直す作業が必要です。

周りの環境から自立した家なんてあり得ない

　与えられた敷地だけに考えが閉じてしまうのは住宅設計者の職業病みたいなものかもしれません。依頼はふつう「一戸建ての住宅」の設計であり、与えられた敷地を最大限に生かすのがプロとしての腕の見せ所なのですから。

　ただ、少し視点を変えれば、周りの環境から自立した住宅なんてあり得ないわけで、にもかかわらず隣の家の設計には口を出せない。このジレンマをどう越えたらよいのか。

　そのヒントになりそうな例があります。友人と二人で土地を買い、そこに二軒の家を建てた例です。そこでは敷地境界が草花に覆われた共用の路地になっていて、一軒が二軒になると、それだけで家を包む環境のつくりかたが変わってしまうということを間近に目撃しました（写真1、詳しくは58頁参照）。

　もう一つの例が各務原《かかみがはら》市にあります。よくいっしょに仕事をする地元の

写真１　友人と二人で土地を買い、草花で覆われた共用の路地を持つ２軒の住宅を建てた例。

写真２　各務原に本社を置く工務店（いがみ建築工房）が自力でおこなった町かどづくり。田の字型に四分割された宅地のうち三つ分の敷地を使い、そこに４軒の建売住宅を建てるという計画。現在、３軒が完成している。敷地境界を無視して各住宅の周りは一続きの庭になっている。庭の工事は工務店自身がおこない、社員総出で木を植えた。

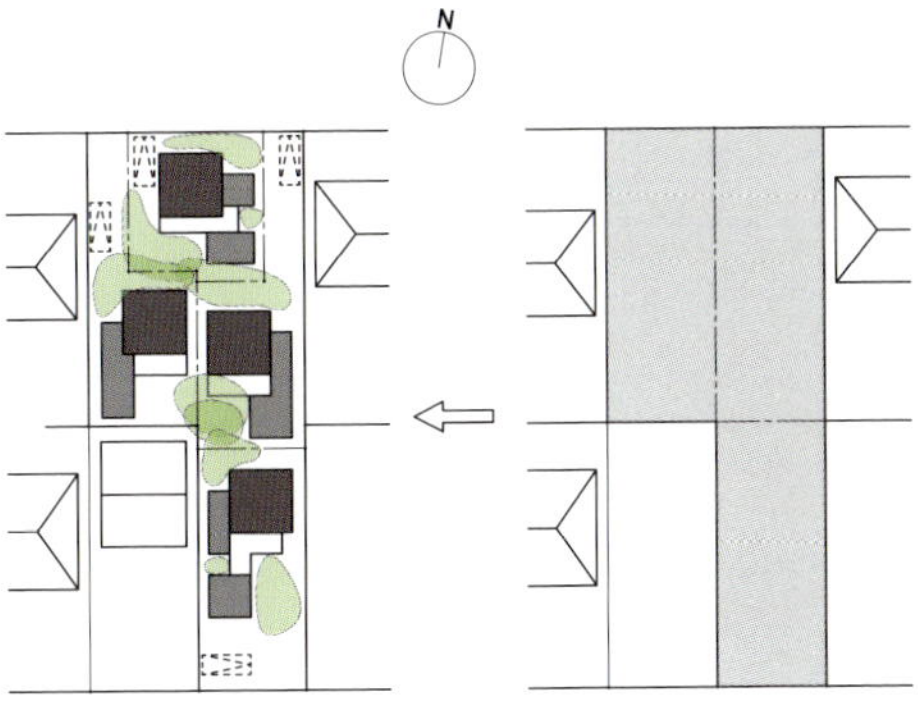

図１　コンパクトな住宅群の周囲を植樹することで「小さな町かど」の風景が生まれる。

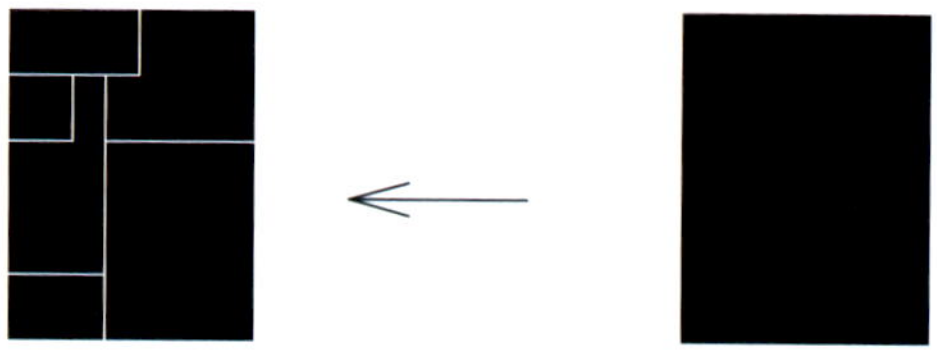
分割型プラン

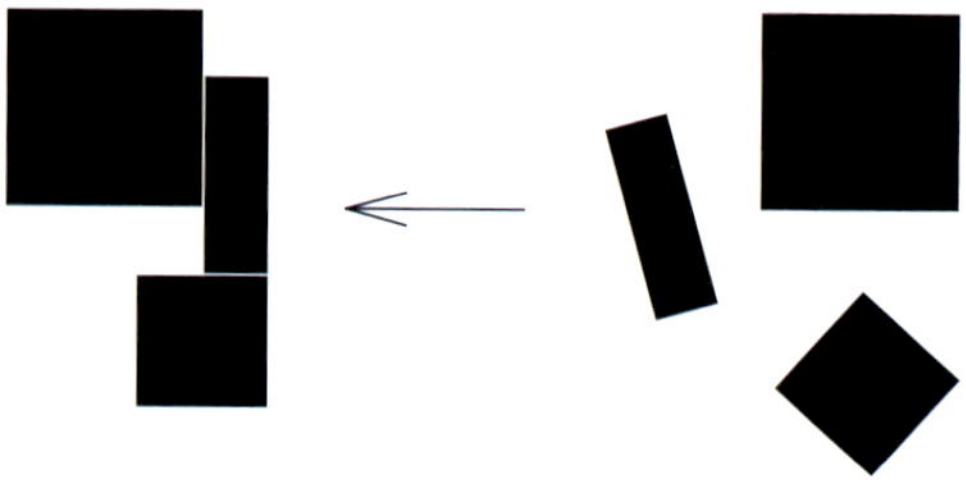
連結型プラン

図２　分割型プランと連結型プラン

工務店が、３区画の分譲地を４区画に割り直して建て売り住宅をつくったケースです。区画が増えるわけですからふつうなら劣悪な環境になってしまうものを、住宅を小さくして家と家との間に木を植えたおかげで、そこには緑に包まれた「小さな町かど」といった風景が生まれようとしています（写真２・図１）。

この二つの例にはえらく勇気付けられました。２例とも、やっているのはいわば「敷地のリフォーム」です。環境をシェアするために、まず基盤になる敷地のリフォームから始めようという、まことに実践向きの態度がそこにはあります。

個人の家であり
同時に町の家でもある

この二つの例では、間接的ですが私も計画に参加しています。私は「現代町家」という家づくりの方法を提案しているのですが、２例ともその提案に賛同した工務店の方々が「現代町家」の設計ルールにそって実施したもので、私もアドバイザーとして加わりました。

「現代町家」の提案とは、いまの家はプライベートな暮らしに閉じこもり過ぎだから、もうすこし町（周りの環境）に開く場を持とう、そうした家の仕組みを考え直そうというものです。

家が周囲の環境を通じて町につながっていくためには、自由気ままに家をつくるのではなく、ルールに基づく設計をしたほうがよい。家の大きさや配置の仕方に一定のルールがあって、そのルールをたとえ少人数でも共有する仕組みがあれば、一軒の家をつくることがそのまま小さな町かどをつくることにつながるのではないか、そんな思いが私にはありました。

先にも書いたように、私には「一つの敷地に閉じて個人の家を考える」ということに対して強いフラストレーションがあります。個人の暮らしだけに閉じこもってしまう家というのは、町なかに建つ場合どこかヘンだと感じていました。いまのように暮らしの形態が変化している時代にはなおさらそうです。以前、自宅でネイルサロンを開業したいという建て主に出会い、玄関横に3畳ほどの「客用サロン」をつくったのですが、家族の誰かが自宅で仕事をし、社会が住宅に入ってくると

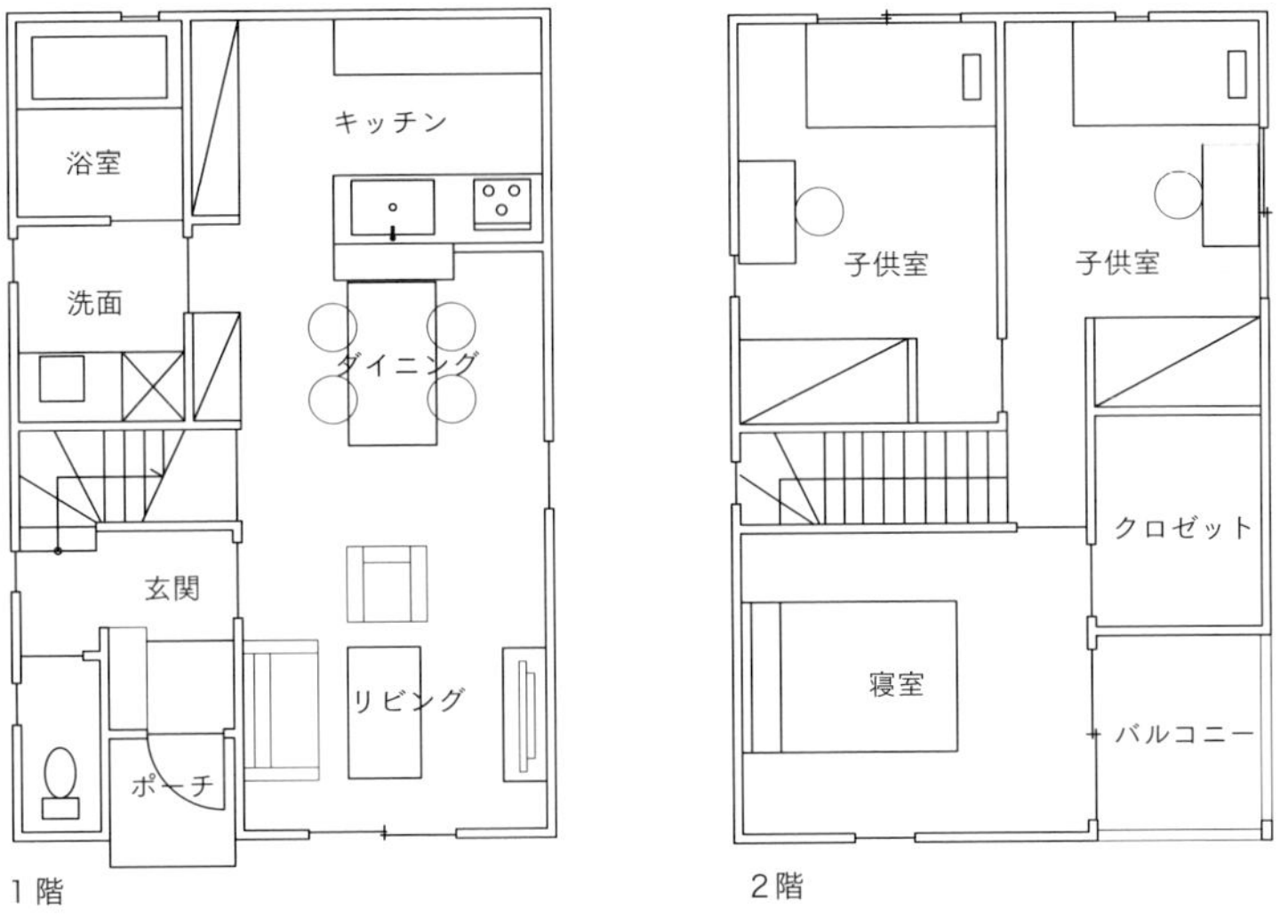

核家族向けに定型化した間取り（分割型）の例

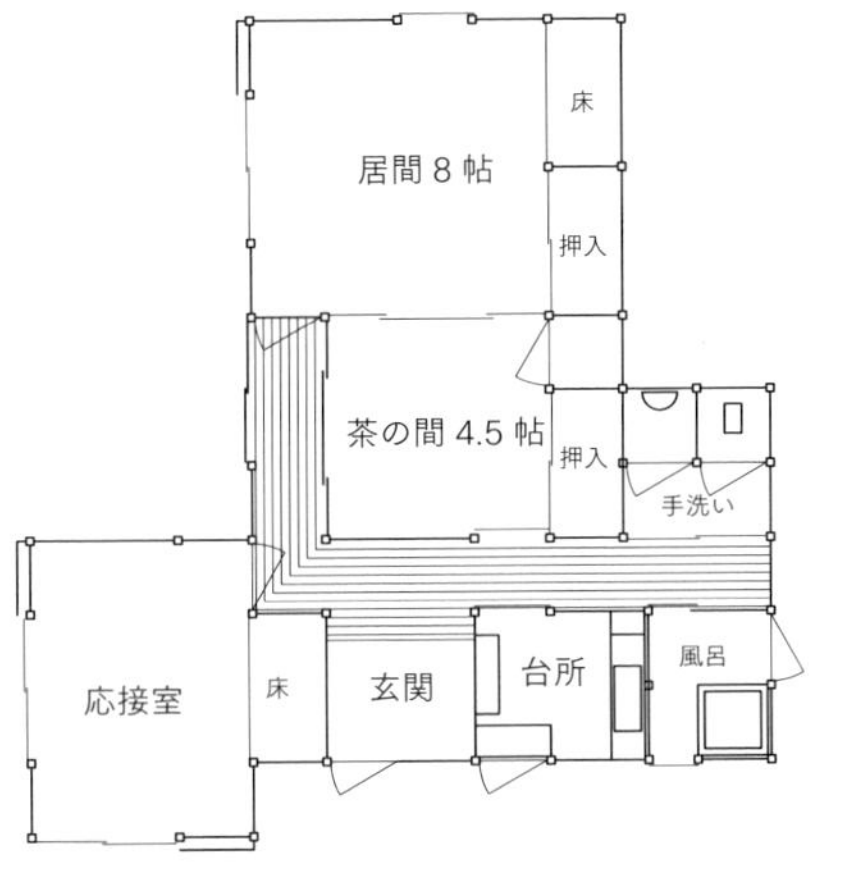

昭和初期の木造住宅の間取り（連結型）の例

図３　分割型プランと連結型プランの一般事例

いう出来事は、もうそんな珍しいことではないのだと実感しました。

いま多くの家は核家族向けにつくられていて、そのプランの多くは一つの箱を部屋で割っていくような考え方です。しかしそのかたちは、もう限界に来ているのではないかと思います。なにかしら別のかたちの暮らしの切り分け方がないのかと考えていて、ある図式を思い出しました。

図２は建築のプランのつくり方について、二つのやり方があることを示したものです。一つは一個の箱を割っていく「分割型プラン」、もう一つはいくつかの箱をつなぐ「連結型プラン」です。

いまの住宅のプランは分割型が主流で、核家族向けに定型化した間取り図がチラシなどにあふれています。一方の連結型は、たとえば昭和初期の木造家屋や、増改築した家によく見られるプランで、デコボコしたかたち（図３）。

分割型は抽象性が高い、いわば「頭で考えたプラン」ですが、連結型のほうは諸般の事情に合わせた、いわば「現場合わせのプラン」です。町の家には連結型のほうが向いているのではないか、私はそう思いました。

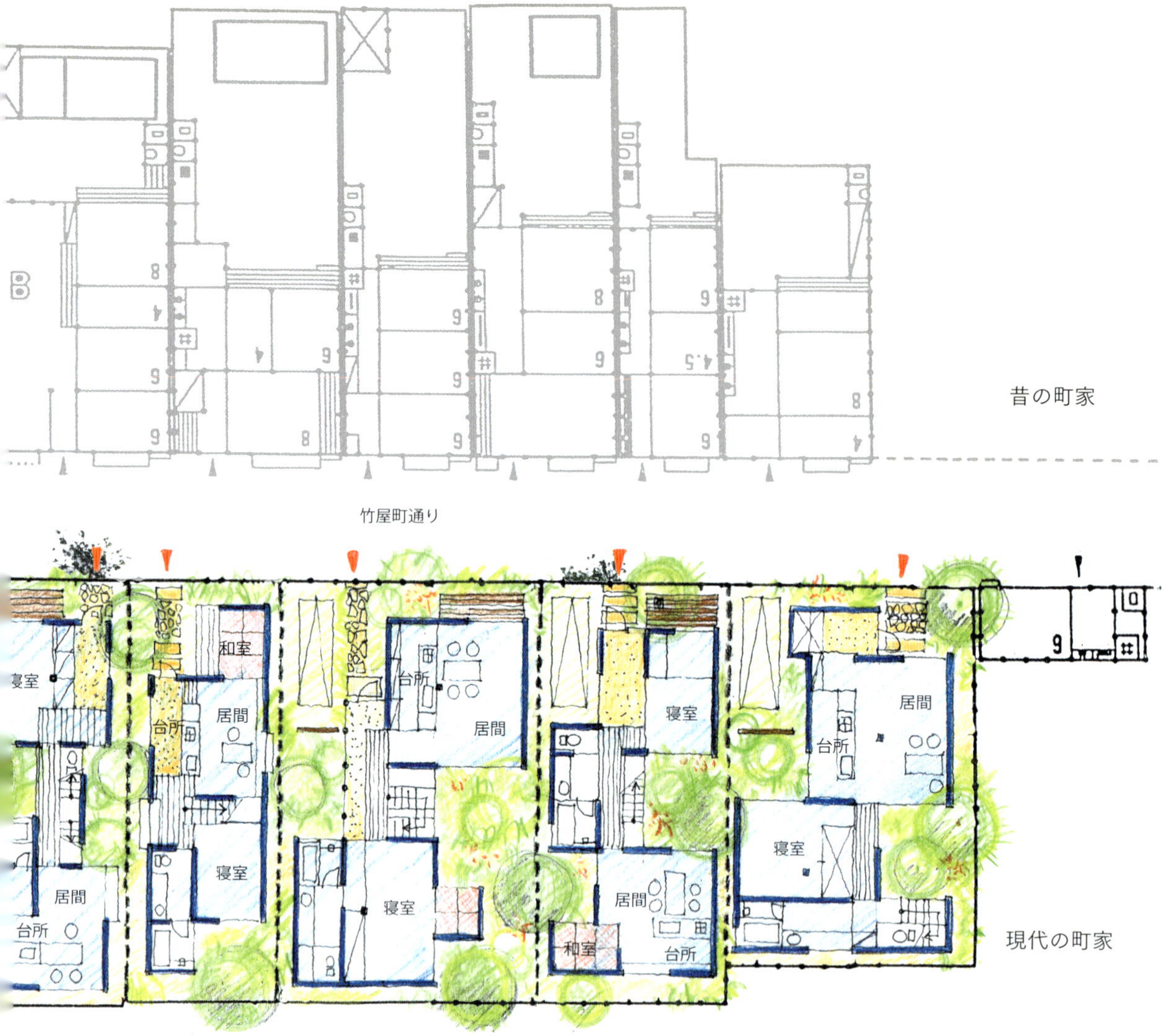

図4　昔の町家と現代の町家プロジェクト
（復元図は『図集日本都市史』高橋康夫ほか／東京大学出版会による）

昔の町家と現代の町家

家のつくり方で町の姿は変わります。町の姿を変えていけるような家の設計の仕組みを一歩踏み込んで考えてみようと思いました。そこで私はある架空のプロジェクトを立ち上げることにしました。題材に選んだのは江戸時代の町家街です。

ちょうど手もとに京都の職人街「指物町」の文化年間（19世紀初頭）の町並みを再現した復元図がありました。この復元図に「連結型」の住宅をはめ込んでみたらどうなるか？　で、やってみたのが上の図面（図4）です。

図面をご覧ください。復元図が示しているのは竹屋町通りと釜座通りの交差する街区です。そのうちの竹屋町通りに面する南側の街区（図面上方）は復元図のまま残し、反対側の街区を、昔の敷地割をそのまま使って建物だけ連結型で設計し直しました。

こういうことはやってみるものですね。おかげでいろいろなことがわかりました。まず気が付いたのは連結型プランだと小さな庭や路地など多様な「空地」が生まれるということです。

私がつくったプランでは一戸の住宅

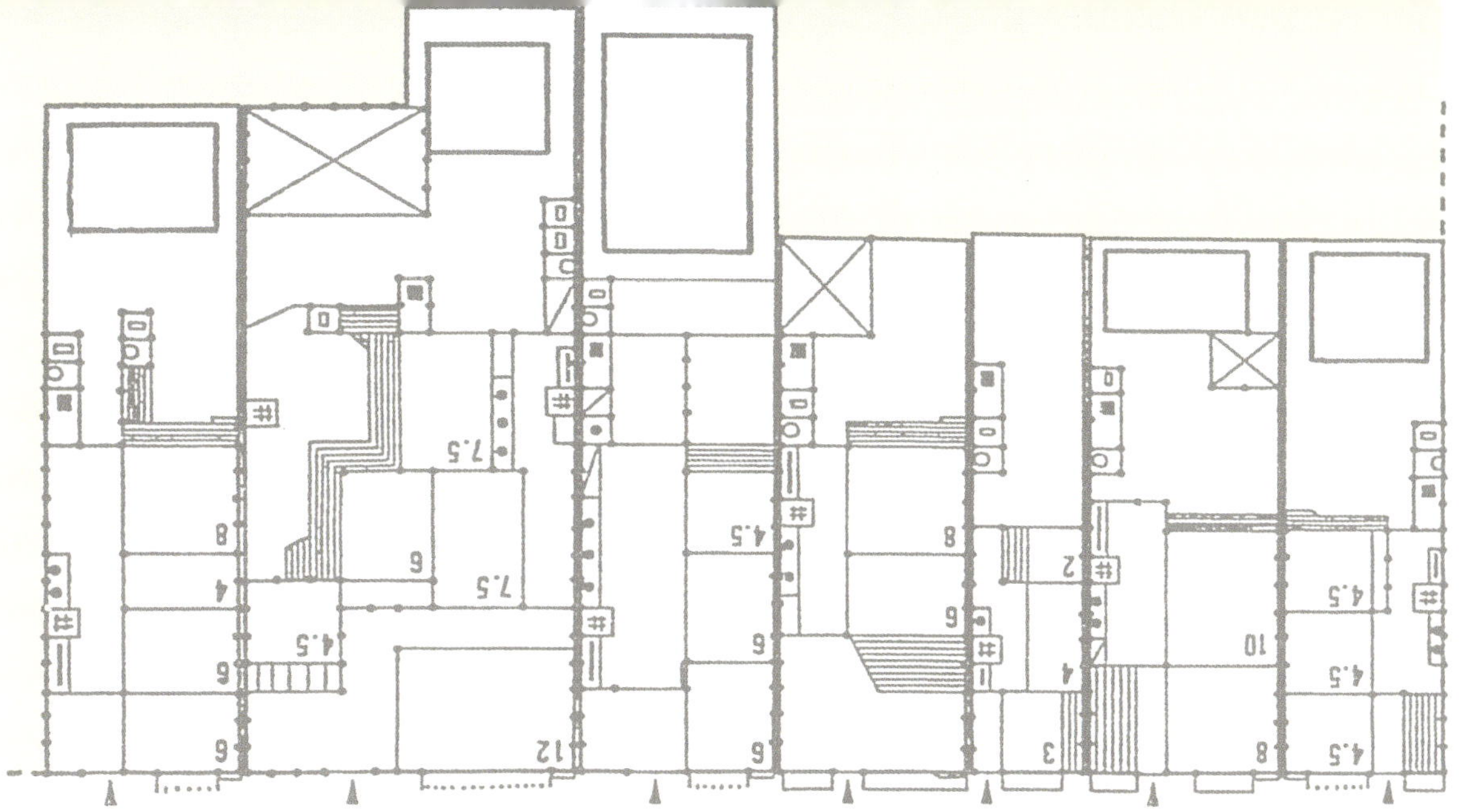

が三つの箱の連結になっています。居間とキッチンのある「昼の箱」、寝室のある「夜の箱」、そして風呂や洗面室のある「水まわりの箱」。その箱をずらしたり、離したり、並べたりすると、箱の間に空地ができて、そこが隣地の空地へと網の目のようにつながっていきそうでした。

　昭和初期の下町の木造家屋にはこういう例が多いようです。たとえば東京の谷中墓地近くで、三軒の古い木造家屋をリノベーションした例（「上野桜木あたり」）を最近見学したのですが、そこでは各住戸が「L型の母屋から下屋が飛び出す」という構成になっていて、互いの家の間にじつに多様な空地ができています。そこは路地になり、小さな庭になり、草花に覆われたなんとも居心地のよいコモンズ（共的な場）をつくり出していました。

暮らしの切り分け方

　このプロジェクトをやって気が付いたことが、もう一つあります。それは部屋で割るのとは違うかたちの暮らしの切り分け方がありそうだということです。

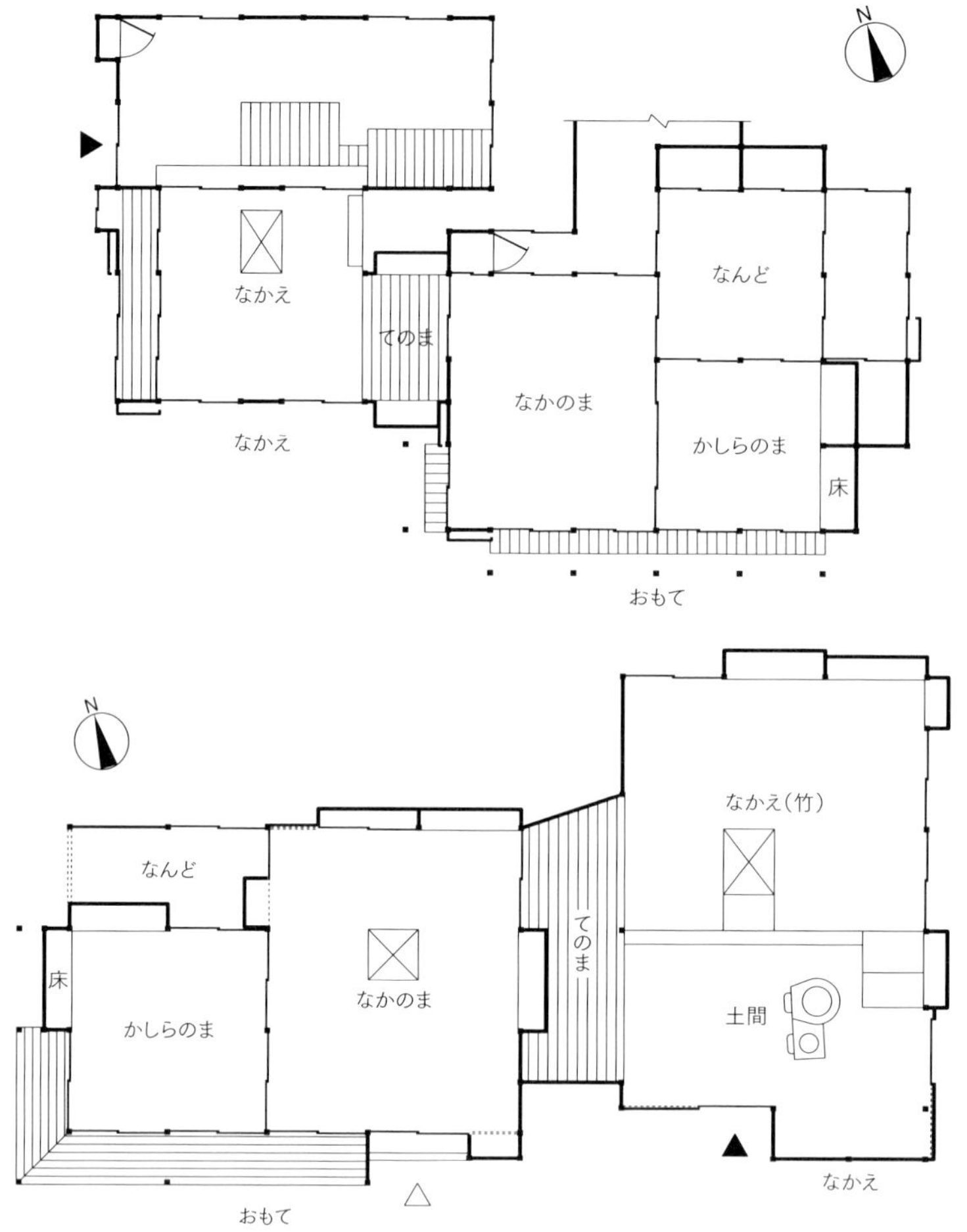

図5　分棟型民家の例（大隅半島の古民家）

私はこのプロジェクトで、昼・夜・水まわりの三つに分けたプランをつくったのですが、もちろん別の分け方だってあるでしょう。たとえば友人から「君のつくるプランによく似ているよ」と、九州大隅半島の分棟型の古民家の図面が送られてきました。その古民家では暮らしがプライベートな生活空間とパブリックな接客空間に分けられていて、二つが「てのま」と呼ばれる廊下でつながっています（図5）。

私がその古民家のプランに惹かれたのは、一つの家に二種類の場所があるということでした。場所が二種類あればもっと多様な暮らし方ができるなあと思ったのです。

時間の流れとともに家の使われ方はどんどん変わります。家で料理教室を開いたり、子供を集めて塾をやったりなんてことまで含めて、時間が経つにつれて、私的な暮らしのなかにもいくらでも共的な暮らしが入ってきます。それに対応できるプランのつくり方のヒントがそこにはありそうでした。

住宅が複数の箱の組み合わせになっている例は意外に多くて、図5に示した古民家のような連結型（分棟型）の家もそうですが、少し前まで日本の町

写真３　分棟型民家の例（愛知県新城市、夏目家、1962 年当時）。
左側が高床の居住部分、右が土間の釜屋。

にふつうに見られた、母屋と下屋の組み合わせでできた家もそうです。そこでは母屋がプライベートな暮らしを守り、下屋がたとえば縁側や土間といった半戸外空間として周囲の環境に暮らしを開いていました。

しかし、いまは敷地が小割になったせいか、下屋は排除され、プライベートな暮らしを守る母屋だけの家が増えました。結果的に家は孤立して、周囲の環境につながる力を失くしていったように思うのです。

では、どうやったらかつての下屋に代わるものがつくれるのか？　私が考えたのは無理に住宅を一つの箱にまとめようとせず、いっそいくつかの箱に分解してしまったらどうかということでした。

小さな敷地に大きな箱を置くのではなく、コンパクトな箱に分解して置く。そうすると箱の組み合わせ方によって、敷地に多様な余白が生まれますから、そこを庭や半戸外空間として使えば敷地全部が環境化します。箱をコンパクトにつくる仕組みさえあれば、これは小さな敷地でも可能な方法に思えたのです。

「現代町家」の三つのルール

住宅をいくつかの箱に分解して考えるメリットは、箱と箱との間の空間を内と外をつなぐ半戸外空間として活かせること以外にもう一つ、箱のサイズを何種類かに限定することによって住宅のスケルトン（構造体）を標準化できることがあげられます。

標準化やスタンダード化を画一化と考えずに、同じスケルトン（構造体）から異なった表現を生むのだと考えましょう。同じスケルトンを繰り返し使えば、建物のクオリティも上がりますし、価格面からも有利です。

そこで、住宅のプランを標準化するのではなく、容れ物としての器（箱）のサイズとその組み合わせ方のほうを標準化することを考えました。そしてそれを一軒ごとの家をつくる仕組みだけに止めずに、町につなげ、数軒の単位で町かどをつくる方法にしようと考えました。そのためには設計のルールが必要です。家を構成する大小の箱のサイズとその組み合わせ方をルール化して、この方法を「町かどをつくる家」のスタンダードタイプにできないかと考えたことが、「現代町家」の起点になりました。

その設計ルールを「現代町家」では住宅の配置、構造、部品について以下の三つに集約しています。

①住宅を主屋（ベース）と下屋（ゲヤ）に分け、その配置のパターンによって町につながる環境をつくり出す。

②ベースは最長6mの規格化された平角材で組む「平角スケルトン」として構造的に自立させ、ゲヤは土地の状況に合わせて、そのつど設計する。

③住宅を構成するエレメントを共通部品としてパーツ化し、できるだけ同じパーツを使う。

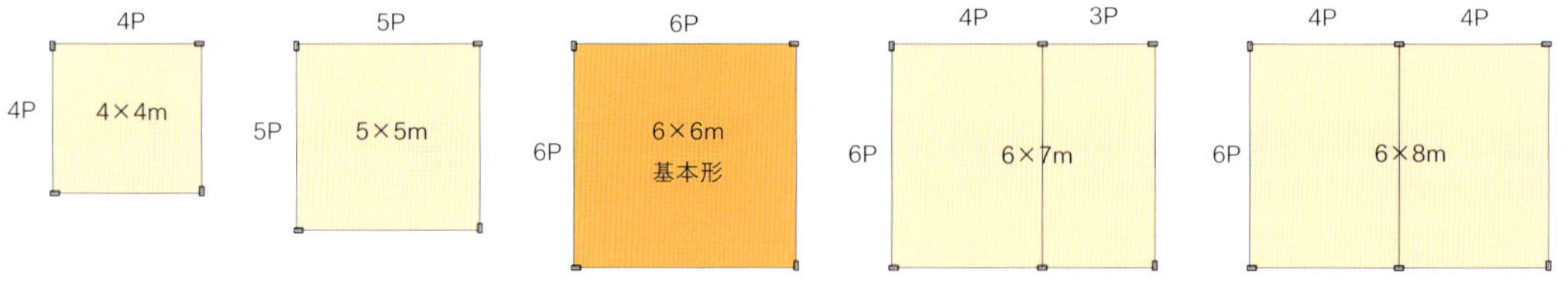

図1　ベースのサイズとルール
ベースはメートルモジュールを基本とし、6m材を使うため6×6mが基本サイズとなる。四隅に平角材の通し柱を建て、その間を同材でつなぐルール。そのため柱も梁も同寸の平角材となり、1種類の材でメインフレームが構成される。ベースサイズが6mを越える場合は、梁間方向は6mを守り、桁行方向にフレームを付加する。その場合は通し柱が6本となる。地域の技術環境によりメートルモジュールを尺モジュールに読み替えることもできる。

ベースとゲヤ

「現代町家」では住宅をベース（主屋）とゲヤ（下屋）に分けて考えます。

ベースはキッチンや居間、寝室など、暮らしの基本空間が入る最小限の箱。その大きさは6m立方を基本サイズとして数種類に定型化されています（図1）。一方、ゲヤは水まわりや土間、軒下空間など暮らしのサポート空間で、その住宅が建つ環境に応じてそのつど設計します。ベースを極力コンパクトにすることで敷地に余裕を残し、ゲヤと組み合わせることで周囲の環境に開こうというのが「現代町家」の基本的な考え方です。

ベースを一つだけ使って設計すると非常にコンパクトな家になり、ベースをたとえば大小二つ使えば大きめの家になりますから、これは家をただ小さくコンパクトにつくるだけではなく、逆に大きくもつくれる方法と言えます（写真1・2、図2・3）。

「ベースとゲヤ」という考え方はシンプルでわかりやすいため、住宅を設計する側と住まい手との共通言語になり、即物的なコミュニケーションツールとして使えるというメリットがあり

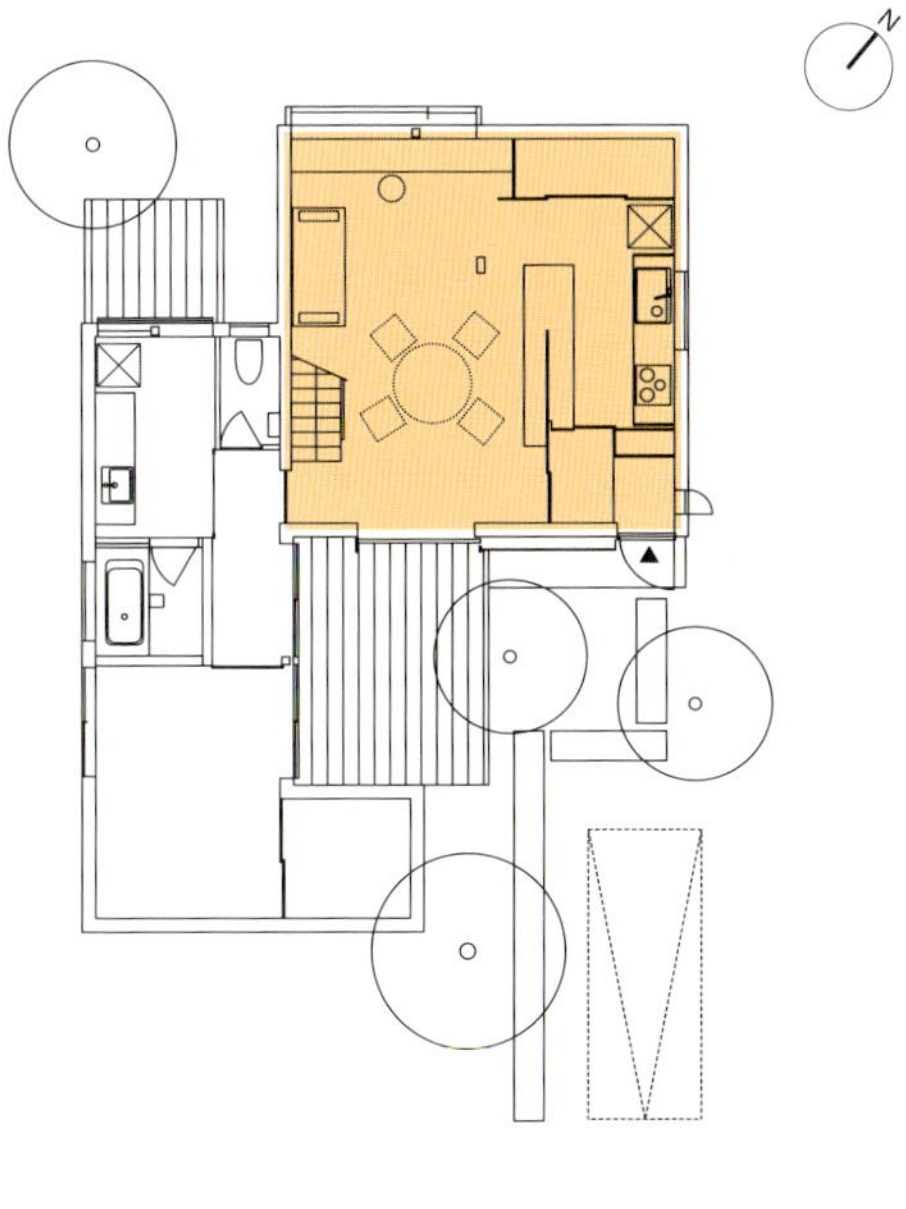

写真1・図2　「小さな現代町家」（岐阜県各務原市）
6m ベース一つを用いた平面事例。延床面積 93.1㎡（28.2 坪）

ます。何もないところから始めるのではなく、まずベース（6m立方の箱）を置き、それを住まい手と設計者が共有して設計を開始する。そうするとその箱をどう使い、どう住みこなすか、可能性が絞られるだけ、逆にそこでの暮らしがダイレクトにイメージできて、対話的な設計が可能になります。

もう一つ、「ベースとゲヤ」という考え方をすると、住まい手に町（周囲の環境）への意識が生まれるというメリットがあります。

たとえば6m立方のベースの模型を敷地図のなかに置いてみると、敷地にどんな空地が残るか、置く場所によって周りの環境とのつながりがどう変わるか、一目でわかります。実際の敷地を選んで建て主といっしょにこのやり方を試してみたら、建て主は町全体のなかで自分の家がどういう在り方になるかを瞬時に理解しました。

「ベースとゲヤ」の配置パターンを、ずらす、離す、並べる、といったわかりやすいルールにすれば、そのルールが町かどの風景を変えるでしょう。その配置パターンについては次章で詳しく紹介します。

写真２・図３「たつの町家」
（兵庫県たつの市／池尻殖産）
6×6m と 3×4m、大小二つのベースを用いた平面事例。
延床面積 106.5㎡（32.2 坪）

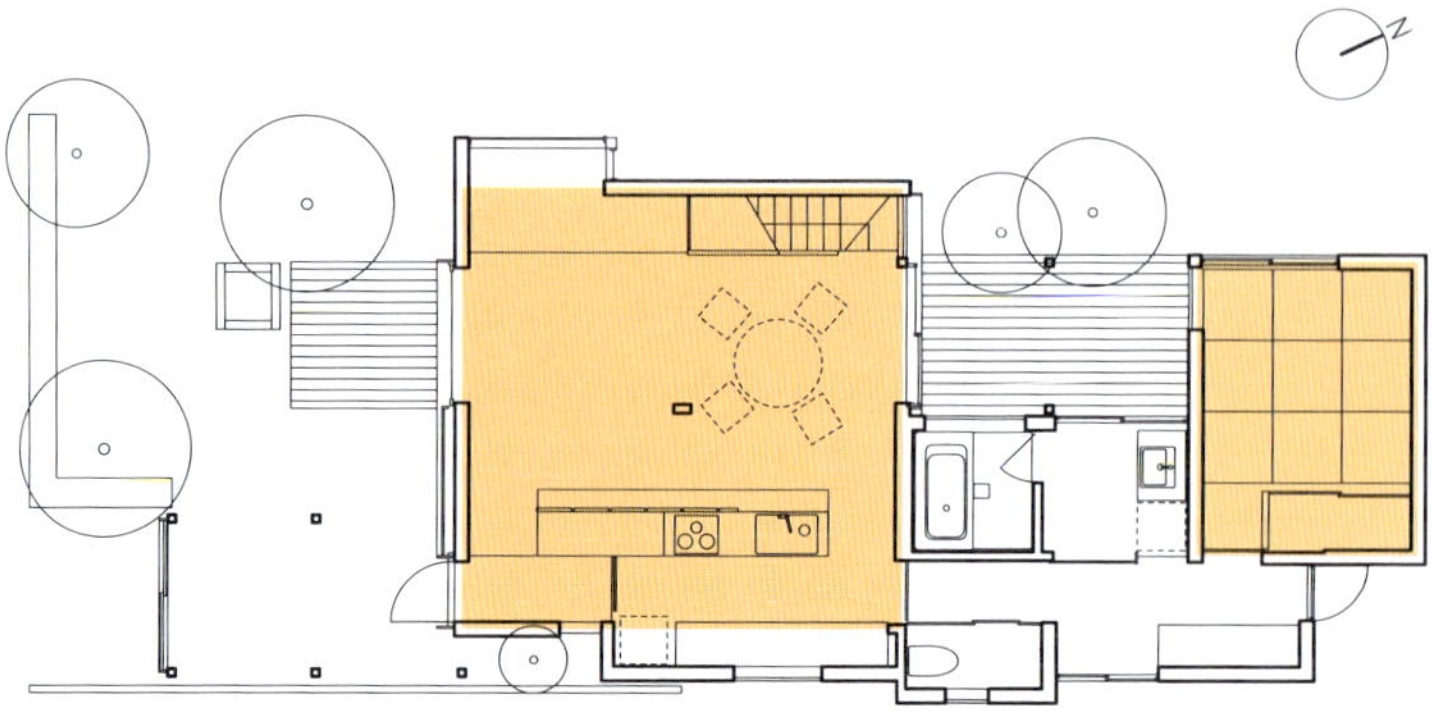

平角スケルトン

ベースはスケルトン（構造フレーム）だけが決まった、中は空っぽのシンプルな箱です。「現代町家」ではプランを考える前に、まずそのベースの構造フレームを置いてしまいます。スケルトンだけが先にあり、その中に暮らしをしつらえていく、という設計の進め方です。

つまり住宅の構造と暮らしを分離して考えるわけで、これは「スケルトン／インフィル」と呼ばれる方式ですが、「現代町家」の特徴はそのスケルトンを思い切ってコンパクトにしたことで、6m立方をベースの基本形としました。

6mというサイズには、山と町をつなぐ生産上の理由があります。

現在、国産スギの構造材は4m材が主流ですが、これだと梁のジョイントが増えて接合部に不安が残ります。構造の主材を6mにし、その材だけでスケルトンを組めば明快な構造になりますし、材を規格化してストックしておくこともできます。

現在の技術環境ならば山での伐採から製材、乾燥の現場まで6m材に変えるのは難しくありません。そこで「現代町家」では材長6m、四寸×八寸（120×240ミリ）のスギ平角材をメイン材としてベースのフレームを組むシステムを考えました。このフレームシステムでは、通し柱にも梁にも同じ平角材を使うため、「平角スケルトン」という名前が付いています。現在、ベースフレームを組むのに必要な部材は平角材が二種類（120×180、120×240）と角材が一種類（120×120）、これに少数の補助部材を加えるだけでフレームが完成します（図4）。

このシステムを提案した理由の裏には地域の工務店をキーにして、その周りに製材所や大工職のネットワークをつくろうという考えがありました。

フレームの構成部材を少種類に限定し、それをストックしておく仕組みがあれば、山での伐採から製材、乾燥まですべての工程での負担が軽減しますし、乾燥の問題をはじめ材のクオリティは確実に上がります。しかしそういう状況は生産者側に求めても生まれません。材を使用する側、つまり地域の工務店側にストック材をコンスタントに使う体制が必要なのです。「平角スケルトン」はそういった体制づくりのための、設計者と工務店、そして製材所をつなぐ技術ツールとして提案されました。

「型」を共有する設計

「現代町家」の設計法の特徴は、住宅のさまざまな問題に対してそのつど違った答えを出すのではなく、できるだけ問題の共通性を見つけて同じ解決方法を使いまわす点にあります。ベースとゲヤ、平角スケルトンという設計ルールもそこからきています。

それは具体的なかたちになる一歩手前の「型」だと言えます。現代の住宅はそれぞれが個別に見えますが、じつは同じ素材、同じ構法、同じ部品を各自バラバラに好き勝手に使っているだけと言えなくもありません。それでは町の風景が混乱するばかりです。それよりも「型」を共有し、おなじ「型」から個別の住宅を生み出そうと考えました。

たとえば晩年のフランク・ロイド・ライトが「ユーソニアン・ハウス」という住宅シリーズでそれをやっています。そのプランは「連結型」で、居間

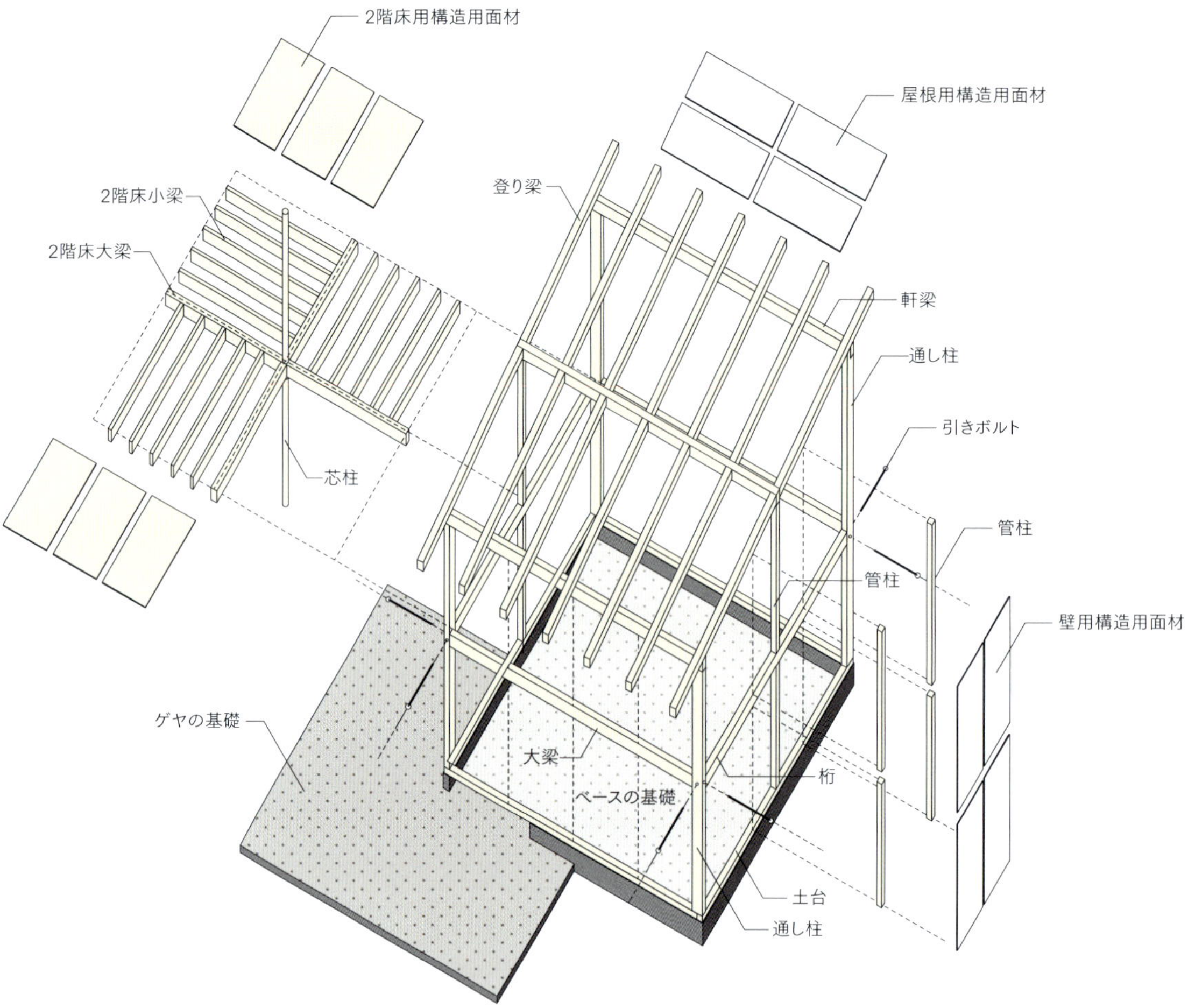

図4　平角スケルトンの構成

「平角スケルトン」とは構造材の長さを最大 6m と定めて規格化し、小種類の規格材を使って住宅の構造体を組むフレームシステムのこと。使用する材は平角材が 2 種類（120×240、120×180）、角材が 1 種類（120×120）、これに少数の補助部材を加えるだけで構造体が完成する。

通し柱、梁、桁とも同じ平角材（120×240）を使い、必要に応じて管柱（120×120）を入れ、構造用面材で覆って耐力壁を構成する。

屋根梁は登り梁（120×180）とし、同じく構造用面材で被覆する。水平構面、耐力壁とも構造用面材で覆われるため、外周がモノコック構造となり、内部には床の荷重を支えるための芯柱が一本立つだけのシンプルな構造フレームとなる。

写真3　平角スケルトンの上棟のようす。柱、梁、桁とも 120×240 の平角材で組んでいる。

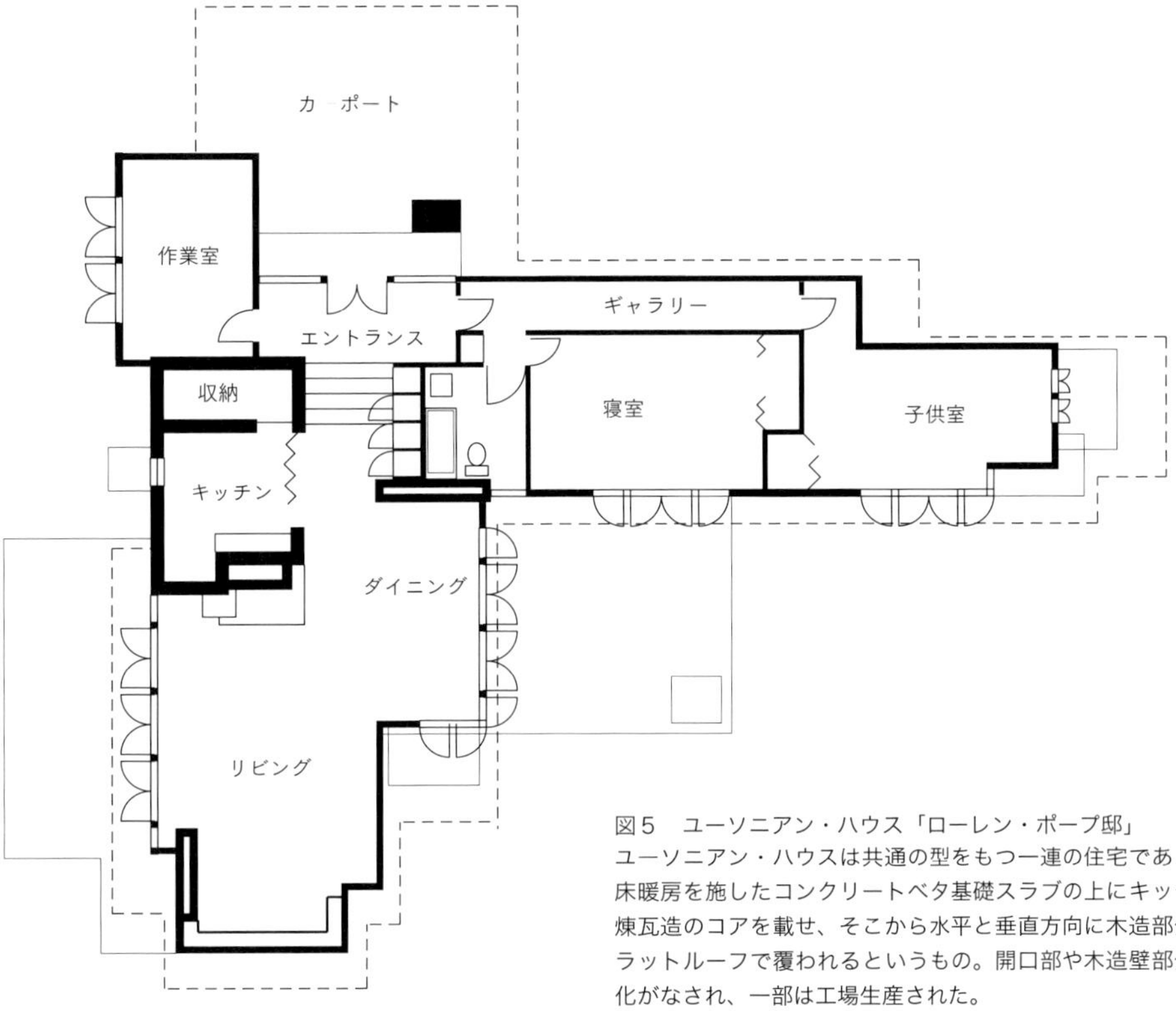

図5　ユーソニアン・ハウス「ローレン・ポープ邸」
ユーソニアン・ハウスは共通の型をもつ一連の住宅であり、その基本形は床暖房を施したコンクリートベタ基礎スラブの上にキッチンと暖炉を囲む煉瓦造のコアを載せ、そこから水平と垂直方向に木造部分が延び広がりフラットルーフで覆われるというもの。開口部や木造壁部分は標準化と規格化がなされ、一部は工場生産された。

の棟（ベース）と寝室の棟（ゲヤ）を敷地の状況に応じて自在に組み合わせるという環境形成型のものでした（図5）。ベタ基礎、煉瓦造のコアと板壁の躯体、フラットルーフ、連続窓など、すべての詳細が「型」として標準図化され、それが現場ごとに「変奏」されて「型」にもとづく個別表現が生み出されていました。

ライトはスタッフを現地に派遣して分離発注方式でユーソニアン・ハウスをつくり続けたのですが、私が考えたのは地域の工務店と設計事務所が組む体制です。

地域を拠点にして住宅をつくり、メンテナンスを継続的に担う工務店こそ「型」にもとづいて同じタイプの住宅をつくり続けるべきだと思うのですが、住まい手の注文に応じてそのつどスタイルを変えてしまっているのが現実です。

そうであるならば各地域の工務店に呼びかけて、「現代町家」という設計ルールを設計事務所と工務店が共有する体制をつくろうと思いました。

日本の工務店は、ちょうど水田が水を溜めるように、地域の職人集団を保全しています。彼ら大工、建具、左官など現在の職人集団をつなぐコミュニケーションツールとしても「型」のもつ意味を見直す必要があります。

「型」は個人が勝手につくれるものではありません。それを「型」として認め、共有してくれる仲間が必要です。幸いなことに、呼びかけに応じる工務店が各地にあらわれ、そこでの共同作業から日本の各地に「現代町家」のモデルが誕生しています。

次章ではそれらのうちから6つの事例を掲載しました。また各地の工務店との共同作業の過程で、住宅を構成するさまざまな建築部品を「現代町家」の共通部品に育てる試行錯誤も続けています。第3章ではそのうちの20アイテムをピックアップしました。

こうした共同作業のなかから、いまようやく数軒の家に拡大して町かどをつくろうという機運が高まり、愛知県の蒲郡市、岐阜県の各務原市、香川県の三豊市、新潟県の糸魚川市の4カ所で町かどプロジェクトが進行中です。第4章ではそれらの計画事例をドキュメントとして収録しました。

column1

永田昌民さんのプラン形

敷地の中に家がどんなかたちで建っているか、それを読み解くのを私は密かな楽しみにしているのですが、永田昌民さんが設計した「永福町の家」の図面を深夜一人で読み解いていたときのことは忘れません。「なんて巧妙なんだ！」と感嘆してしまったのです。

私がそのときに見ていたのは敷地面積およそ42坪、建物の延べ面積32坪、1階が居間と和室、2階が寝室というさりげない木造住宅の図面でしたが、よく見ると、この建物は周りの家とはまるで別の建ち方をしていました。つまり周囲の家がみな北の道路側いっぱいに寄って建ち、南にすこしでも多く空地を空けようとしているのに対して、この家は建物の主要部を敷地の真ん中に置いて、メインの庭を北向きにしているのです。

でもそれだけだったら、たぶん見過ごしていたでしょう。この建物が面白いのはそこから先で、建物を真ん中に置くことで南北に残った空地に、永田さんはゲヤを両端に飛び出させて風車型の平面をつくったのでした。図で示すとこんなふうです（左図）。あまり見たことのないプラン形だと思いませんか。メインヴォリューム（母屋）から下屋が触手のように延びて、風車の羽根みたいでもあり、幹からつる草が生え出たみたいでもあり。私はこのプラン形を見てほんとうに驚きました。

建築家がつくる住宅のプランにはふつう強い自己主張があって、プラン形そのものが強い意味をもっています。でも永田さんの風車型プランは、じつはそのプラン形自体には意味がない。ある場所にたまたま適合したかたちが風車型だったにすぎない。敷地が変わればきっと別のプラン形が生まれたでしょう。つまり永田さんのプランはそのかたち自体には意味がなくて、あるのは「母屋と下屋を組み合わせる」という方法なのだと考えたほうがよさそうです。永田さんのプランの中をさまよい歩きながら、私は「現代町家」の「ベースとゲヤを組み合わせる」というプランニングの優れた先達を発見した思いで、ドキドキしたのでした。

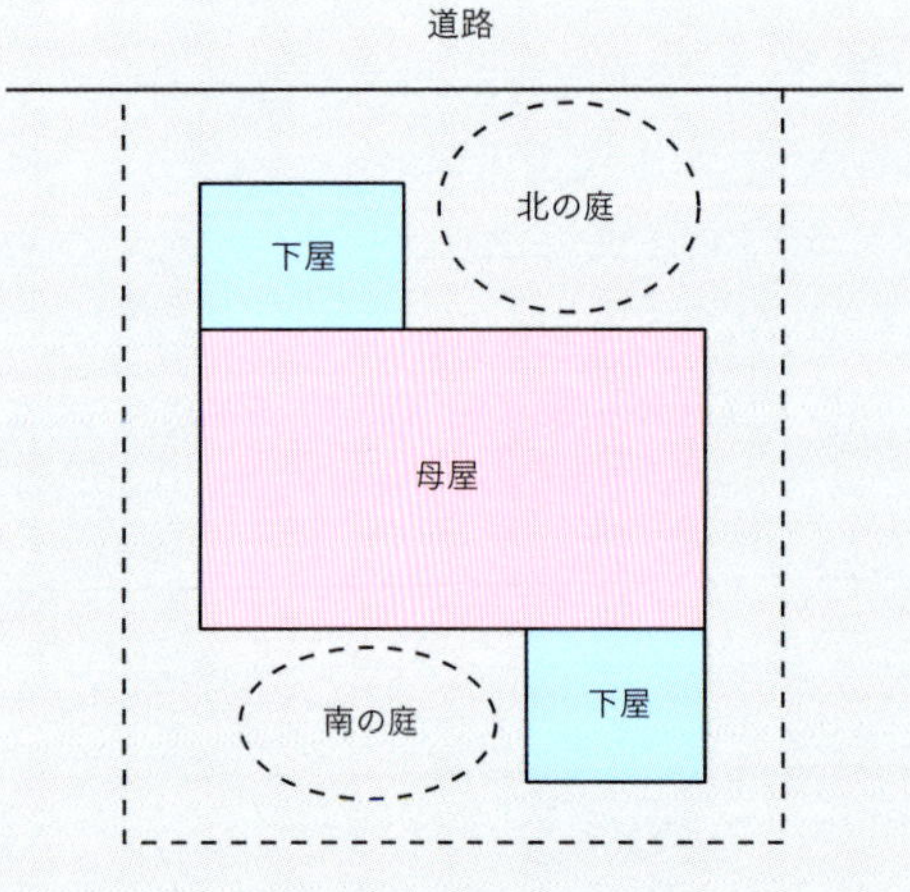

「永福町の家」の風車型の平面

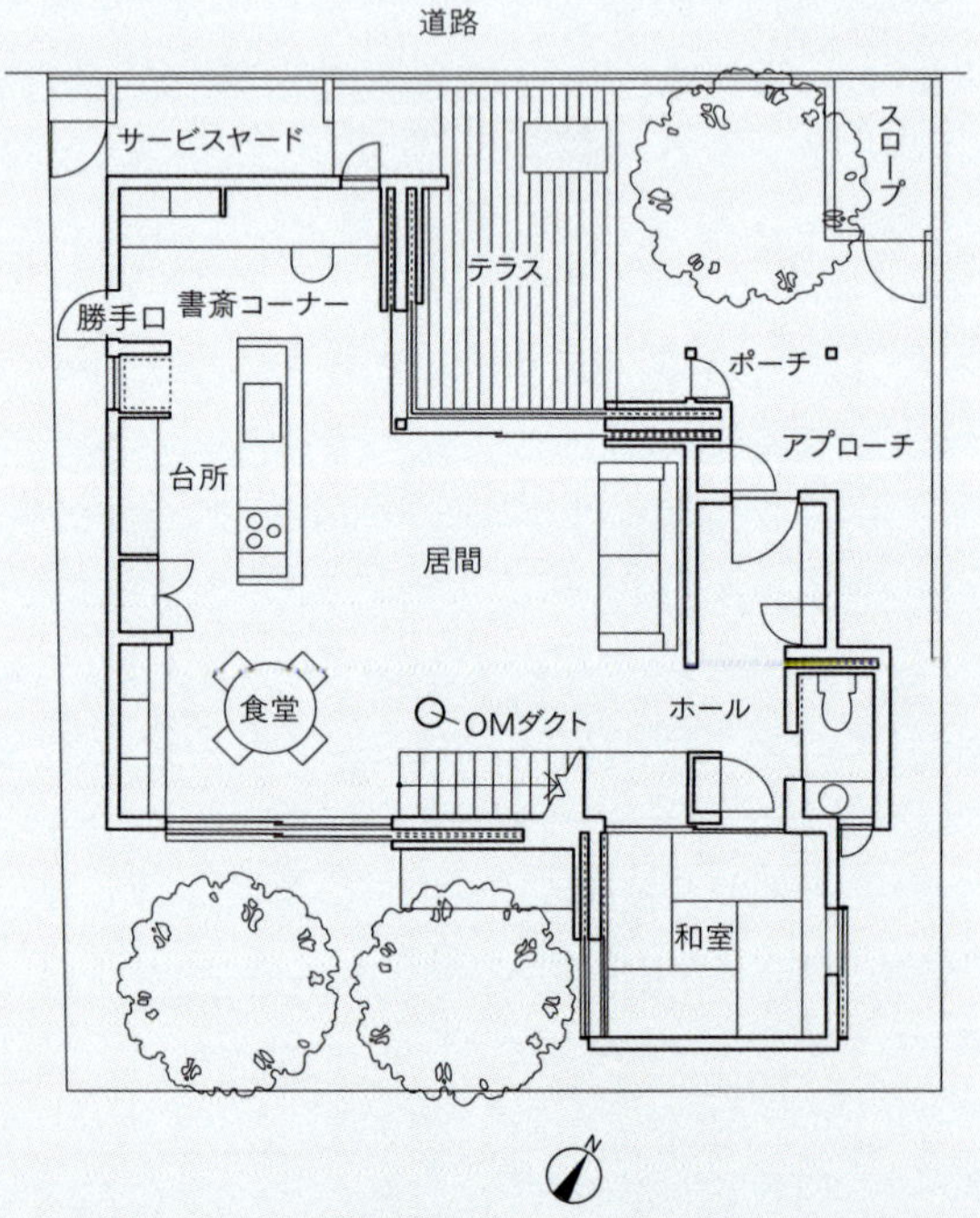

永福町の家（設計／永田昌民）

2

「現代町家」というスタイル

「現代町家」はベースとゲヤの組み合わせによって住宅のプランを考えます。暮らしの中心部分をベースとし、それをサポートする水まわりや土間、離れなどをゲヤとして、その組み合わせと配置からプランをつくります。配置には「ずらす」、「囲む」、「並べる」、「振る」、「離す」の五つのパターンがあります。

第２章では五つのパターンを使った住宅６事例を紹介し、一軒の家から町につながる家への道筋を考えます。

配置のダイアグラム

ベースとゲヤの配置で考える五つのパターン

一軒の住宅をベースとゲヤで考える

「現代町家」では住宅をベースとゲヤ（下屋）に分けて考えます。ベースは暮らしの中心部分。居間やキッチン、寝室や子供室など家の主要部が2階建てのコンパクトな箱にまとまっています。ベースの大きさには決まりがあり、6m×6mの2階建てを基本として数種類のバリエーションがあります。

一方、ゲヤは暮らしのサポート部分。幅1.5〜3mの平屋で、長さは生活スタイルや敷地によって変化します。この部分は水まわりとしたり、大きな玄関土間としてみたり、あるいは離れとして土間でつないだり、内と外をつなぐ半戸外的な暮らしの場になります。

家の配置は五つのパターン

ベースとゲヤに分けて考えるメリットは、周囲の環境に溶け込みやすい家の配置ができることです。つまりベースとゲヤが並んだりずれたりしたときにできる小さな余白を内と外をつなぐ中間領域にするのが狙いです。

たとえばそこは土間や縁側や軒下などの半戸外空間にもできますし、坪庭や中庭などのオープン空間にもできます。住宅を一つの箱ではなく、いくつかの箱に分けて組み合わせると、その組み合わせの隙間に余白が生まれるので、その余白をさまざまなタイプの庭にするわけです。

ベースとゲヤからつくる家の配置は25頁のダイアグラムに示すように、「ずらす」「囲む」「並べる」「振る」「離す」といった五つのパターンに分けられます。もちろんこれらのパターンは組み合わせて使うこともでき、ずらして並べたり、振って離したり、敷地と周囲の状況に合わせて自在に組み立てることができます。

一軒の家から町につながる家へ

この五つの配置パターンを具体的な敷地のなかに置いてみると、敷地と建

ベースとゲヤの考え方
ある一定の大きさのベースに、さまざまな機能を持ったゲヤがくっつく。

物の関係がネガとポジの関係にあることがわかります。

普通は建物をポジ、残りの敷地をネガとしてとらえますが、このダイアグラムの狙いはむしろ逆で、ポジとネガを逆転して意識することにあります。

建物が建った後にネガとして残る敷地とはつまり建物を包む自然環境で、そこには敷地の境界はありますけれど、境界を越えて隣地から町へとつながっています。ですからネガの部分をどうつくるかで全体（つまり町）の環境が変わってきます。

このことはパターンをいくつか連続させてみればよく理解できます。配置のパターンを一軒だけでなくいくつか連続して並べてみると、町の環境をつくっているのが、ポジとしての家自体よりも、むしろネガの部分が敷地を越えて町へと連続していく、その広がりのほうなのだということが実感できるでしょう。

次頁以降では、さまざまな配置パターンを使った実践例を6事例紹介し、一軒の家から町につながる家への道筋を考えていきます。

ずらす
case01 「各務原・小さな現代町家」

囲む
case02 「神戸・里山住宅」

並べる
case03 「鹿児島・薩摩町家」
case06 「浜松・濱松町家」

振る
case05 「富山・杉の家」

離す
case04 「新潟・土間コートの家」

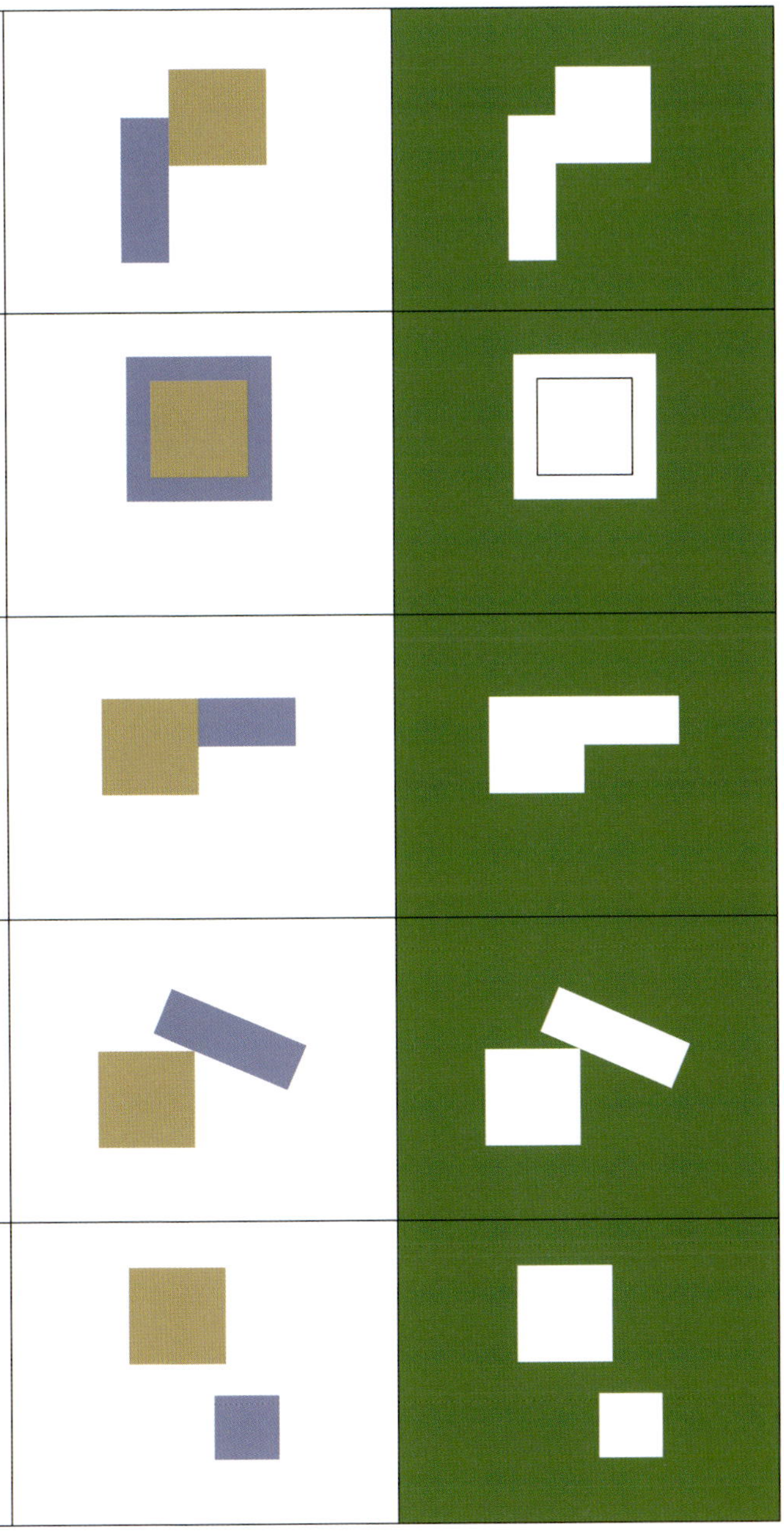

CASE 01 「ずらす」

無機質な町に建つ草屋根のスタンダードハウス

各務原・小さな現代町家

「現代町家」をコンパクトにつくる

「小さな現代町家」は岐阜県各務原《かかみがはら》市近郊の分譲地に建つ、床面積28坪のコンパクトな住宅です。敷地の大きさは間口11mに奥行き15mの約50坪。ここに住宅と庭と車2台を配置して、小ぶりなスタンダードハウスをつくろうというのが計画の出発点でした。

敷地が50坪程度の広さの場合、家を建てて余ったスペースに車を2台も置くと、もうそれだけでいっぱい、という状態になりがちです。でもせっかくの一戸建て住宅なのですから、もうすこし工夫して、大地につながった暮らしを実現したい。周りには新建材に覆

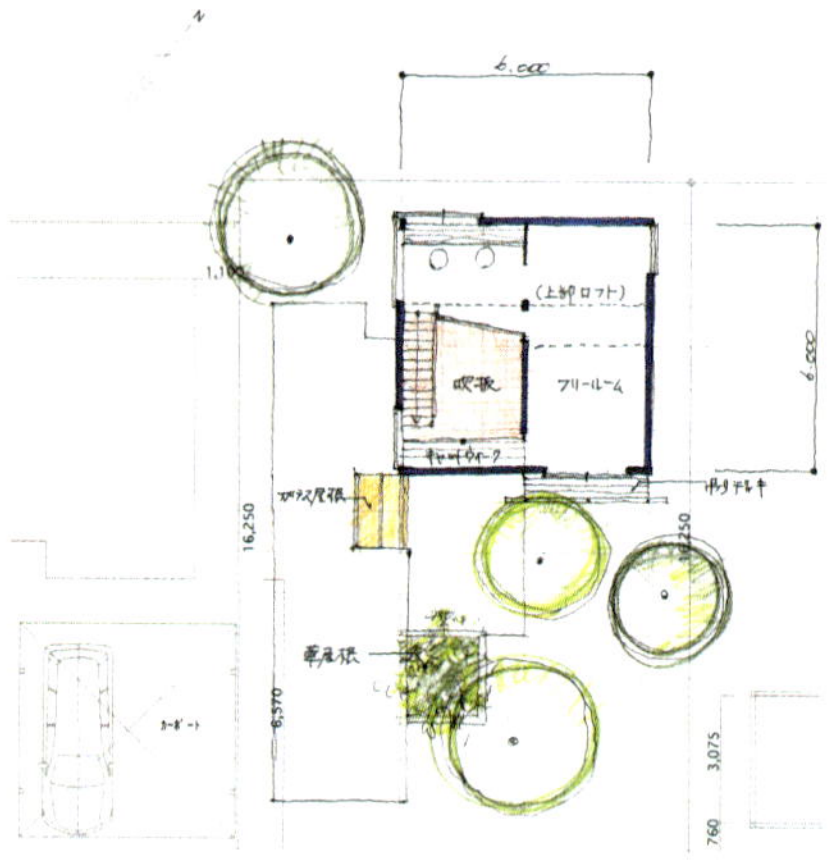

2階

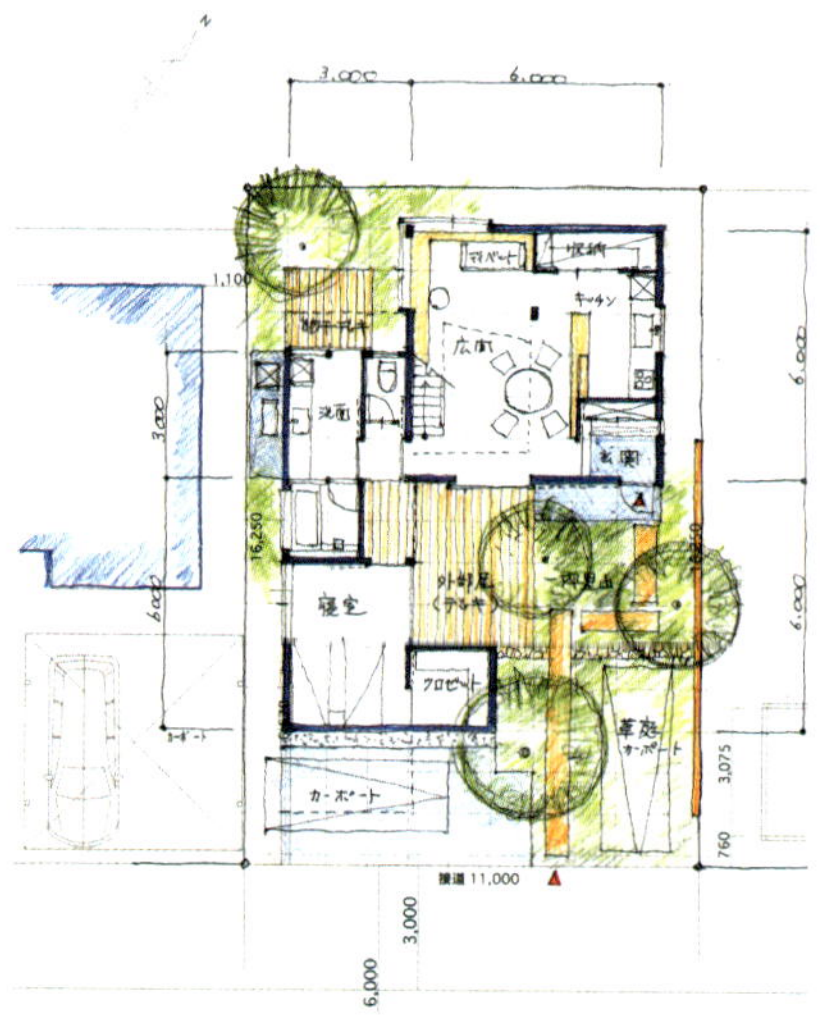

!階

6m×6mの2階建てベースに居間とキッチンと子供室、3m×9mの平屋のゲヤに夫婦寝室と浴室を配置したコンパクトなプラン。敷地にベースとゲヤをずらして配置することで生まれた南側と北側の二つのスペースに、用途の異なる庭とデッキを配置している。

われた無機質な家が建ち並んでいたので、ことさらそう思いました。

さて、そのためにはまず家をコンパクトにつくらなければなりません。その分だけ敷地に余裕ができますから、そこを半戸外の土間や小さな庭にすればよいわけです。

家をベースとゲヤに分ける「現代町家」の方法を使って、思いきりシンプルな配置にすれば、それが実現できそうでした。そこで6m×6mの2階建てベースに、3m×9mの平屋のゲヤをひとつだけ加えたシンプルな構成を考えました。

ベースとゲヤで昼と夜の暮らしの場を分ける

6m角といえば面積約11坪、タタミにして約22帖分です。この6m角ベースには、1階に居間とキッチンとダイニングを置き、2階はフリールームとしました。そこが2人分の子供室とゲストルームになります。

ゲヤにはベースのサポート空間として洗面室や風呂などの水まわりスペースを入れ、さらに夫婦の寝室もゲヤに配置しました。結果的にはベースが居

2階吹抜けから居間を見下ろす。居間の南側開口部は縁側デッキへと連続している。

間やキッチンなどの「昼の暮らしの場」、水まわりや寝室のあるゲヤが「夜の暮らしの場」という構成になりました。現代の一般的な住宅のプランだと、夫婦の寝室を2階に置いて子供室と隣り合わせにするケースが多いようですが、寝室を1階に置いて地面と水まわりスペースに近づけ、子供室とは離す暮らしの描き方もありそうです。

「ずらす」ことで生まれた二つの庭と「風の道」

さてプランはベースとゲヤが南北方向に「ずれて」配置されています。この「ずれ」から生まれたスペースを利用して、敷地の南と北に「表と裏」の二つの庭をつくりました。

南の庭はこの家のメインの庭。6帖くらいのデッキを、玄関先の草庭が囲んでいます。北庭のほうは裏方（サービス用）で、そこには洗面室から直につながった物干デッキを設けました。

ベースとゲヤをずらした効果がさらにもう一つ。それは家を貫いて南北に抜けていく「風の道」がつくれたことです。プランを見ていただくと、南の中庭デッキから北のコーナー出窓にむ

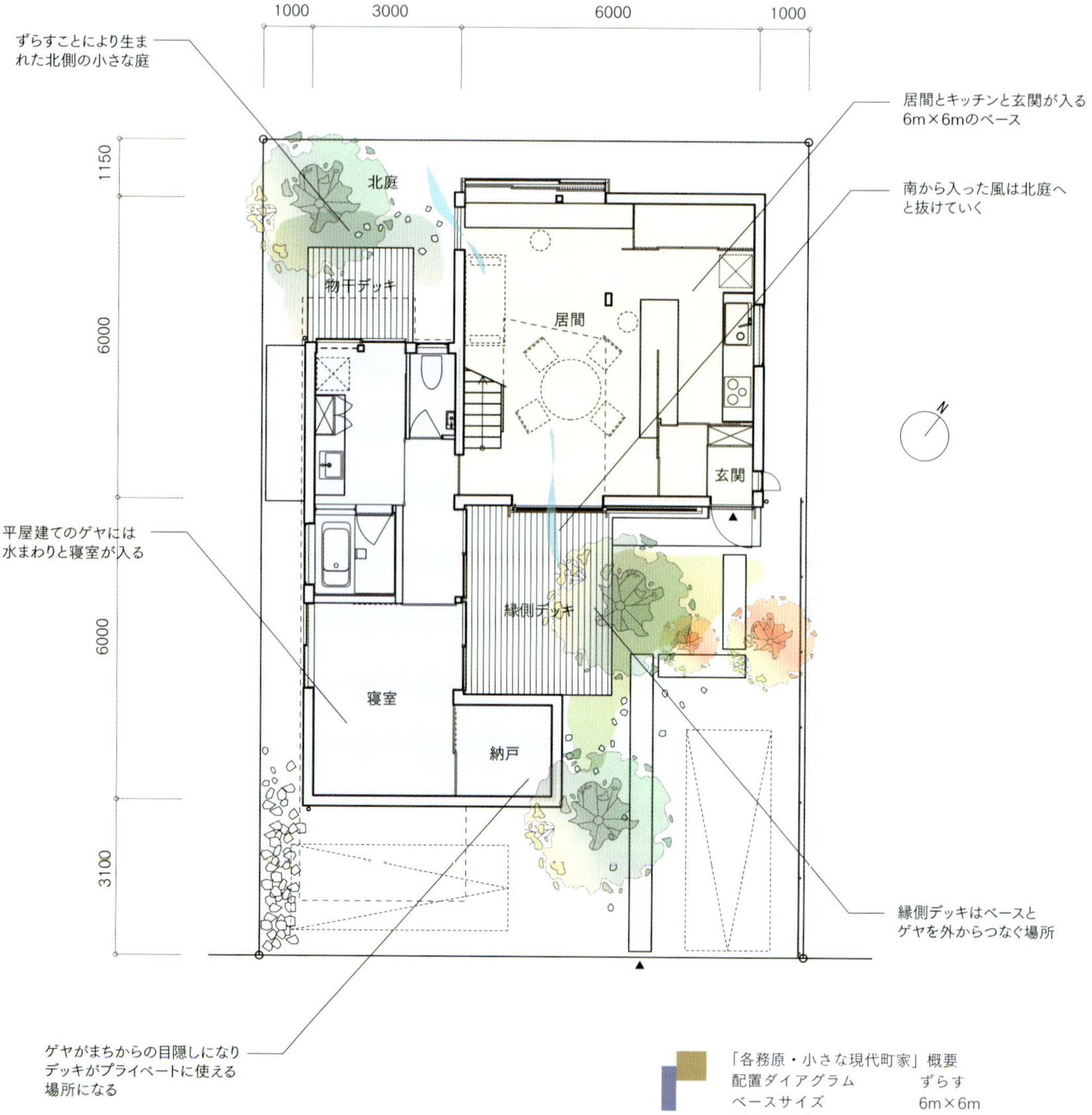

1000
3000
6000
1000
1150
6000
6000
3100
ずらすことにより生まれた北側の小さな庭
居間とキッチンと玄関が入る6m×6mのベース
南から入った風は北庭へと抜けていく
平屋建てのゲヤには水まわりと寝室が入る
縁側デッキはベースとゲヤを外からつなぐ場所
ゲヤがまちからの目隠しになりデッキがプライベートに使える場所になる
北庭
物干デッキ
居間
玄関
縁側デッキ
寝室
納戸
N

「各務原・小さな現代町家」概要

配置ダイアグラム	ずらす
ベースサイズ	6m×6m
ゲヤサイズ	3m×9m
1階床面積	64.5㎡
2階床面積	28.6㎡
延床面積	93.1㎡（28.2坪）
施工	いがみ建築工房／岐阜県各務ヶ原市

1階平面図

かって対角線上に抜ける風の流れがご覧いただけると思います。

省かれずに残ったものがスタンダードハウスの素

この家の設計を進めていて、私は「小さな家にこそスタンダードハウスの鍵があるのではないか」という感想を持ちました。小さくコンパクトにつくろうとすると、余分なものは省かれて大事なものだけが残ります。つまり省かれずに残ったものには普遍性があるわけで、これがスタンダードハウスの「素」なんだろうと思うのです。

その「素」として残ったのはこの家の場合、昼のベースと夜のゲヤ、そして南北の庭でした。なかでも重要なのは庭です。庭がうまく機能しないと、この家の価値は半減します。コンパクトな造りにもかかわらずこの家があまり狭さを感じさせないのは、南北の庭を貫く視線の抜けと風の流れの効果でしょう。

上　ベースの２階部分は子供室と吹抜けからなる。子供室は完全に独立させず、鴨居を下げた障子で軽く仕切ることで、吹抜け空間と一体になっている。
下　６帖ほどの広さの縁側デッキは家族みんなが集まれる十分なスペース。

道路側から見た「小さな現代町家」の正面。
左手に草屋根のケヤが見える。

思いがけない副産物
——小さな草屋根

スタンダードハウスというと、どこか工業製品のような、どんな敷地にも合うように標準化された箱形の住宅を思い浮かべがちですけれど、でもそれだとこれからのスタンダードハウスとは言えないでしょう。標準化はもちろん大事だけれど、住み手と敷地に合わせて変化できる柔軟な仕組みもまた必要です。

「現代町家」は「ベースとゲヤを敷地に応じて組み合わせる」というシンプルなやり方で、その仕組みを実現しようとしているわけですが、この家の設計では、そこから思いがけない副産物が生まれました。それは小さな草屋根です。

南庭のデッキの先に、小さな箱のゲヤが配置されていることにお気付きでしょうか。この箱のゲヤは寝室に付属した納戸で、面積は一坪。通りからデッキが丸見えにならないように、目隠しの役目を果たしています。ベースはある程度固定し、ゲヤは敷地に応じて自由に展開するというのが「現代町家」の方法です。そこで思い切ってこの箱のゲヤの屋根に土を載せて、小さな草屋根をつくりました。

居間から見ると、ちょうどそこはデッキの向こうにあって、町の風景につながっています。殺風景な町並みのなかで、草屋根に植えたススキが風に揺れているのを見ていると、こういうちょっとした遊びを許す標準化だったらスタンダードハウスも悪くないなと思います。

玄関先の草庭

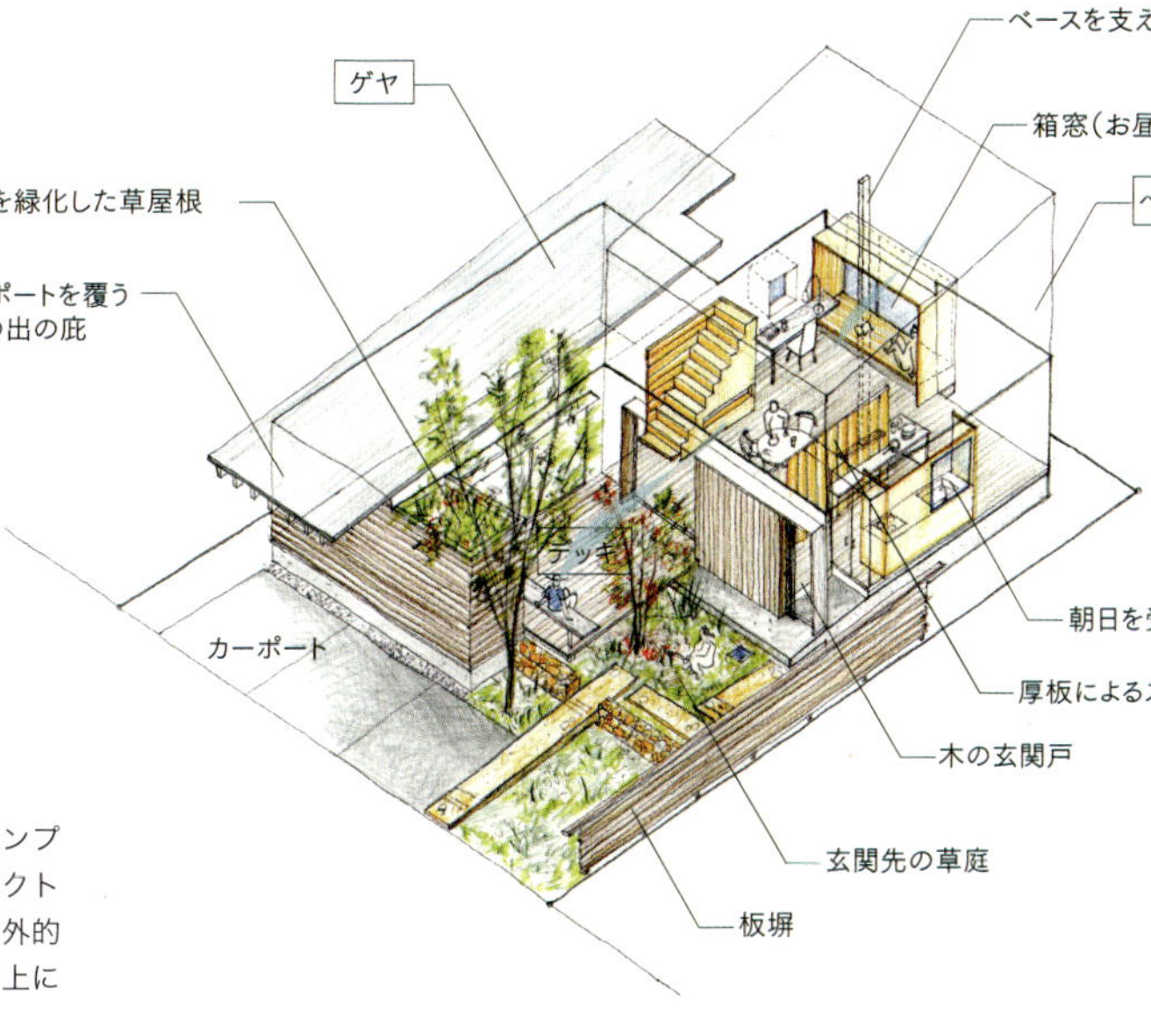

「小さな現代町家」の立体スケッチ
6m×6m のベースと片流れ屋根のゲヤのシンプルな構成。昼の生活空間はベースにコンパクトに納まっている。縁側デッキはゲヤで半戸外的に緩く囲われ、ゲヤの納戸の納まる部分の上には小さな草屋根が設けられている。

右　上部が吹き抜けたダイニングスペース。階段下には「現代町家」オリジナルのMソファが置かれている。
左　居間の南側開口部はゲヤに囲まれた半戸外的な縁側に連続している。建具には幅 1.8m の大型木製片引戸で「現代町家」オリジナルのM窓を使用。ゲヤには「小さな草屋根」が載せてある。

CASE 02「囲む」

板の間を土間で囲んで開放的な暮らしの場をつくる

神戸・里山住宅

外とつながる暮らし

この住宅は神戸市北部の丘陵地で開催された「里山住宅博 in KOBE 2016」の会場内に建設されました。日本の町並みは今どんどん環境が劣化していて、結果的に家が閉鎖的になってきています。「里山住宅博」は町に里山をとりもどすこと、そして里山のある町並みにふさわしい木造住宅を提案することをテーマに開催されたもので、いわば町の環境に開くかたちの木造住宅の姿が求められていました。ちょうど「現代町家」が求めているのもそういう住宅でしたから、運良く設計のチャンスに巡り会い、私は勇んでプランを練りはじめました。

なぜいまの住宅は外に対して閉じがちなのでしょうか？ 開いて暮らせるだけの環境が周りにない、というのが最大の理由でしょう。でも環境がよければ開くかというと、どうも事はそう簡単ではなさそうで、私はむしろ閉じがちなのは現代人が「暮らしの開き方を忘れてしまった」ためではないかと疑っています。

プランを練りながら、私は昭和の中頃までは普通にあった暮らしの場、つまり土間や板の間を、思い切って現代的なかたちで復活できないものかと考えていました。それが「外とつながる暮らし」の手がかりになるのではと考えたのです。

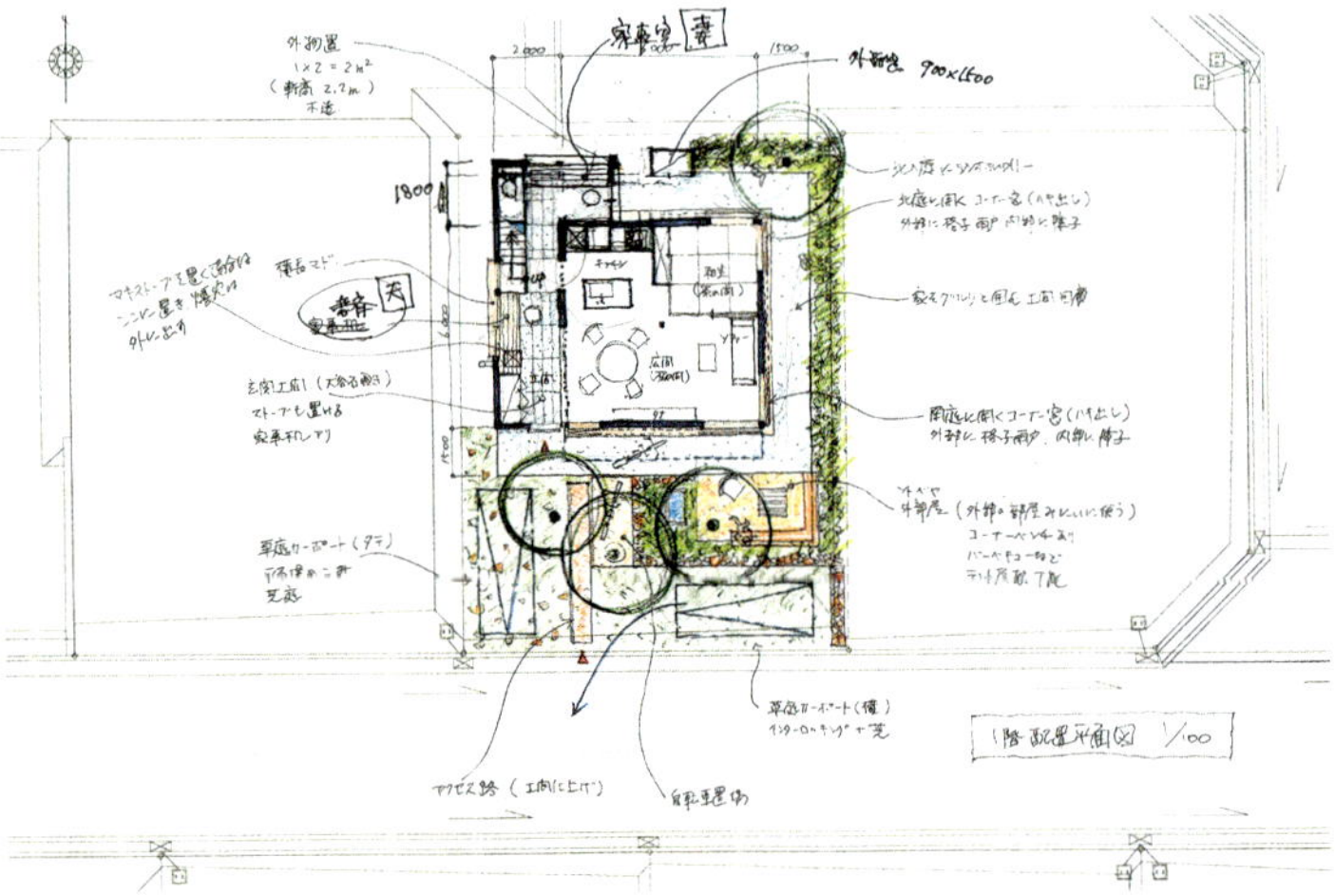

上　「神戸・里山住宅」の初期スケッチ。6ｍベースを土間と生垣で囲むという基本的な考え方が示されている。敷地は南の道路側以外はすべて隣地に囲まれていたため周囲にどう里山的な環境をつくるかが、課題だった。
左　南道路側からの外観。

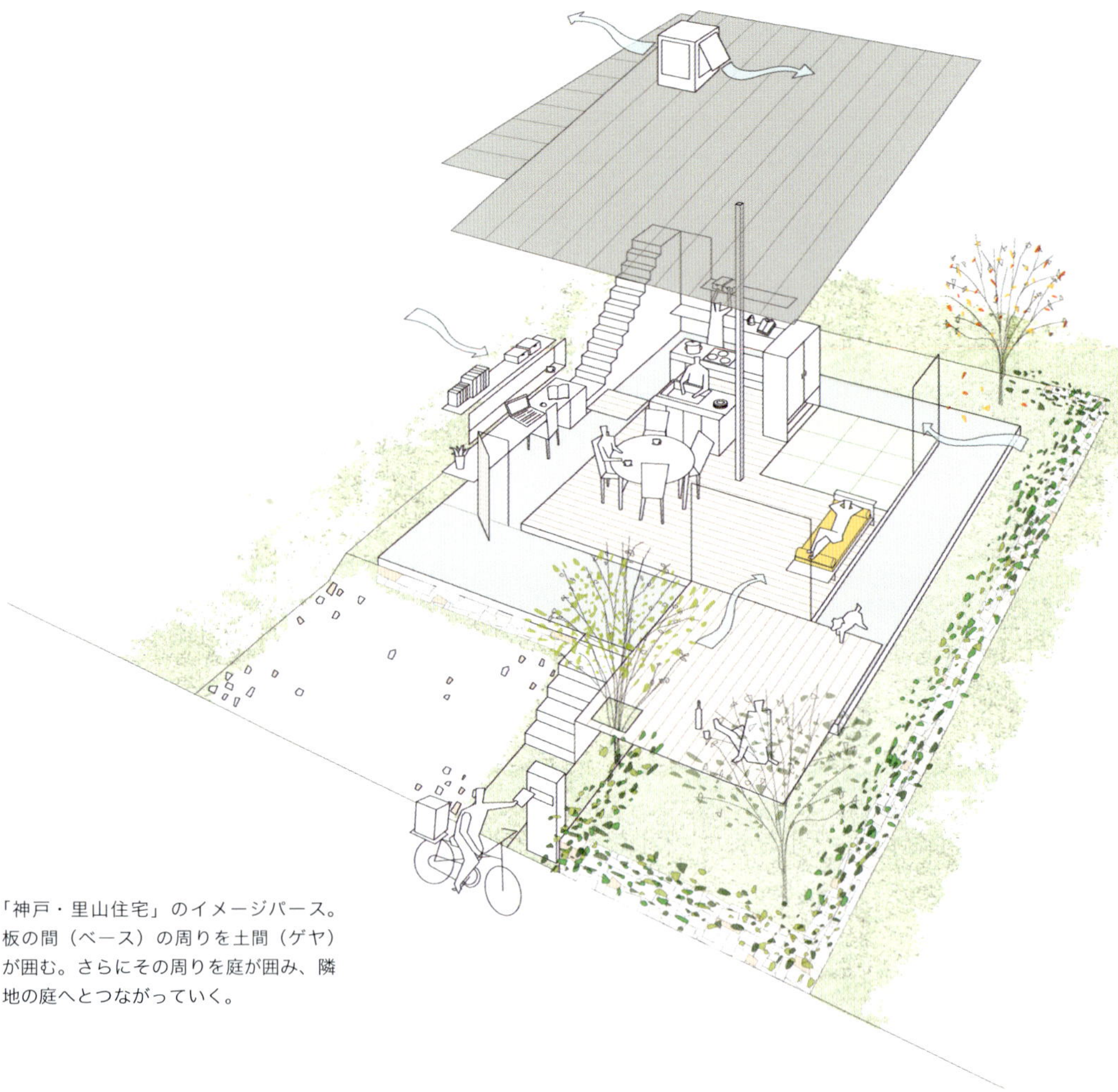

「神戸・里山住宅」のイメージパース。板の間（ベース）の周りを土間（ゲヤ）が囲む。さらにその周りを庭が囲み、隣地の庭へとつながっていく。

生活の中心部を土間、さらに庭で囲む

試行錯誤の末にたどり着いたのはこういうプランです。まず敷地の真ん中近くに6m×6mの板の間を置いて生活の中心部をつくる。これが「現代町家」のベースにあたります。板の間は芯柱一本で支えられたワンルーム空間。田の字型に四つの場所に分かれ、居間、キッチン、ダイニング、そして四畳半の和室がここに入ります。

次に板の間をぐるりと取り囲むように土間を巡らせて、そこをサポート部分にする。ここは「現代町家」のゲヤにあたります。

この土間は半分が室内化された内土間、あとの半分は屋根のない外土間になっていて、内土間には玄関、階段、家事室などが入り、外土間は庭のメンテナンスのための路地になっています。つまり家のプランはタマネギを輪切りにしたみたいに、芯柱、板の間、土間、庭と、だんだん外側に広がっていく構成になっているわけで、これには理由が二つありました。

理由の一つ目は、庭のつくり方。この構成なら家の周りを庭で囲むことが

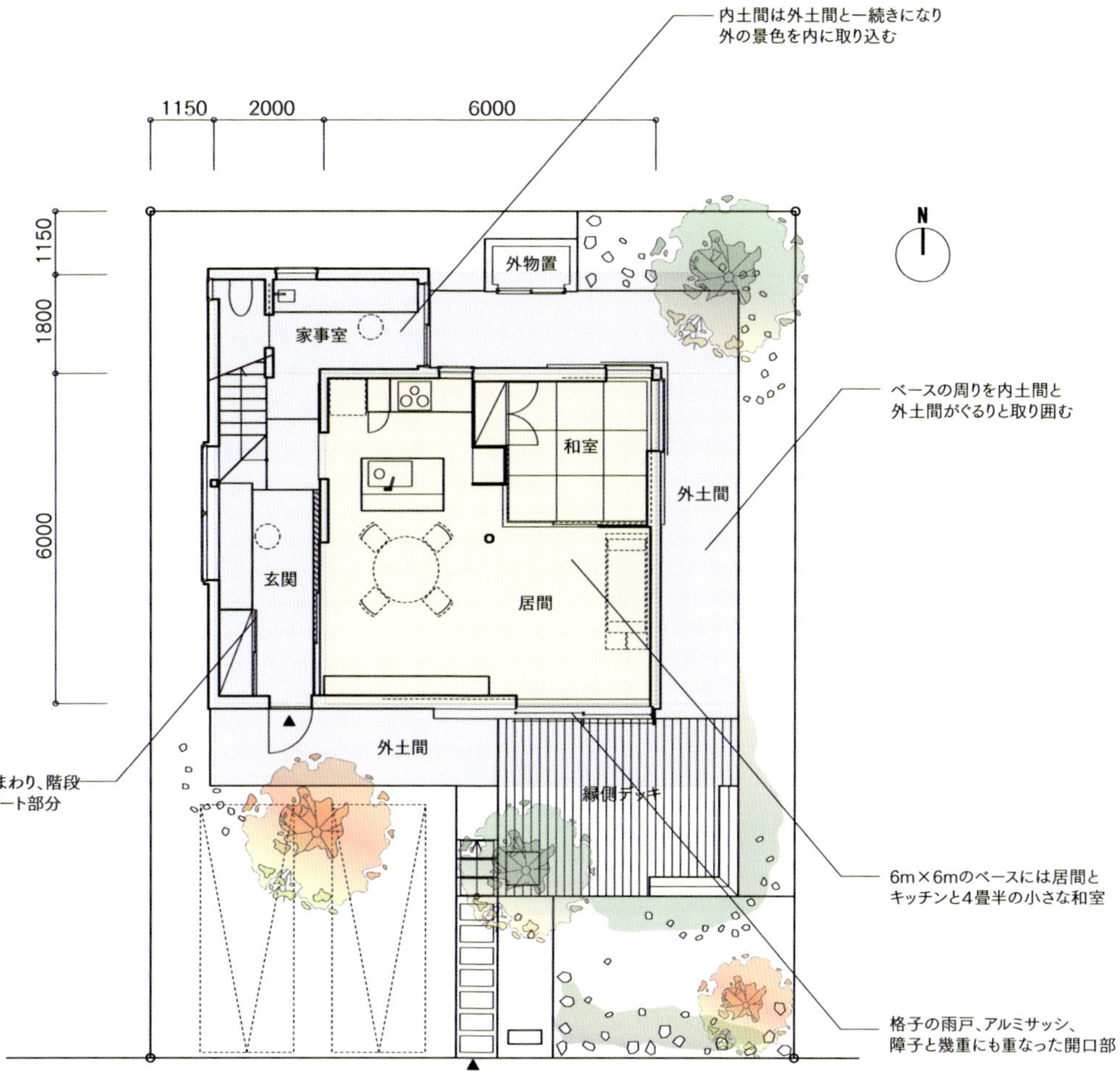

1階平面図

「神戸・里山住宅」概要

配置ダイアグラム	囲む
ベースサイズ	6m×6m（2階建て）
ゲヤサイズ	2m×6m＋2m×4m（2階建て）
1階床面積	56.0㎡
2階床面積	54.8㎡
延床面積	110.8㎡（33.5坪）
敷地面積	180.0㎡（54.5坪）
施工	大市住宅産業／兵庫県篠山市

できます。敷地面積は約55坪で、狭くはないけれど家の周りをすべて庭で囲むほどの余裕はありません。しかしここでのテーマは「里山のある町並みをつくる」なのですから、なんとか家を里山（庭）で包んで、町並みにつなげたい。そこで建物を極力コンパクトにまとめて土間で囲み、さらにその外側を狭いながらも生垣と庭で囲んだわけです。

　こうすれば、土間が室内と外の庭との緩衝地帯になってくれるので、家を開放的につくっても安心です。光も風も土間を通して入ってきますから、そこをうまく建具で調整すればよい。平面図を見てもらうと、板の間から内土間に面したところには障子、外土間に面したところには格子の雨戸を巡らせているのがおわかりいただけると思います。この建具のおかげで、室内にいても開放的でありながら守られている感じがあって、とてもよい居心地です。

スタンダード化することのメリット

　さてもう一つの理由ですが、これは「現代町家」が求めるスタンダード化

1本の芯柱が2階の床梁を支えている構造が明快にわかる。天井や床の木部と対比するように、白い漆喰壁が際立つ。居間の障子を通して室内に柔らかい光が入る。

と関係します。板の間を土間で囲むというやり方なら、その板の間部分に「現代町家」の最もスタンダードなベース、つまり6m×6mの定型化したベースが使えそうでした。

スタンダード化とか定型化とかいう言葉にはすこしマイナスのイメージがありますけれど、じつはそうでもなくてメリットも大きいのです。まず素材や寸法を規格化することで予算が抑えられます。さらに同じ素材を繰り返し使い、同じ技術を駆使することで、でき上がるものの精度が上がります。ですからスタンダード化は、低価格化ということ以上にクオリティ（品質）を上げる手段として積極的にとらえたいと思います。

内土間から板の間を撮影した前頁の写真を見ていただくと、芯柱一本に支えられて6m×6mの空間を覆う「ベース」のフレーム構造が一目でおわかりいただけると思います。このフレームは三種類の断面の木材だけで組み上げられていて、すべて「現代町家」用に規格化された材料です。いわばプロダクト化されているわけですが、その分精度が上がり、価格も抑えることができました。

「風の塔」のある家

ところで住宅博の期間中にこの家を訪ねてくださった方々が、きまって口にする質問がありました。

「あの屋根の上に見える塔みたいなのは何ですか？」

「あれは換気塔なんですよ」と説明すると、みなさん納得したような怪訝そうな、なんとも微妙なお顔でした。でも説明に嘘はありません。この塔は家の周りから取り込んだ風を屋上へ吹き抜くための通風装置なのです。

この家は板の間を土間と庭で囲む同心円構造をしています。庭と土間から取り込んだ風を、板の間の天井スリットから上に導き、さらに換気塔まで風の道をつなぐと上昇気流が生まれて、風は機械を使わなくても自然に抜けていきます。家の同心円構造を利用した重力換気というわけです。

パキスタンには風の塔が町中にニョキニョキと突き出した古い集落があり、「風の塔の町」と呼ばれています。「現代町家」もそれに倣って、スタンダードでありながらも一軒一軒は個性的な顔をもつ町並みをつくっていきたいと思っています。

右　玄関から家事室方向を見る。天井は低く抑えられ、路地状の土間はまっすぐに外部の庭へと視線が抜けている。
左　家事室。外部とはサッシで閉じられているが、内土間は外土間へと連続している。

白い漆喰壁と板壁・格子戸の木部が対比する外観。手前の植栽はデッキを覆い隠すように成長していく。屋根の上に見える箱は換気塔。

生垣はこれから成長し緑豊かな路地になる。路地は界隈に風と視線の抜けを提供する。

CASE 03「並べる」

水路を挟んで向かい合う母屋とゲストハウス

鹿児島・薩摩町家

ゲストハウスの中庭から水路を挟んで「薩摩町家」住宅部分を見る。

「薩摩町家」は、住宅とゲストハウスが水路を挟んで向かい合う一対の建物です。場所は鹿児島県姶良《あいら》市。現地の工務店の社長の家で、最初に住宅部分が建ち、4年後にゲストハウスが増築されて現在のかたちになりました。住宅としては珍しく群をなす建築ということもあり、私は「開いた暮らしをどうつくるか」をこの住宅を設計していく過程で学び直しました。

薩摩の民家の縁側で

「学び」はまず姶良の町を歩くことから始まりました。鹿児島の辺りはいわゆる「蒸暑地域」ですから、外に開いて風を通す生活が普通だろうと思っていたのです。ところが、実際はここでも他の地域同様に住宅の密閉化が進んでいるようでした。

しかし歩いているうちに、町のはずれでこぢんまりした庭に向かって縁側が開いた昔風の造りの家に出会ったのです。辺りにはまだそんな薩摩の古民家を思わせる家が数軒残っていました。たまたま私はそのうちの一軒に入れていただいたのですが、縁側の深い陰の向こうに緑がきらめき、座敷を吹き抜けていく涼風を浴びて、あまりの心地良さに陶然としてしまいました。もちろん良いところばかりではありません。建具の気密性はないも同然で、「冬は寒いでしょうね」と尋ねたらその家の人は悲しげに頷かれました。

そのとき、ふと思ったのは「守る」ということです。開くばかりではなくて閉じた部分、守る部分があれば、こういう開放的な家の造りが生かせるのではないか、と。ただ建具の性能を上げてもダメで、要は開放的な場所と閉じて守れる場所のバランスなんだと思ったのです。

閉じたベースと開いたゲヤを並べる

そのときの体験が設計を始めたときからずうっと心にありました。閉じた場所と開いた場所、その対比をどうつくったらよいか。

敷地は開発されたばかりの分譲地です。面積222㎡、約67坪。辺りにはすでに家が建ち並び、敷地の両隣もすでに分譲地風の家で埋まっていました。

「薩摩町家」住宅部分。板張りのベース（2階建て）とガルバリウム鋼板のゲヤ（平屋）が水路に沿って並ぶ。

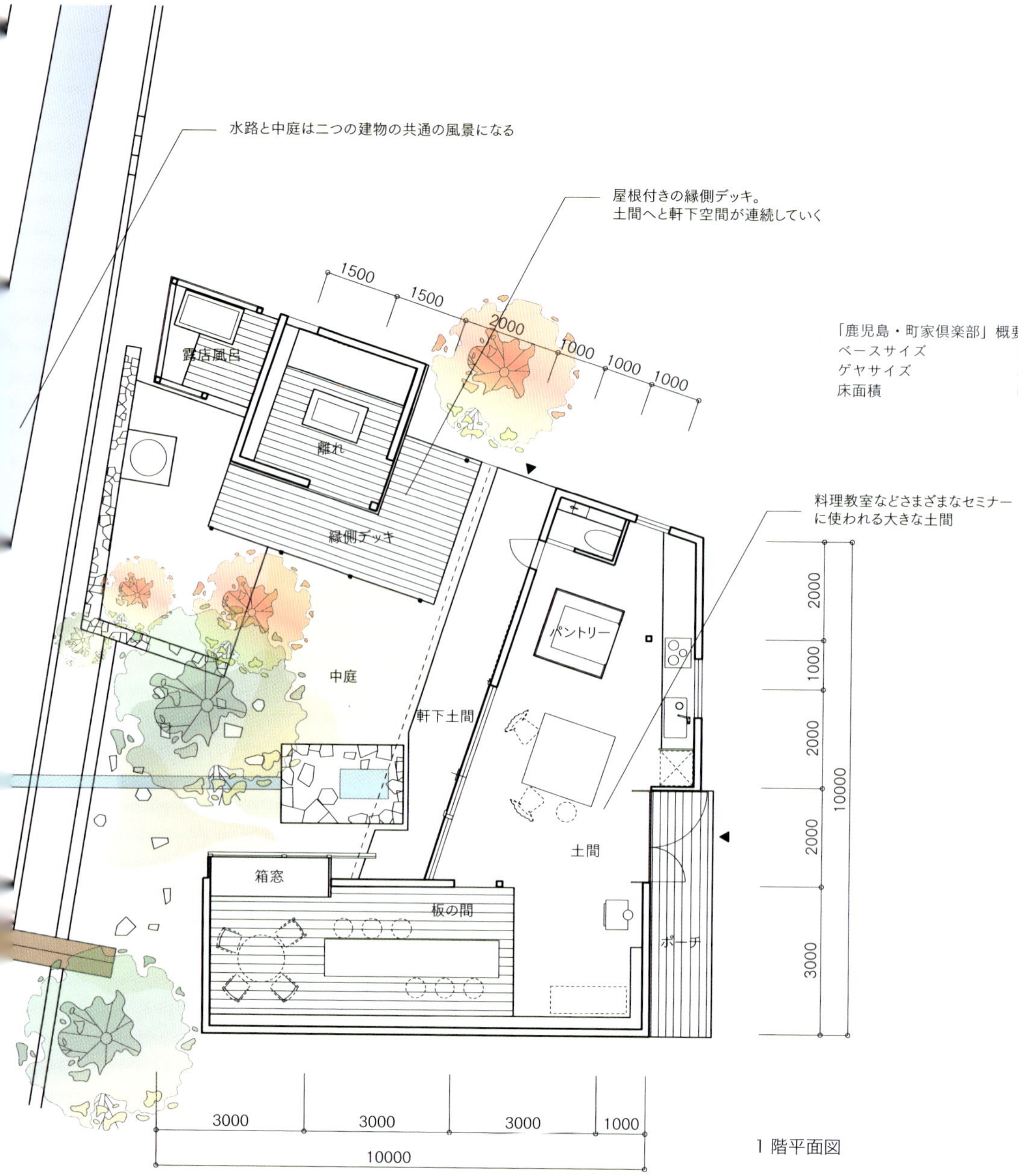

水路と中庭は二つの建物の共通の風景になる
屋根付きの縁側デッキ。
土間へと軒下空間が連続していく
料理教室などさまざまなセミナーに使われる大きな土間
1500
1500
2000
1000
1000
1000
露店風呂
離れ
縁側デッキ
パントリー
中庭
軒下土間
土間
箱窓
板の間
ポーチ
2000
1000
2000
2000
3000
10000
3000
3000
3000
1000
10000

「鹿児島・町家倶楽部」概要

ベースサイズ	変形L型の平屋
ゲヤサイズ	3m×3m（離れ）
床面積	67.2㎡（20.5坪）

1階平面図

ただ敷地の南側には水路があって、その向こうはまだ開発されていない原っぱです。聞けばそこは自分（「薩摩町家」の発注者）の土地だそうで、自由に使ってよいとのこと。それならかなり自由に考えられそうです。

いくつか案を考えた後、私が行き着いたのは、生活の中心部（ベース）とサポート部（ゲヤ）を水路に沿って横に「並べる」という案でした。

図面でご説明しましょう。北側の道路（図面左）と、南側の水路（図面中央）の間に建っているのが「薩摩町家」です。水路の南（図面右）にあるのが増築されたゲストハウスなのですが、その説明は後にして、まずは「薩摩町家」のほうをご覧ください。

建物の平面はL型。Lの縦棒のところが2階建てのベースで、横棒が平屋のゲヤです。「現代町家」の定型ベースタイプのなかから、ここでは6m×8mベースを選び、できるだけ東に寄せて配置しました。

そうやって空いたスペースに開放的なゲヤを置けば、「ベースで閉じてゲヤで開く」という暮らしのリズムが、水路の流れに沿って生まれると思ったのです。

まちに対して開いた
北庭
4000
8000
2000
2000
1000
3000
1500
6000
12000
4000
2000
緑の間をクランク
しながら進むアプローチ
北庭
和室
居間
玄関
北デッキ
キッチン
南デッキ
物干デッキ
栈橋
南庭
水路
南北を貫くデッキに挟まれた
開放的なキッチン

「鹿児島・薩摩町家」概要	
配置ダイアグラム	「並べる」
ベースサイズ	6m×8m
ゲヤサイズ	3m×4m、2m×6m
１階床面積	78.0 ㎡
２階床面積	39.0 ㎡
延床面積	117.0 ㎡（35.4 坪）
施工	創建／鹿児島県姶良市

弱い技術の「重ね着」

プランを練りながら私は、「開くとはどういうことか」をしつこく考えていました。ただ大きな窓を設けただけでは開放感は生まれない……「薩摩町家」を設計して知ったことは開く技術の繊細さです。いろいろな条件が整わないと、窓があっても開いた感じになりません。風の向き、外の風景、光の方向など、周囲の状況に敏感に左右されます。開くということはとても「弱い技術」なんだと思い知りました。

そういえば先述の姶良の町はずれで出会った民家では、縁側のところに障子、ガラス戸、雨戸と何層にも建具を重ねていました。あれはいわば弱さをカバーするための「重ね着」なのでしょう。個々の技術は弱くても重ねれば強くなります。あの家では「重ねること」がそのまま住まいとしての佇まいになっていました。

私もそれを見習うことにしました。重ねるのはなにも建具でなくてもいいわけです。ベースから横に延びるゲヤ部分（キッチン）を思い切って開放するために、まずゲヤ全体を一枚のデッ

右頁　「薩摩町家」住宅棟をアプローチ側から見る。2階部分がベース、それにつながる平屋部分がゲヤ。閉じられたベースと開放的なゲヤの対比が明確にわかる。
上　「薩摩町家」住宅棟の居間からゲヤ部分のキッチンを見る。
下　北のデッキからキッチンを通して水路側のデッキ方向を見る。

キの上に載せました。このデッキは南の水路と北の庭をつないで視線の抜けと風の流れをつくります。その連続するデッキの上にフルオープンのガラス戸、庇、簾、水盤の付いた小さな庭などを次々に重ねていきました。そこを渡り廊下のような、半分外にいるような空間にしようと思ったのです。

庭がつなぐ町の風景

幸いなことに「薩摩町家」は遠くから見学に訪れる方も多く、当分は工務店のモデルハウスとして使うことになりました。その後、さらにゲストハウスを増築することになるのですが、今度はあんまり力まずにやることにしました。「仲間が集まってワイワイやるフリースペースがほしい」という要望でしたから、こちらも気が楽でした。ただし住宅部分で考えた「暮らしを開く」というテーマはここでも続きます。

やがてでき上がったのはブーメランのような、すこし歪なかたちの建物です。水路を挟んで母屋と向き合うかたちで建ち、距離感をつくるために間に中庭を挟みました。中庭にはゲストハウスの屋根に降った雨水を溜めるための小さな貯水池が付いています。

できあがったプランを眺めていて、「そうか、これは大きなゲヤなんだ」と気付きました。つまり水路の向こうの住宅全体が「ベース」で、こちらのゲストハウスのほうは離れているけれど「ゲヤ」。二つをつないでいるのが中庭です。

だとすれば、中庭さえ挟めばいくらでも家が拡大できそうです。いや、家という単位を超えて町だってつくれそう。私は中庭を接着剤のように挟んで次々にベースやゲヤが増えていく町の姿を思い浮かべました。

もしかしたら町というのはそんなふうしてできていくのが最も美しいのかも知れません。町の風景をつくっているのは建物自体よりも、家と家の間を埋めている空地のほうなのでしょう。その空地（庭）に向かってどんなふうに暮らしを開くかが、住宅の佇まいを決めており、それが集まった姿が町の風景になります。

「薩摩町家」の仕事は私にとって、一軒の家から「町をつくる家」へと考えを進めるための最初のレッスンになりました。

中庭を囲むかたちの「薩摩町家」ゲストハウス

上　「薩摩町家」住宅棟側から見たゲストハウスの夜景。
右下　ゲストハウス内部。暖炉の置かれた広い土間部分と板の間からなる。梁には古材が再利用されている。
左下　ゲストハウスの土間から軒下空間を通して住宅棟を見る。

CASE 04 「離す」

外も内のように使って暮らす雪国のコートハウス

新潟・土間コートの家

新潟市の郊外に、この家は建ちました。周りにはまだ畑が残っていて、のんびりした田園風景が広がっています。古くからある住宅地のなか、通りに面して敷地は80坪ほどありましたから無理に家をコンパクトにする必要はなさそうです。

「現代町家」の仕事では、いつもできるだけ家を標準化し、コンパクトにつくることに努めているのですが、この家ではもっとおおらかに、「現代町家」が目指す暮らしのかたちを自由に展開してみようと思いました。

「現代町家」のアイテムで中庭をつくる

まず考えたのは中庭をつくろうということです。それもあんまり閉鎖的ではない、ルーズに町につながった感じのを。中庭はスペインのパティオや北京の四合院など、世界中にある半戸外スペースですが、なぜか日本には根付きませんでした。閉鎖的すぎて日本の風土には合わなかったのでしょうね。

私がイメージしたのももう少し開放的な、農家の庭先みたいな空間です。だからほしかったのは中庭というより

右　2階デッキから見下ろした中庭（土間コート）。L型の歩廊が中庭を縁どるように回り、車庫と住宅をつないでいる。コーナー部に見える石積みの盛り土はメダカ池を埋めた一坪里山。上部を覆う草むらは左手のブナやコナラなどの植栽エリアに連続している。
左　右頁の写真と反対側から見た中庭。左手に母屋、右手に車庫があり、二つをL型の歩廊がつないでいる。

もむしろ「分棟型の家の間にできる小さな広場」といったほうがよいかもしれません。
韓国ではそんな広場のことを「マダン」と呼ぶようですし、日本でも少し前の農家の造りはそんな風でした。母屋があり、少し離れたところに作業小屋と家畜小屋があって、その間をつないでいたのが小さな広場です。あれと同じような空間を「現代町家」のアイテムでつくろうと思ったのがスタートでした。

「離す」という配置パターン

「現代町家」のベースとゲヤによる配置システムでは、「離す」というパターンが分棟型の家をつくるのに向いています。

その場合、ふつうはベースとゲヤを離すわけですが、それだと間にできる空間が今ひとつ囲われた感じになりません。この家の場合はもう少し閉ざしたかたちがほしい。そこでまずベースとゲヤをL型に組み合わせて、その対角線上にもう一つ碁石を置くみたいにポツンとゲヤを配置するかたちを考え

右　格子戸を引いて中庭に入ると、土間コートの全景が見渡せる。左手正面が玄関。土間は住宅の内部へそのまま入り込み、内土間と連続している。歩廊を支える柱は1間ピッチで並ぶ50角のスチールパイプ。朱色に塗装されている。
左上　一坪里山の石積み部の詳細。自然石を空積みしている。
左下　土間仕上げのディテール。コンクリート土間の上にタタキ風の仕上げ材を塗っている。塗り厚は約2センチ。「タタキバインド」という製品に地元の砂利や砂を混ぜ、グラインダーで削り出した。

ました。

　そうすると、二つの棟の間にほどよく囲われた空間ができます。つまりベースとゲヤを組み合わせたほうのブロックが母屋で、対角線上のもう一つのブロックが納屋といった位置付けです。これはちょうど「車庫がほしい」という建主の要望に合っていました。新潟は雪国ですから屋根付きの車庫が要ります。それなら納屋を車庫にすればいいと思ったのです。

土間コートに歩廊を回す

「納屋＝車庫か、これはいいかも」。我ながらそう思いました。雪国では車以外にも屋内に入れたいものがたくさんあります。スコップや草刈り道具やチェーンソー、それに建主が趣味にしている釣りの道具もロードバイクもあります。いっそみんな一緒に入れてしまって、そこをホビールームにしたらどうかと考えました。

　建主は多芸多才な方でしたから、ホビールームという提案を面白がって、「それなら中庭ももっと使えるようにしたい。ストーブで焚く薪を干したりメダカを泳がせたり、それに大型犬も飼いたいし」と、話が盛り上がりました。眺めるためじゃなくてタフに使える中庭というわけです。「ならばそこにも雪を避けるために屋根が要りますね」ということで、中庭には屋根付きの歩廊を回すことにしました。

歩廊は屋根と細い柱だけ、あとは吹きさらしです。それが母屋に沿って延びて納屋とつながり、ちょうど中庭を縁取るL型の軒下空間になりました。この歩廊があれば雪が降っても中庭が使えます。雪国のコートハウスらしい風情がこれで整いました。

中庭は全周を閉じないで、南の道路側と東の畑に面する側はオープンのままです。畑側には低い板塀を回し、道路側には透けた格子戸を入れました。格子戸の向こうに、通りを歩く人影が見えます。閉じすぎもせず開きすぎもせず、町との距離感がちょうどいい感じになりました。

外を内のように使って暮らす

中庭の床は土の風合いを残したタタキ風の土間。その土間は歩廊から家の

道路側から住宅へのアプローチ部分を見る。緩勾配のスロープを上がって住宅へアクセスし、正面の格子戸を引いて中庭（土間コート）に入る。右手は車庫。左手はブナの大木を植えた草庭のカーポート。

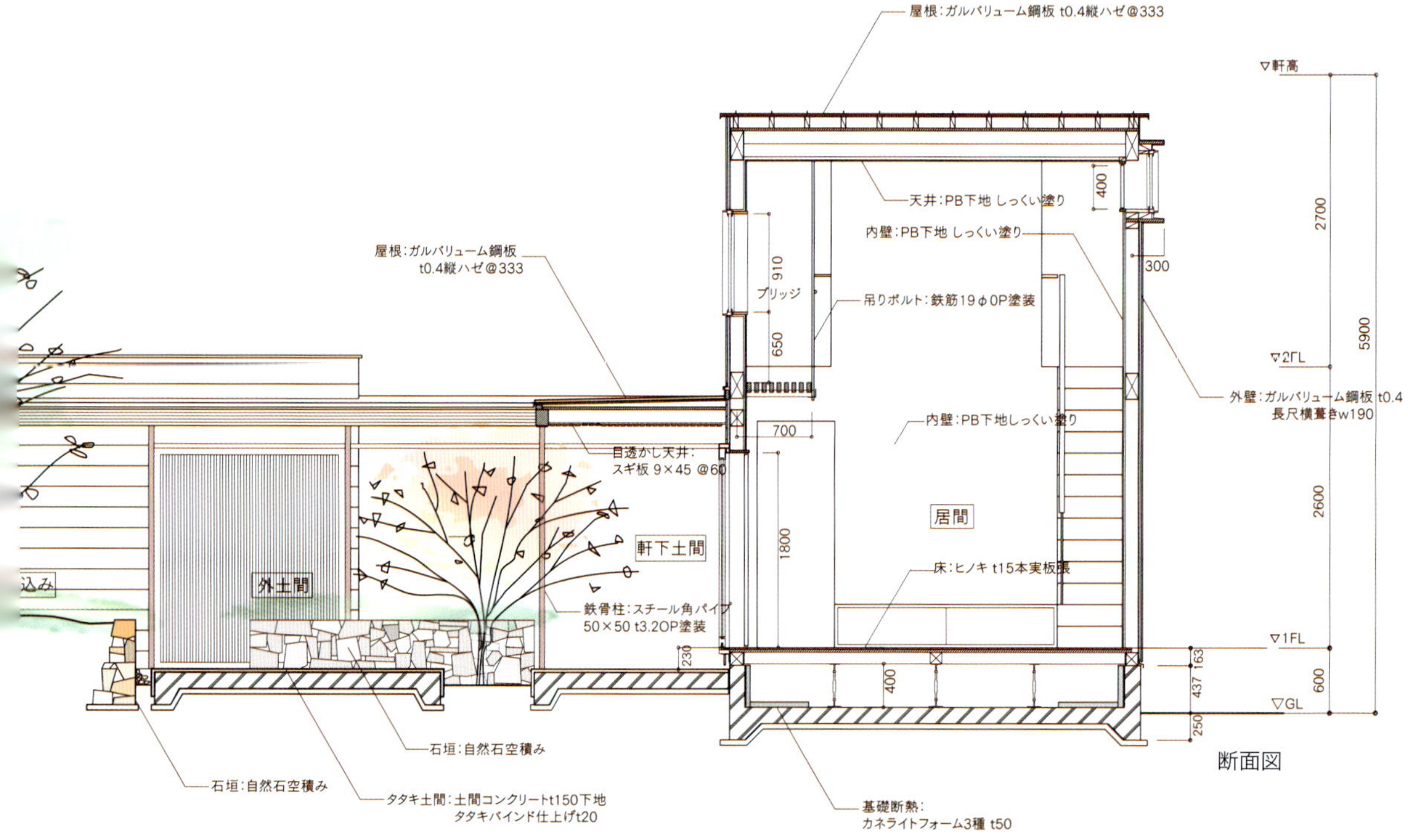

断面図

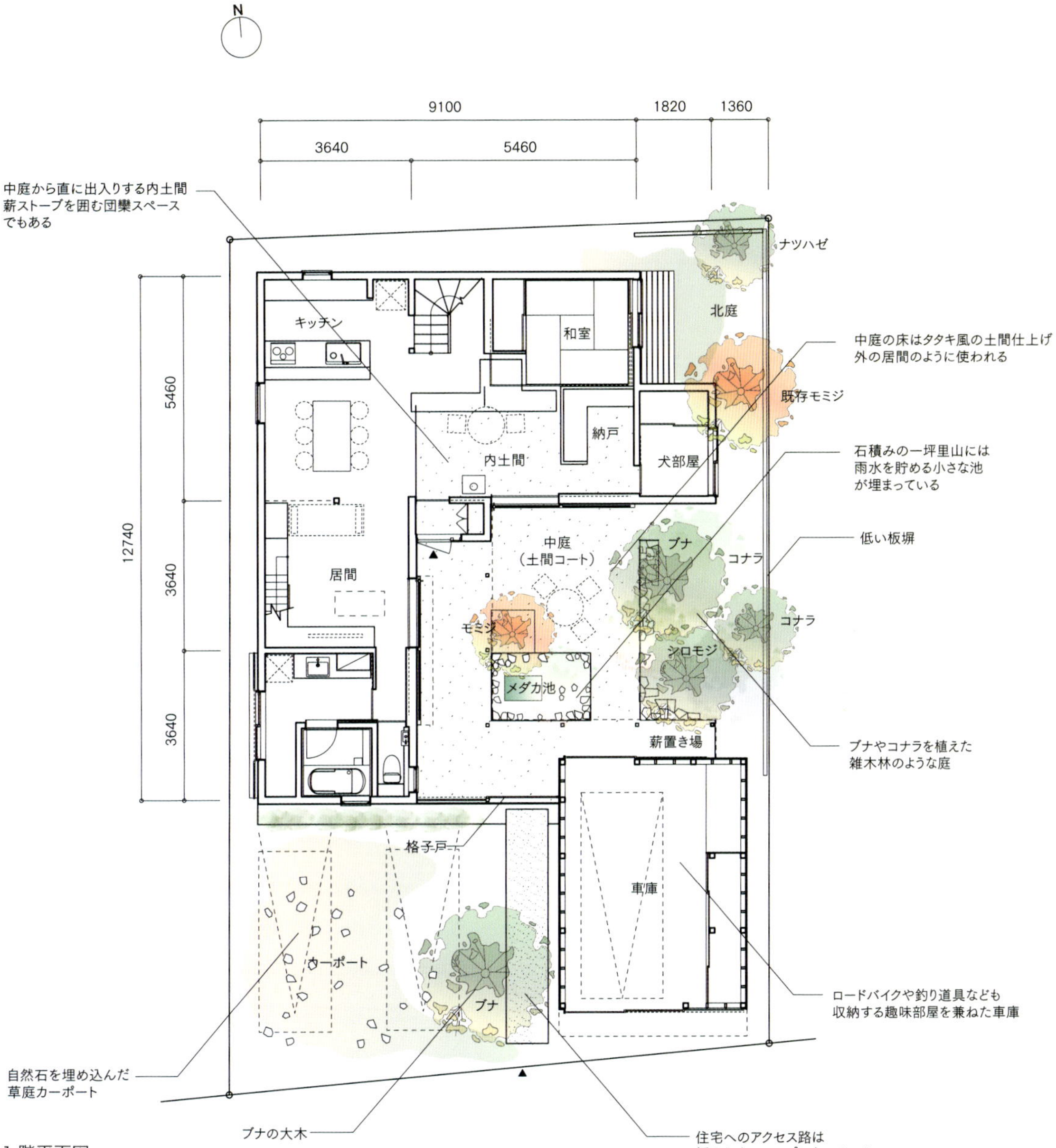

1階平面図

「新潟・土間コートの家」	概要
配置ダイアグラム	離す
ベースサイズ	3間×5間
ゲヤサイズ	2間×4間
1階床面積	82.8㎡
2階床面積	63.2㎡
延床面積	住宅部分 146.0㎡（44.2坪）
	車庫部分 27.2㎡（8.2坪）
施工	（株）清新ハウス／新潟県新潟市

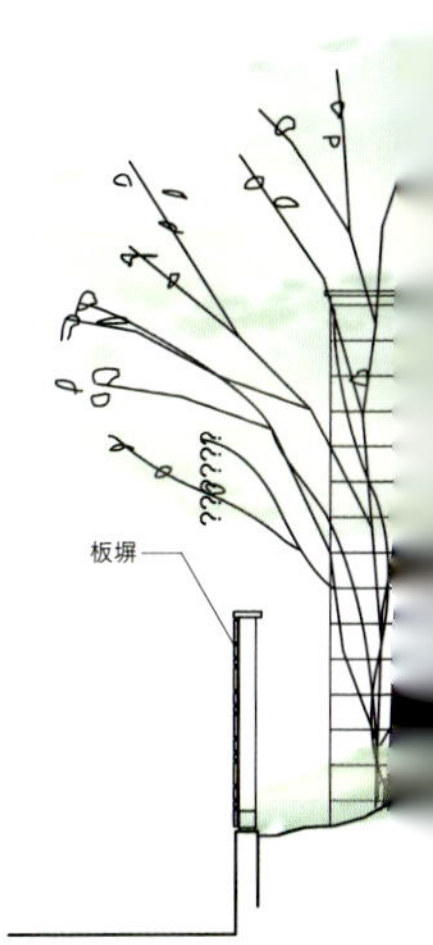

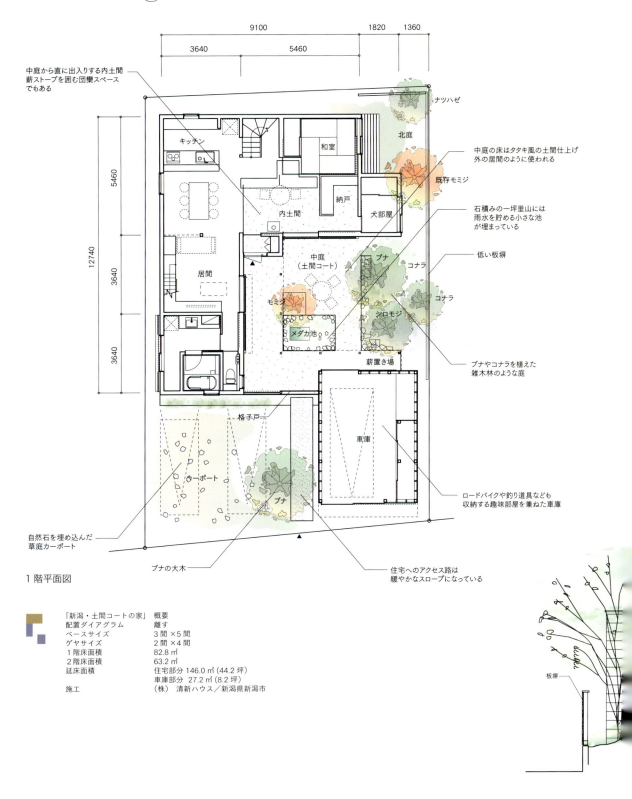

内部まで連続しています。土間の一画に、家具を置くような感じで植物の居場所（一坪里山）をつくりました。そこには草むらに埋もれて雨水を貯める小さな池が隠れています。

家ができ上がり、家族が暮らし始めた姿を見ていて、「やはりこの家の主役は中庭だな」とあらためて思いました。晴れた日には来客を迎えるのも昼ごはんを食べるのも、それに本を読むのもみんなこの中庭です。

いつも外の自然を感じて暮らしたい。できれば外を内のように使って暮らしたい。「現代町家」の設計ではいつもそう考えているのですが、しかし、外を暮らしに使うというのは日本ではそんなに容易なことではありません。雪国ではなおさらそうです。この家ではしかし、歩廊がつくる軒下の空間と、中庭から家の中まで延び広がる土間のおかげで、内と外の暮らしがかなり近いものになりました。

上　薪ストーブを据えた内土間は昔の囲炉裏端のような家族の団欒スペース。右手に板の間のダイニングと居間が見える。土間と板の間はワンルームで繋がっている。
左　居間から中庭を見る。開口部には「現代町家」仕様の木製引戸（M窓）を使用し、フルオープンできる。窓先は歩廊に囲まれた軒下空間になっているため、雨の日でも窓を開けたまま暮らせる。

CASE 05 「振る」

地形を生かして二軒が並ぶ荒地のリノベーション

富山・杉の家

　リノベーションといえば、古い木造家屋やマンションの改造を思い浮かべますが、「土地もまたリノベーションできる」ことをこの仕事で初めて知りました。この家の建て主のSさんは富山市内で工務店を自営しています。仕事柄、富山市内と近郊を車で走り回ることが多く、その途中で見つけたのが、神通川沿いの崖の上の荒地でした。

　普通であれば見過ごしてしまいそうなその荒地をSさんは友人と二人で買い取り、各々の自宅を建設しようと思い立ちます。面白いのはその荒地の造成に彼らが付けた名前です。

　Sさんたちはとても宅地にはなりそうもないと思われたその土地を重機を使って自力で整備し、それを「荒地のリノベーション」という言葉で表現したのです。なるほどリノベか！　私はひどく感じ入ったのでした。

敷地に張ったテントでの配置スケッチ

「ここにどんな家を建てたらよいか迷っているのですが、もしかしたら現代町家の方法が使えないでしょうか？」

　そうSさんから相談を受けて、私は富山まで出かけていくことになりました。実際に現地に立ってみると、Sさんたちの「荒地リノベ」はなかなかのものでした。専門業者が造成するのとはまるで違って、神通川への眺望を生かしながら川に沿う崖の地形もそのまま残しています。

　この地形の魅力を最大限に生かすには、建物の配置を地形に合わせて自由に動かすのがよさそうでした。「現代町家」は家をベースとゲヤに分解して自由に配置できるので、こんなときに威力を発揮します。Sさんと友人、そして私の三人は、敷地の真ん中に張ったテントの下で、さっそくゴリゴリとスケッチを始めました。

6×6mベースを二つ並べる

　現場に張ったテントの下でのスケッチというのはさすがに初めての体験

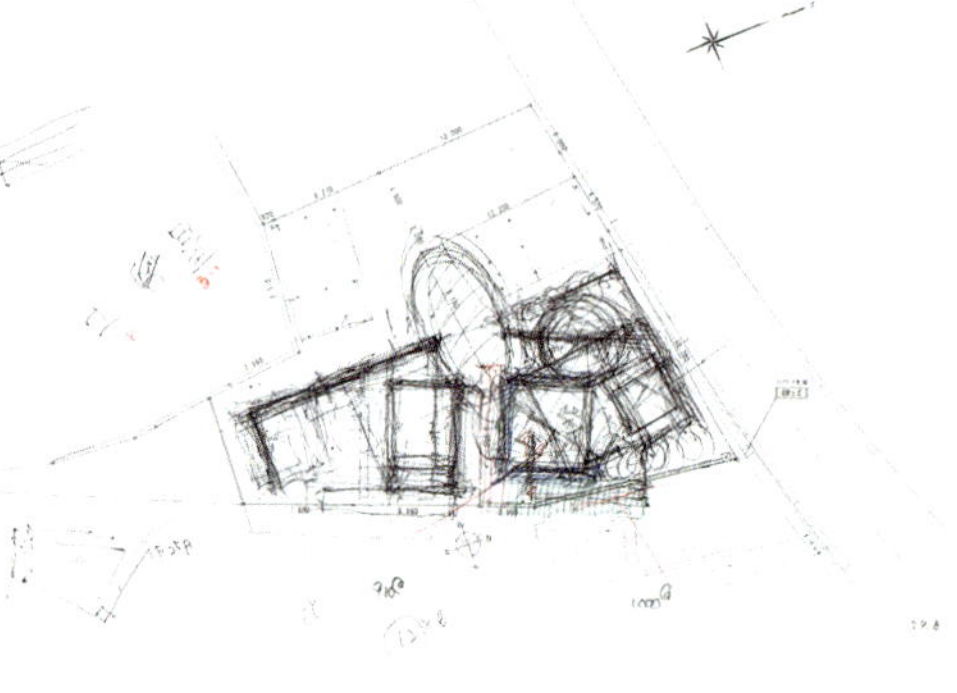

右　現地で描いたファーストスケッチ
左　前庭を共有して２軒の家が並ぶ。２軒の間には草庭の路地があり、神通川に向かって視線が抜けていく。

で、じつに楽しかったのですけれど、それ以上にうれしかったのはSさんたちが「現代町家」の方法を嬉々として楽しんでくれたことでした。

「現代町家」の設計法は、システムというほどカッチリしたものでなく、いわばルールです。そのルールのうち大事なのは次の三つ。

①家をベースとゲヤに分けて配置し、その配置によって環境をつくる。

②ベースはサイズ別に定型化された「平角スケルトン」の中から選ぶ。

③家を構成するエレメントをパーツ化し、できるだけ同じパーツを使う。

もちろん他にも細かなルールがあるのですが、基本はこの三つです。

私はさっそくSさんたちに、「今回は2軒とも6m×6mベースでいきましょう」と提案しました。2階建ての6m×6mベースは立方体に近いので、丘の上に2軒並んで建ったらきっと美しいシルエットを描くだろうと思ったのです。

では、その「6m×6mベース」を敷地のどこに、どう並べるべきか？

そこからはスケッチというよりも「ベースとゲヤをどんなふうに配置したらこの土地にふさわしい環境ができ

ネギ畑
2軒の家をつなぐ共有の通路
2軒の家の真ん中に
土塁をつくり木立で覆って
共通の庭にする
N
0 1 5
物置
前庭(土塁)
物置
敷地の形状に
合わせて振ったゲヤ
納戸
ポーチ
寝室
ポーチ
道路
内土間
納戸
内土間
和室
居間
居間
路地
縁側デッキ
縁側デッキ
ベースとゲヤの間の隙間が
プライベートな庭になる
丘の上に張り出した縁側デッキ
ベースとゲヤの間の隙間が
プライベートな庭になる
2軒の間を通り抜ける
草庭の路地
神通川へ抜ける視界

るか」というブレーンストーミングの場に変わっていきました。

地形に合わせて家の配置を「振る」

Sさんたちがつくりだした敷地は広さが210坪ほどの面積です。専門業者が開発したらきっと3〜4区画になっていたでしょう。

自力で造成までやったからこそゆったりとした2区画が可能になったわけですが、ではせっかくできたその敷地の余裕をどのように生かすか、建物の配置を考えることはそれを突き詰めていく作業でもありました。

日が暮れる頃、ようやく私たちは配置のスケッチを描きあげました。

このスケッチには神通川に向けて6m×6mベースが二つ、ドンと真っ正面に並べて配置されています（そうすると2軒の間に路地ができます）。ゲヤのほうはベースの向きとは関係なく地形に合わせて「振る」かたちに落ち着きました。ベースは風景に向かってまっすぐ建ち、ゲヤは自由に延びて環境をつくったらよいというのが、私たちの辿りついた結論でした。

議論がもっとも盛り上がったのは2軒分並んだ6m×6mベースの間の路地のつくり方でした。幅は3mほど。道路から互いの家にアクセスしてくるとき、ちょうど路地は神通川への視線の抜けをつくります。互いの家の敷地境界はちょうどこの路地の真ん中にあるのですが、いかにも敷地境界という感じをなくするためには、この路地をどうつくったらよいか。私にはこの議論がもっとも刺激的でした。

最終的にこの路地自体にはあまり大きな細工はせず、そのかわり路地の延長上にある互いのアクセス路の間に土を盛って、高さ80センチほどの土塁をつくろうということになりました。そ

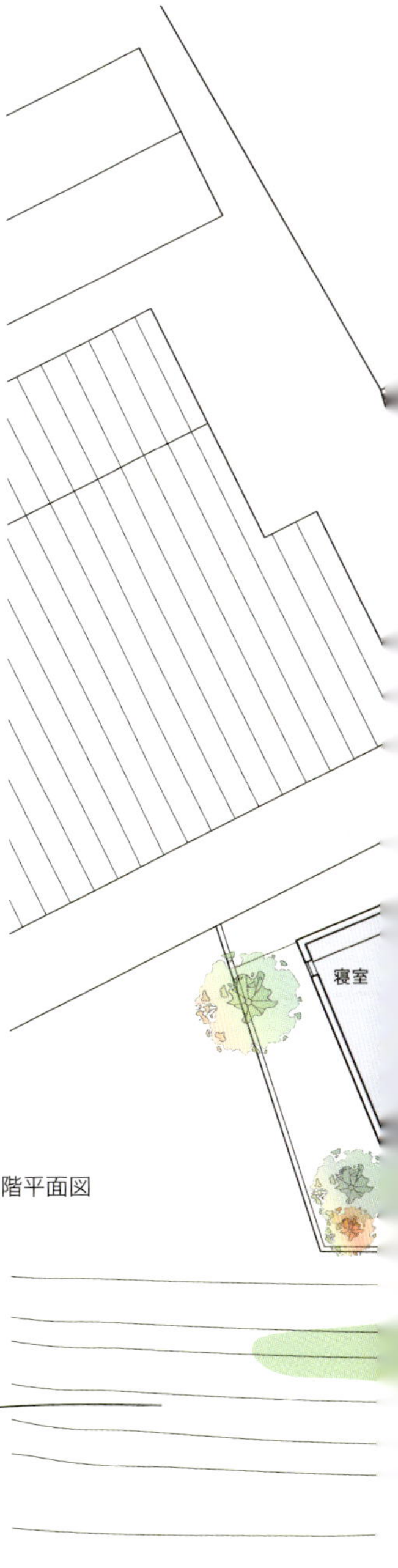

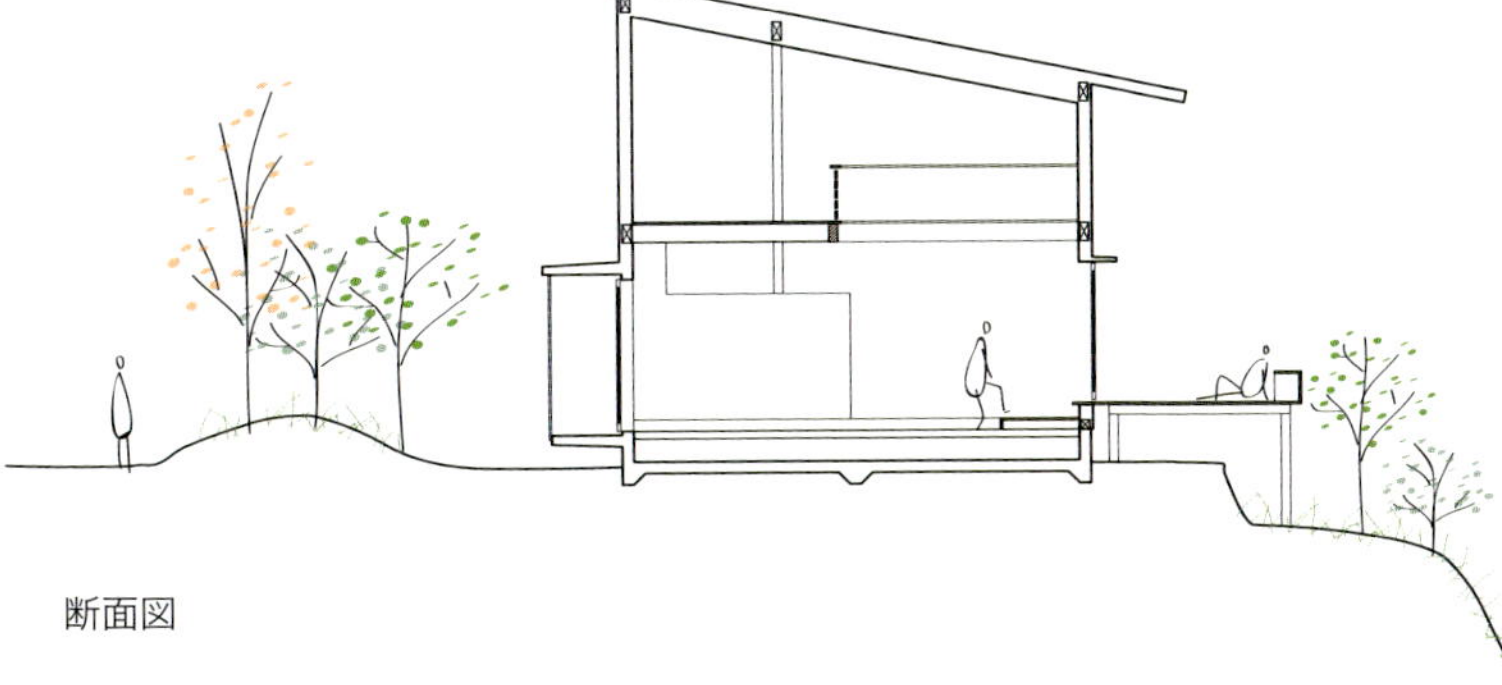

断面図

1階平面図

「富山・杉の家」概要		
配置ダイアグラム	振る	
ベースサイズ	6m×6m	3.5間×3.5間
ゲヤサイズ	3m×12m	2.5間×4.5間
1階床面積	86.0㎡	87.5㎡
2階床面積	24.0㎡	28.1㎡
延床面積	110.0㎡ (33.3坪)	115.6㎡ (35.0坪)
施工	建築工房アシストプラスアルファ／富山県富山市	

2軒の家の並びを見上げる。左は鋼板壁、右は塗り壁。玄関部には格子戸で覆われた半戸外のポーチがあり、そこから家の内部に通り土間が延びている。

こには地元の山から移植した木を植えて、小さな里山にする計画です。

そこは2軒の家の境界でもあり、共有の庭でもあり、また町に向ける顔の役目も果たします。私にはその土塁を挟んだ二つの家の並びが、たった2軒ですけれど、小さな町かどのように思えました。

荒れ地から敷地をつくり出す

やがて建物はみごとなでき映えで完成しました。私の役割は配置計画と、あとは東京からのアドバイスというかたちでしたから、すべてSさんの力量のなせる技です。私は建物のできにもまして、Sさんとその友人が自分で敷地を発見し、つくり出したことに新しい可能性を感じています。

すこし視点を変えれば、つまりリノベーションという観点から見れば、町はいまも荒地だらけです。業者が開発した分譲地など、まさに「現代の荒地」でしょう。敷地も町も自分たちでつくり出すことができる。Sさんたちの「荒地のリノベーション」はそのことを私たちに教えています。

上　神通川に向かう丘の上に張り出した木のデッキ。
右下　2軒の家をつなぐ通路の突き当たりに置かれたカーポートは、仲間が集まる野外パーティに使われている。
左下　神通川に向かう丘に沿って2軒の家のデッキが並ぶ。

6ｍ×6ｍベースの内部は間仕切りのないワンルーム空間になっている。写真奥が2ｍ幅の通り土間。中央が居間、右がキッチン、手前にダイニングスペースがある。2階は吹抜けをL型に囲むフリースペース。

上　玄関ポーチからまっすぐ室内に延びる通り土間。階段下は愛犬の寝場所になっている。
下　通り土間に置かれた薪ストーブ。土間の仕上げは30ミリ厚の青石（十和田石）。

CASE 06「並べる」

土間と板の間でつくる現代の町家暮らし

浜松・濱松町家

「濱松町家」の玄関部。左手に見える格子戸を引いて玄関ポーチの土間に上がる。ガラス戸の向こうは応接スペースを兼ねた通り土間になっていて、そのまま奥の庭に抜けていく構成。2階の大窓は玄関ポーチの上につくられた小さな温室の窓

玄関ポーチの上にある2階温室から通り土
間を見下ろす。土間から奥庭へデッキが延び、
さらに隣地の庭へと風景がつながっていく。

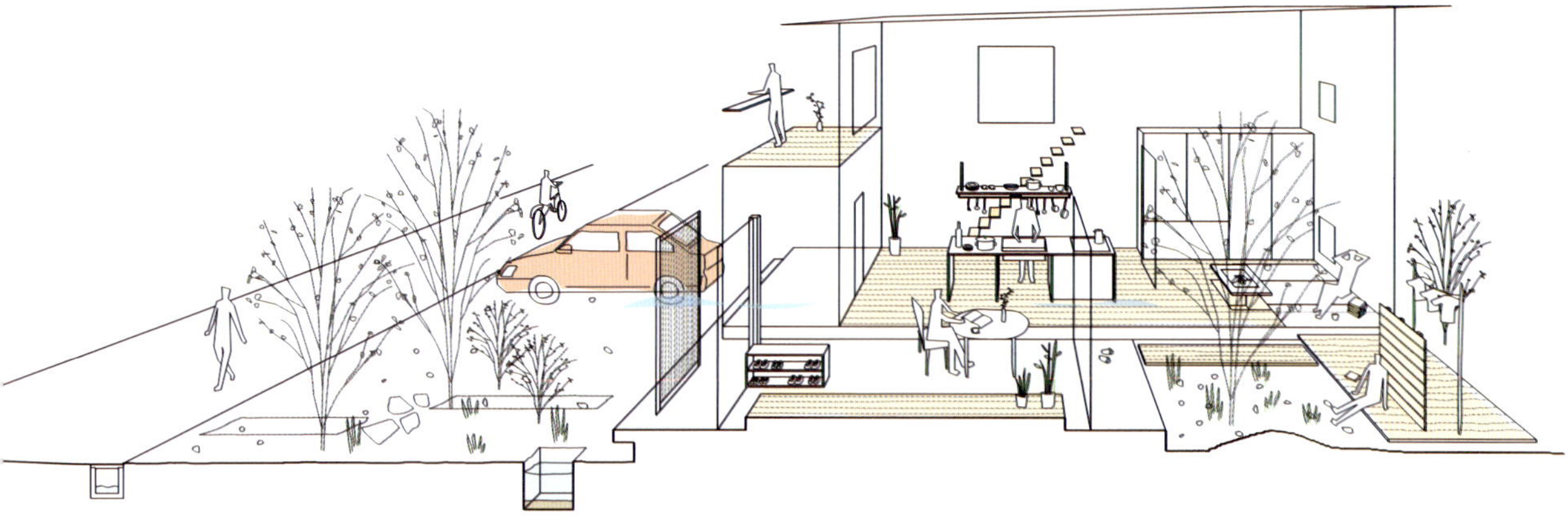

「濱松町家」の断面パース。
図面奥が２階建のベース、手前がゲヤ。左手の道路から前庭を通り、玄関ポーチ、通り土間、奥庭、物干しデッキへと続いていくゲヤの空間構成がわかる。

この家は夫婦お二人の住まいです。1階には通り土間と板の間と茶の間、2階は寝室と書斎。床面積30坪弱のコンパクトな家ですけれど、細長い土地の形状を生かした奥行きのあるプランのおかげで、昔の町家暮らしに近い生活のかたちが実現しました。

回れるプラン

通りから見ると庭の向こうに透けた格子戸があって、その奥のガラス戸を開けるとさらに奥まで続く通り抜けの土間になっています。

土間は玄関スペースですが、ダイニングにも応接室にもなります。ご主人が「観葉植物を育てるのが好き」ということで、天井を吹き抜いて温室のような造りにしました。室内ですけれど半戸外のような雰囲気の場所です。

土間に平行して板の間があり、真ん中には長さ3mのキッチンカウンターが据えられています。台所の続きが茶の間。そこには囲炉裏が置いてあって、横のガラス戸から庭に出られます。つまり土間から台所、茶の間と続き、そこから庭に出て、また土間に戻ってくるというのが、この家のプランです。

町なかに暮らす

こういった通り土間に沿って部屋が並ぶプランは、昔の町家によくあった住まいのかたちですが、町なかに住むにはとても具合が良い。いまでも十分に通用します。通り土間プランは「土間の半戸外スペースと室内の部屋の暮らしが並行する」かたちなので、過度に閉じることも過度に開くこともありません。

家が建て込んだ町なかで暮らす場合、いまの家づくりではプライバシーを守ろうとする意識が強すぎてどうしても閉じがちになります。でも町なかで快適に暮らすには、閉じることにもまして「いかに開くか」がポイントです。町家には坪庭から濡れ縁までそんな開く工夫がたくさんありますから、ぜひそれを「現代町家」の方法で再構築しようと思いました。

スケルトンとインフィル

昔の町家の間取り図を見ていると、それが構造体をうまく利用してできたプランであることに気が付きます。

つまり間取りをつくる前に、まず短

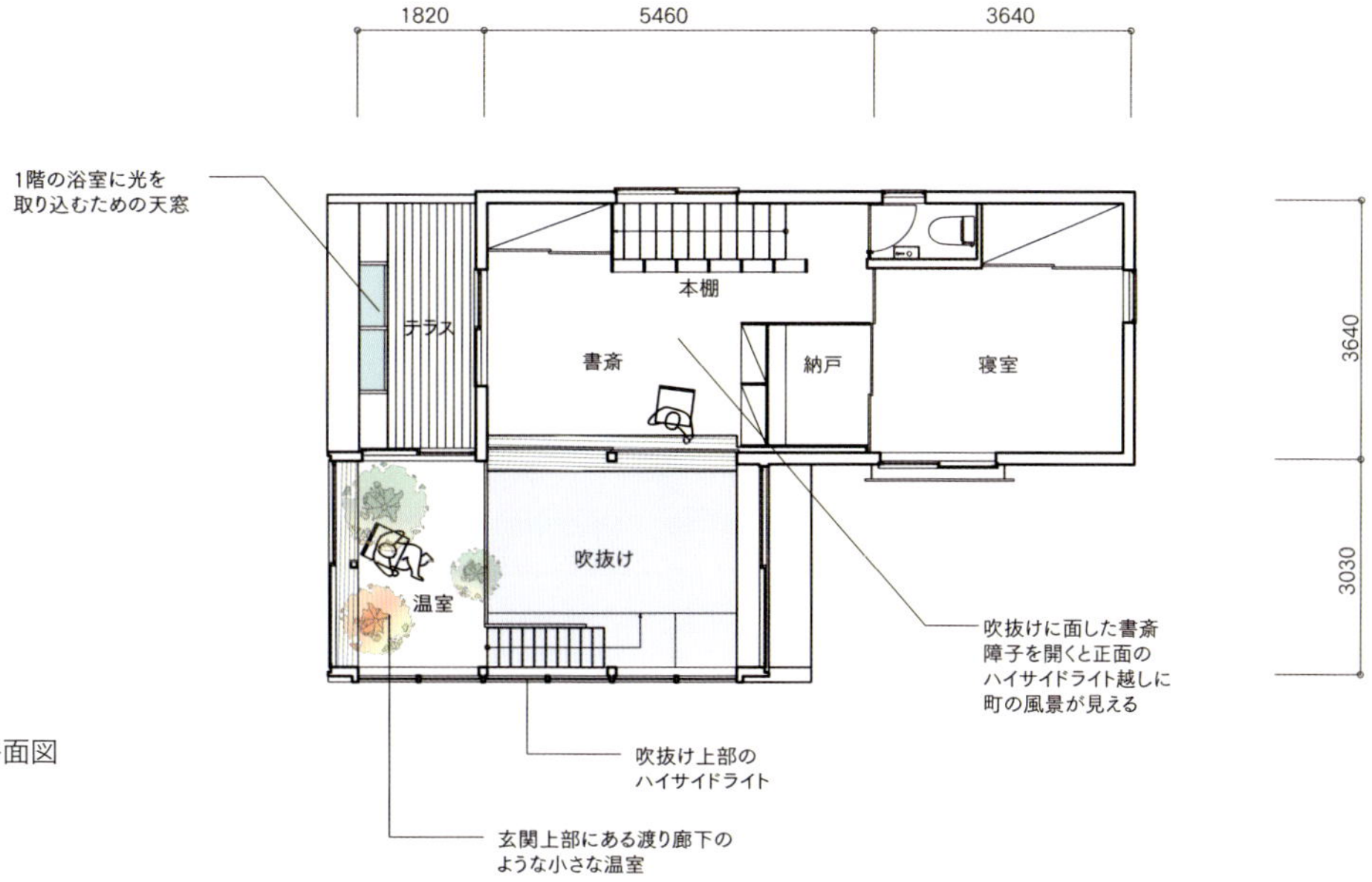

2階平面図

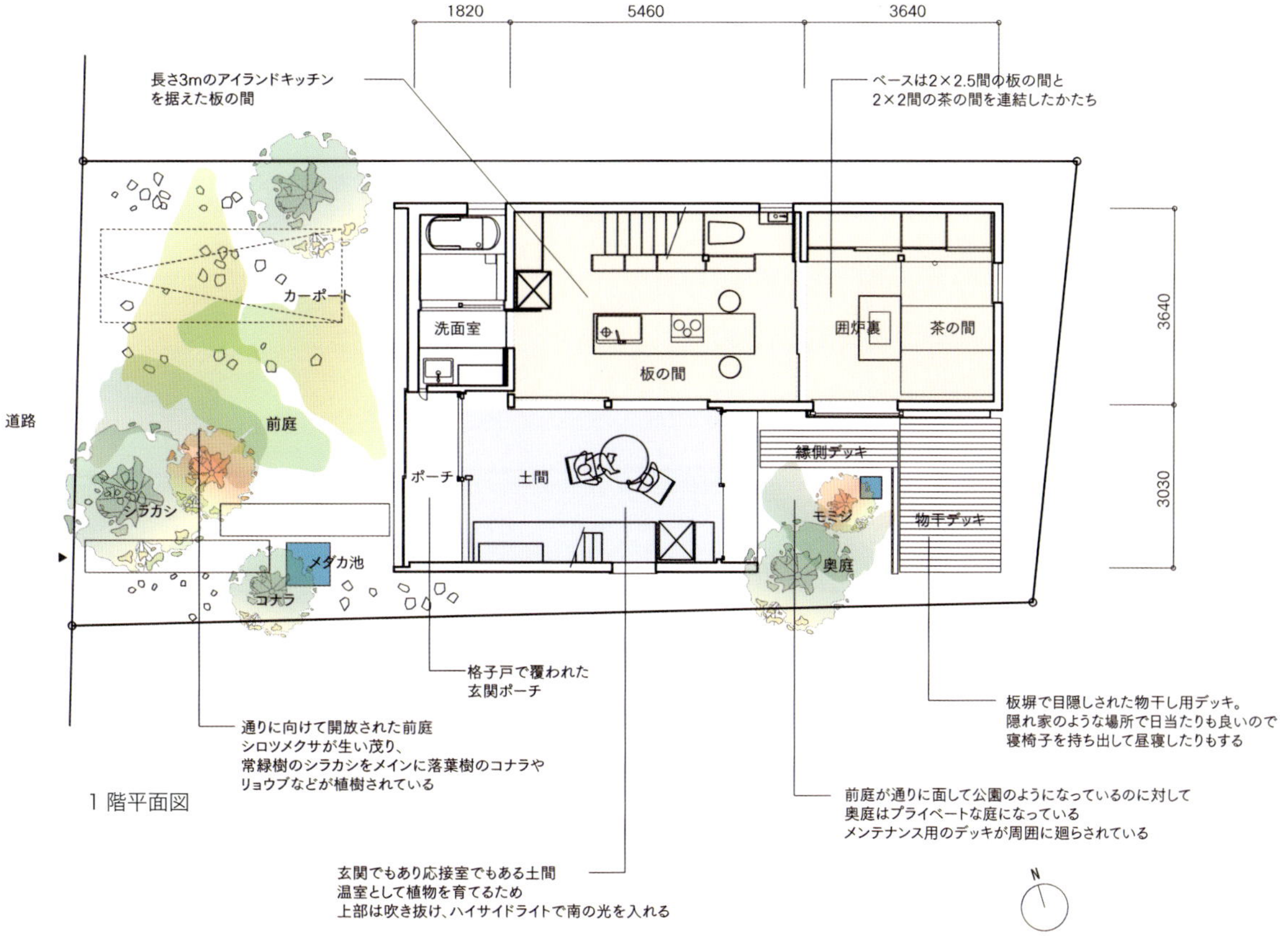

1階平面図

「浜松・濱松町家」 概要

配置ダイアグラム	並べる
ベースサイズ	5.4m×3.6m+3.6m×3.6m
ゲヤサイズ	5.4m×3m
1階床面積	57.2㎡
2階床面積	40.6㎡
延床面積	97.8㎡（29.6坪）
施工	（有）入政建築／静岡県浜松市

冊形の敷地のかたちに合わせて柱梁の構造フレームを先に置いてしまう。その均等に並ぶ構造フレームの一部を抜いて坪庭にしたり、奥に抜いて通り土間にしたり、といったやり方です。

そういった造りのおかげで町家のプランは融通無碍で、どんな風にも住みかえられますし、誰が住んでも自分なりの個性が出せるものになりました。構造体と住まい方が分離した、今で言う「スケルトン・インフィル」のやり方なんですね。

「現代町家」も基本的にはこれと同じ考え方です。ただし異なるのはそのスケルトン（構造体）の決め方で、昔の町家の場合は金太郎飴みたいに続く筒型の無限定なスケルトンですけれど、「現代町家」ではこれを限定して箱型にし、いくつかのタイプに分けました。それが「ベース」と「ゲヤ」のスケルトンです。

ベースとゲヤを平行に並べる

スケルトンを限定して何種類かに分けると、それをどう組み合わせるかでプランが決まります。例えば「ずらす」

右　写真右手が通り土間、左手が板の間。土間と板の間は平行して並び、どこからでも出入りできる。板の間の手前側に長いキッチンカウンター。その奥は茶の間で囲炉裏が据えられている。
上　通り土間を奥庭側から見通す。土間の向こうの格子戸越しに町の風景がうっすらと見える。

とか「離す」とか、あるいは「並べる」とか「振る」とか。昔の町家のように無限定に続くスケルトンの中をくり抜いたり貫いたりするのではなく、ベースとゲヤという限定されたスケルトンを組み合わせて、ずらしたり並べたり離したりしてつくるのが「現代町家」のプランというわけです。

「濱松町家」の場合はベースに該当するのが板の間のスペース、ゲヤに該当するのが通り土間のスペースなのですが、ここではそのベースとゲヤを「並べる」という配置方法をとりました。そうすると、前庭から土間に入り奥庭へ抜けていくゲヤの半戸外スペースと、板の間から茶の間へ続くベースの室内スペースが、お互いを補い合うように並びます。両方を行き来できるようにしたので、「開く・閉じる」のちょうど中間状態が味わえるプランになりました。

外も内と同じように扱う

このやり方のメリットは、ベースとゲヤの組み合わせ方しだいでさまざまなタイプの庭が生まれるということで

通り土間から板の間を見る。2階は吹抜けに面した書斎で、ポリカーボネイド小波板張りの腰壁上部の手すりがそのまま長いカウンター机になっている。ベースは1間ピッチで均等に柱が並ぶ構造。柱と梁による田の字型の開口部は夜間、障子で閉じられる。

「濱松町家」の道路側から見た夜景。格子戸越しにぼんぼりのような灯りが夜の町を照らす。

しょう。たとえばベースとゲヤを「ずらす」と対角線上に二つの庭ができ、「離す」と間に中庭ができ、「振る」と角度のついた庭ができる、といった具合です。

その場合、生まれるのは庭とは呼べないような小さなスペースかも知れません。でも私たちの先人はそれをうまく生かしきって、たとえば坪庭という小宇宙をつくりあげました。どんな小さな敷地に建つ家でも必ず外はあるので、要はそこをどう生かすかです。

さて、その生かし方について「現代町家」の家づくりをここまで続けてきて感じるのは、「外の空間も部屋のように扱ったほうが良い」ということです。そこは屋根のない部屋、あるいは壁のない部屋で、その部屋の住人は木々であり昆虫であり草花です。ただし、そこを「囲い込みすぎてはいけない」。トンボも草花も風に乗って生きるのですから。

暮らしを開くように庭も開きたい。自分の家からお隣さんの庭へ、そしてさらにその先のお隣さんの庭へ。そういった連続する庭の風景ができたとき、はじめて町の風景が生まれるのだと思うのです。

column 2

イームズ邸と木造スタンダードハウス

家具デザイナーとして有名なチャールズ・イームズの自邸は、言わずと知れた20世紀住宅のマスターピースです。「現代町家」を始めた頃、あんな感じの住宅を木造でやれないだろうかと密かに考えていました。

イームズ邸は鉄骨造ですから木造住宅のモデルにするというのは無茶な話ですが、そこには住まいに対する明快な割り切りかたがあって、そこが好きでした。

イームズはライトやコルビュジエのような造形的な空間をつくろうとはしませんでした。そっけない箱とよく選ばれた暮らしの道具を目の前に並べて見せて、「暮らしを完成させるのはあなた！」と言わんばかりです。これは未完成の魅力、半製品のモノがもつ力なんだろうと思うのです。もしもいまスタンダードな住宅があるとしたら、それはああいう半製品的な住宅なんだろうと、私は考えたのでした。

ではその半製品的な住宅をどうつくるか？ まずは「暮らしの器」としての箱です。大きさと構造だけ決めて、中はガランドウがいいと思いました。ただしあんまり大きくないほうがよい。6m立方ぐらいが限界でしょう。足りなければ二つ使えばよいのです。それに6mというサイズは構造材の長さとしても適当で、製材から運搬まで林産地の実情に合わせた解決ができそうでした。

次に、中に入れる暮らしの道具はどうするか？ 階段やキッチンやタタミや扉、これらはみんなキット化すればいい。そこで考えたのが「町家キット」でした。

ところでよく考えてみると、日本のかつての町家建築は、みんなそのようにできていたんですね。構造は社会のルールでつくり、暮らしの道具は個人の趣味に合わせる。なるほどスタンダードとは「みんなと同じもの」を使いながらその使い方に個性が滲み出る、そんな世界なんだなと思い至ったのでした。

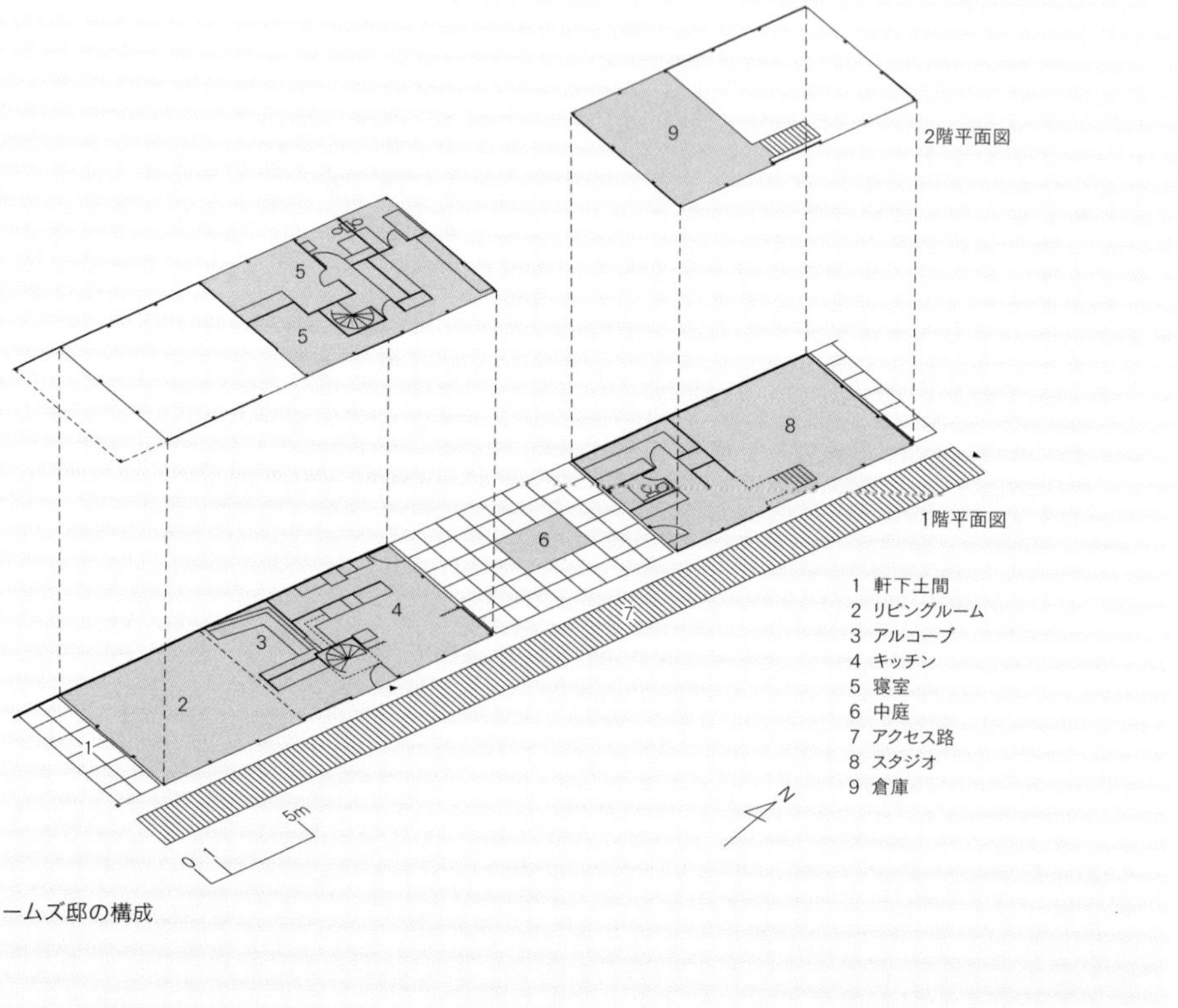

2階平面図
1階平面図
1 軒下土間
2 リビングルーム
3 アルコーブ
4 キッチン
5 寝室
6 中庭
7 アクセス路
8 スタジオ
9 倉庫
0 1 5m
N

イームズ邸の構成

3

「現代町家」の工夫

「現代町家」は住宅のさまざまな課題に対してできるだけ共通の解決法をとります。その解決法はジャンル別に 20 のアイテムに整理されています。

住宅の内と外をつなぎ、環境に開いて暮らすための「場所」のアイテム、建物の構成エレメントを部品化した「パーツ」のアイテム、大きなワンルーム空間のなかに居場所を「しつらえる」ためのアイテム、第 3 章ではこれら 3 つのジャンル、合計 20 のアイテムを紹介します。

場所・パーツ・しつらえ

「現代町家」を構成する20のアイテムと三つの目的

「現代町家」の設計法は、住宅のさまざまな問題に対してそのつど違った答を出すのではなく、できるだけ問題の共通性をみつけて「同じ答を使い回す」というものです。個別性にこだわるあまり特殊な解決を求めてしまうよりも、むしろカバーエリアの広い共通感覚に満ちた解決のしかたを発見したいと考えています。それらの解決法には、何度も現場をくぐり抜けることで得られた強度がありますし、シチュエーションが変わっても対応可能な柔軟性があります。

そうした「使い回し可能な答」をここでは「現代町家のアイテム」として以下の三つのジャンルに分けて整理しました。

暮らしを外に開く「場所」のアイテム

「現代町家」は生活を室内だけで完結させず、住宅の内部と外部をつないで暮らすことを基本的なテーマにしています。周囲の環境から孤立せずに町の環境とつながった暮らしをするためです。

そのためには、軒下空間や土間など、内部と外部をつなぐ中間的な場所が必要です。「場所」のアイテムはそうした中間領域を介して暮らしを外に開くためのアイテムです。

01軒下空間／02格子戸ポーチ／03内土間／04外土間／05縁側デッキ／06一坪里山／07小さな草屋根／08離れ

建物の構成エレメントを部品化する「パーツ」のアイテム

「現代町家」では建物を構成する要素を明快にし、「部品化」することを心がけています。部品化には、いま町場からアクセス可能な技術と素材を使うのが原則で、量産規格品があればそれを使いますが、ただし既製品をそのまま使うのではなく、いちど素材に近い状態に戻してから使うための工夫をします。「パーツ」のアイテムはその工夫から生まれたアイテムです。

09平角スケルトン／10 M窓／11吊りデッキ／12目透かし雨戸／13換気塔／14鉄板庇／15びおソーラー

暮らしの場をしつらえる「しつらえ」のアイテム

「現代町家」の内部空間は大きなワンルームです。そのなかに居場所をつくるには、部屋で割っていくプランは合いません。それよりも内部に「場所をしつらえていく」やり方のほうが向いています。

そのための内装部品が「しつらえ」のアイテムで、いわば大きめの家具といった感じのものですが、「現代町家」ではそれらの内装部品を厚板を使ってキットのように組み立てることから「町家キット」と呼んでいます。

16厚板／17箱階段／18箱窓／19箱パントリー／20 Mソファー

01
軒下空間

02
格子戸ポーチ

03
内土間

04
外土間

05
縁側デッキ

06
一坪里山

07
小さな草屋根

08
離れ

09
平角スケルトン

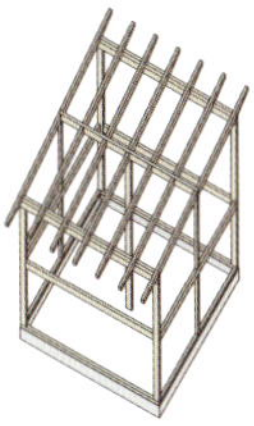

10
M窓

11
吊りデッキ

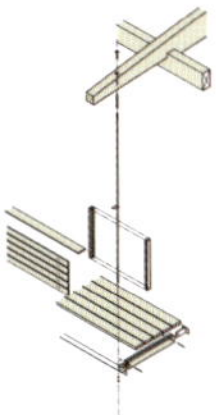

12
目透かし雨戸

13
換気塔

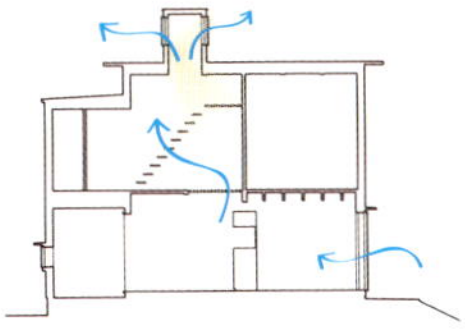

14
鉄板庇

15
びおソーラー

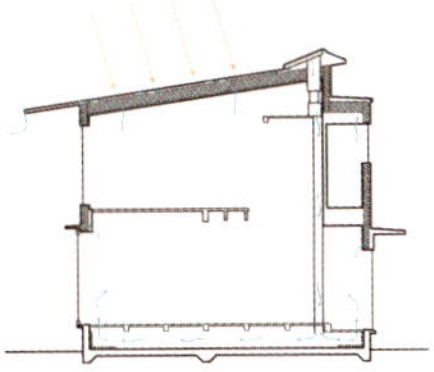

16
厚板

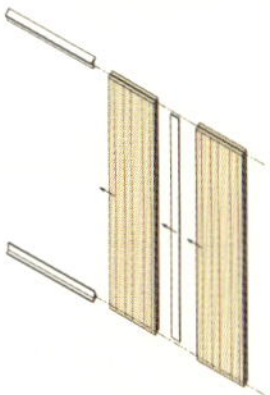

17
箱階段

18
箱窓

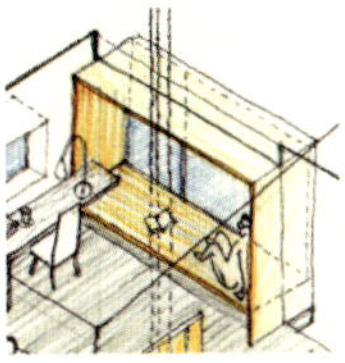

19
箱パントリー

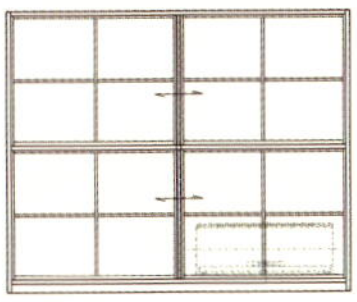

20
Mソファー

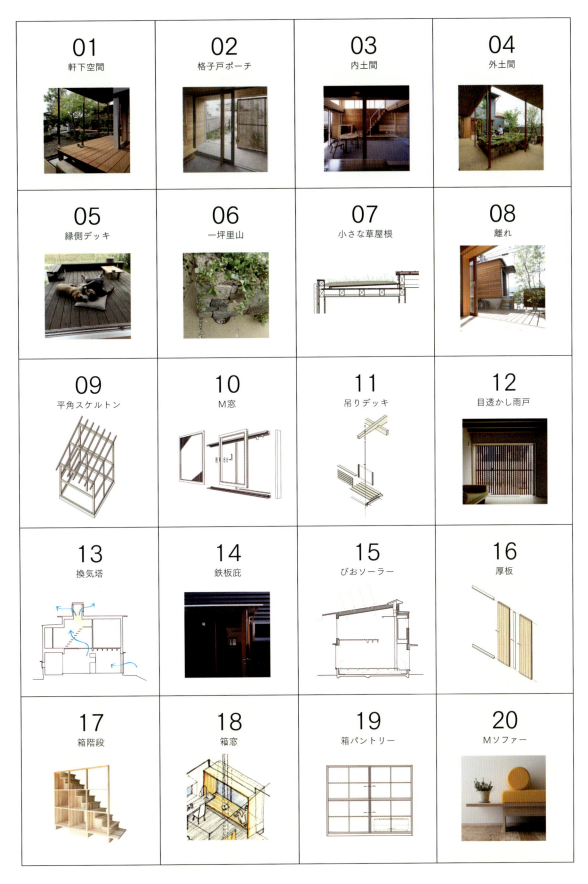

ITEM 01

軒下空間

内と外を柔らかくつなぐ

軒の出は住宅の外壁を風雪から守ったり、夏冬の陽の入り方を調整するなど、住宅設計の基本に関わる問題なのですが、外壁やサッシの耐久性が向上したせいでしょうか、最近では軒を出さない住宅も増えてきました。私が設計する住宅で軒を出すのはもちろん住宅の性能のこともありますが、軒下空間のつくる独特の魅力にひかれているためです。

まだ建築家として駆け出しの頃、小田原市の郊外に住宅を設計したときのことです。「軒の出はなるべく深く」という先輩の教えにしたがって、軒の出を1.2m（4尺）にしました。建物ができ上がり、その家に住みはじめた建主さんがこう言ったのです。

「雨の日でも窓を開けておけるし、軒下にいるのが気持ちいい」

　窓の上に軒が大きく張り出すと、それだけで軒下に半戸外空間ができるという当たり前のことを、そのときに実感しました。それともう一つ学んだことは軒裏の表情です。軒の出がある深さを超えると、軒裏に暗がりのような「溜まり」を感じます。その「溜まり」があると、軒下がいい感じの居場所になるのですが、その深さの最低ラインはおよそ4尺ではないかと感じました。

　軒下空間は「内と外の間のクッション」みたいなもので、そこから室内の空間がやわらかく外の世界に広がっていきます。鹿児島の「薩摩町家」は母屋と離れが水路と中庭を挟んで向かい合う構成の建物です。ここでは二つの建物を「風景を介してつなぐ」ことがテーマだったため、母屋からは庇とデッキ、離れ側からは軒と土間をセットにして中庭に張り出し、互いに向き合うかたちを考えました。

　床と軒先の組み合わせには風景を切り取る効果があり、向き合う二つの建物の間に、気持ちの良い遠近感が生まれました。

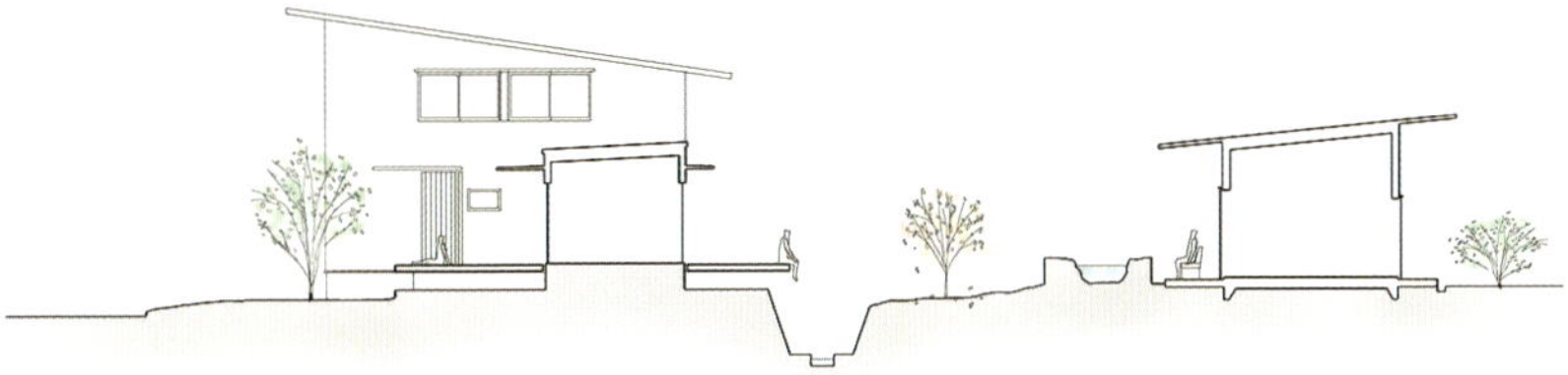

「薩摩町家」の母屋と離れ。互いの軒下空間が向き合い、水路と中庭を挟んで連続する。
右　「薩摩町家」の離れから母屋を見る。
左　「薩摩町家」の母屋から離れを見る。

ITEM 02
格子戸ポーチ
玄関先の半戸外土間

室内の土間から格子戸ポーチを見る。玄関戸はガラス入りの引違い框戸。その先に吊り戸の格子戸がある。格子戸は片引きでフルオープンできる。（浜松・濱松町家）

住宅の玄関先にはその家に住む人の暮らしぶりが溢れ出ています。三輪車や傘が無造作に置かれていたり、さりげなく一輪挿しが飾られた気品のある玄関先に出会ったり……。

でもちょっと気になるのは、今日の町では戸締まりのこともあって、どうしても玄関先が閉じた印象になりがちなこと。もうすこし柔らかく家と町をつないだ感じの玄関先ができないものだろうかと思います。

そのために私はいろいろなことを試しています。ここで紹介するのは、玄関戸の前に格子戸で囲まれた半戸外のポーチを設けた例です。

ポーチは外から家に入るときに、ワンクッションおいて気持ちを切り替えたり、傘をたたんだり、身じまいを直したりする玄関先のちょっとしたスペースですが、そこを「半戸外の土間」のような空間にしようと考えました。

この「格子戸ポーチ」があると、家と町との間に外とも内ともつかない中間的な場所が生まれます。つまり格子戸と土間を挟むことで町との間に心理的な距離ができます。

自転車や乳母車を置いてもそんなに気になりませんし、格子戸があれば暑い季節に玄関戸を開けっ放しにしておくこともできます。

敷地があまり大きくない場合、道路と家との間に十分な距離をとれないことがほとんど。そういう場合は物理的な距離の代わりに建築的な工夫で心理的な距離をつくる必要があります。

ルーバー（格子）で覆われた土間や軒下といった半戸外空間にはそういった距離をつくりだす効果があります。

上　通り土間から格子戸ポーチを通して町の風景を見る。
中　柔らかい灯がもれる玄関先の夜景。
下　格子戸を開いた状態の玄関ポーチ。
（いずれも浜松・濱松町家）

ITEM 03

内土間

室内に「動く生活の場」をつくる

室内に土間があるシーンを最近はよく見るようになりました。集合住宅の改修でも床をコンクリート現しの土間にする例が増えているようです。そこに自転車が置いてあったり、パソコン机が据えられていたりするのを見ると、家のなかに活動スペースがあるのはいいものだなと素直に感じます。

土間の良さは「動く生活の場」としてマルチに使えることです。玄関先の作業場にも接客スペースにも、その気になれば居間にもキッチンにも使えます。小さな家に土間をつくる余裕なんてないと考えがちですが、逆に土間を多目的に使うことで、狭さをカバーすることもできそうです。

「現代町家」では室内に土間を取り込むプランを展開しています。土間を設けると、部屋で割っていくプランとはかなり違うタイプのプランになります。例えば「富山・杉の家」の場合、土間は玄関ホールであり、ストーブのある炉端であり、犬の居場所でもあります。一見雑然として見えますが、土間のあるおかげで動く場と溜まる場のゾーン分けができ、かえって暮らしが整理されるという面を感じました。

いまは住宅のワンルーム化が進んで、プランも部屋の集合からあちこちに居場所があるタイプに変わってきています。こういったタイプの住宅で、何がプランの決め手になるのか。私は「内土間」が一つの決め手になるという感触を持っています。

通り土間の活動的な吹抜け空間（浜松・濱松町家）

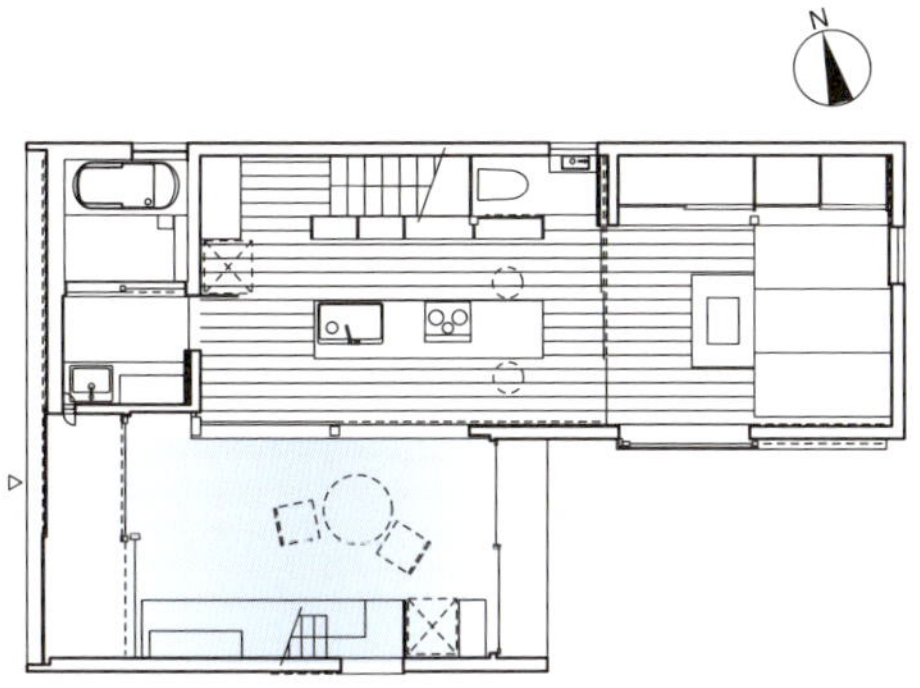

「浜松・濱松町家」の内土間
玄関からそのまま奥に延びていく通り土間形式の土間。玄関前のパブリックな庭と奥のプライベートな庭が、この土間によってつながれている。土間の幅が3mあるため居室としても十分に使えるが、この住宅の住まい手は植物をたくさん置いて温室のような使い方をされている。

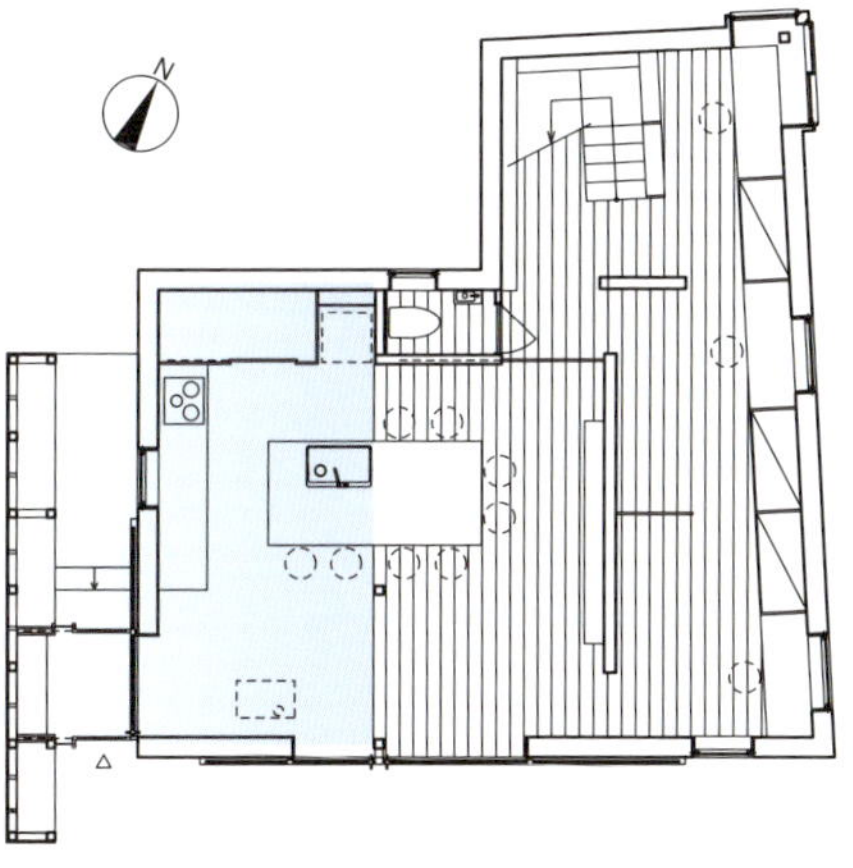

「富士吉田・富士町家」の内土間
6m×6mのベース空間の半分を土間、残り半分を板の間にし、中央に土間と板の間をまたぐ大きな食卓を置いた。土間の下は中空になっていて、床下送風エアコンの暖気を流している。そのため土間仕上げはコンクリートではなく、木の床組にフレキシブルボードを貼っている。

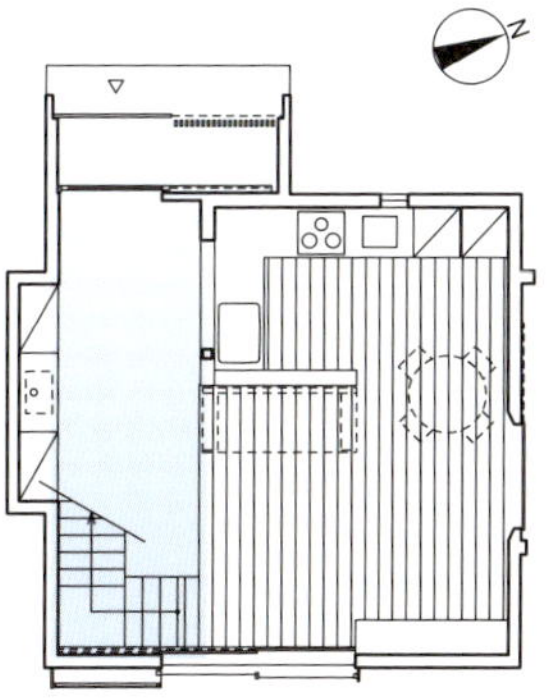

「富山・杉の家」の内土間
玄関から奥の階段下まで2m幅の土間がまっすぐに延びている。土間の側面には薪ストーブを置くためのアルコーブがあり、階段下の土間部分は犬の居場所となっている。土間には温水式の床暖房が装備されていて、ワックスを塗った石で表面を仕上げているため素足で歩ける。

ITEM 04

外土間

外を暮らしに使う気持ち良さ

石畳の通りに面した門のすぐ向こうが中庭になっていて、そこで家族が総出でお昼ご飯を食べているシーンを、中国の町（たぶん蘇州だったと思います）を紹介するテレビ番組で見たことがあります。水路沿いに煉瓦の塀が並び、チラッと見える中庭からは真っ赤な南国の花が覗いていました。あまりの美しさにうっとりしてしまいましたが、しかしああいったコートハウス形式の住宅は日本には根付きませんでした。なぜだろう？とよく考えます。

外を使う暮らしが日本にはなかったかというと、もちろんそんなことはなくて、縁側や農家の軒下の作業場など、思いつく例はたくさんあります。そういった例を思い浮かべながらある住宅の設計をしているときに、「そうか、抜けなんだな」と気が付きました。四方を完全に閉じるのではなくて、あらゆるところに「抜け」をつくっていくのが日本の住まい方です。たとえば南北に風が吹き抜ける座敷とか、開放型の廊下とか。

日本の住まい方は「抜け命《いのち》」のような気がします。そう考えると、現在の日本の家の住まい方は相当に無理をしていますね。あっちもこっちもガチガ

右頁　内土間から見る中庭の風景。
上　中庭を縁取るブナやコナラの植物群。土間の床面は土の風合いを残したタタキ仕上げ。
下　中庭と町をつなぐ透けた格子戸。
（いずれも新潟・土間コートの家）

チに閉じて、なんだか息苦しい。もう少し肩の力を抜いて、外も暮らしに取り込んだらどうかとよく思います。

写真の住宅は50頁以降で紹介した新潟市の「土間コートの家」の中庭で、この仕事ではいかに「抜け」をつくるかを考えました。そのために活用したのが土間です。

土間というのは不思議な効果を持っていて、家の内にある場合は「外」を、外にある場合は「内」を感じさせます。つまり内でも外でもある中間領域というわけですが、しかしその効果を高めるには、何かしら「抜け」をつくる要素とセットにして組み合わせる必要があるようです。

「土間コートの家」の場合は吹き放ちの開放廊下と土間をセットにして、さらにその先に透けた格子戸を組み合わせました。格子戸の向こうに町の風景が透けて、この家の中庭は閉じすぎず開きすぎず、ちょうど良い感じの外暮らしの場所になりました。

ITEM 05

縁側デッキ

外にもう一つの居場所をつくる

家をつくるとき、家の内部にだけ関心を向ける人が少なくありません。必要な部屋は何か、それをどう組み合わせたらよいかに熱中します。けれどこの方法でやると、家は必ず大きくなってしまうのです。そうやって大きくしていった結果、でき上がった家は逆に狭苦しく感じられてしまう……。

これは不思議な逆説です。なぜか？理由はおそらく内と外との関係にあるのでしょう。家のなかの広がりの感じ方は外をどう見せるか、外に対してどのように開くかで決まるのです。そのことを小住宅の名手だった建築家・永田昌民さんは「大きく暮らせる小さな家」という言葉で表現しました。小さな家なのにどうして大きく暮らせるのか？　それは外があるからです。どんな小さな家にも必ず外はある。そこをうまく使えばいいのだと、永田さんはじつに多くの作例で示したのでした。

さて、では外をどう使うか？　ここでは「現代町家」で工夫した縁側デッキの例を三つ紹介します。

一つ目は「富山・杉の家」。風景に向かってデッキを跳ね出して空中に浮かせた例です。二つ目は「広島・安芸町家」の例で、デッキ全面を草庭に埋めました。三つ目は「神戸・里山住宅」の例。ここではデッキを生垣で包み、やがてデッキが植物の壁で囲まれて、そこが半戸外の部屋のようになるような仕掛けを考えました。

どの例もデッキの目的は同じです。室内を風景に向かって開き、開いた先にデッキを置いて、そこを外の居場所にすること。気を付けたのは室内とのつなぎ方です。

「富山・杉の家」では室内よりもデッキ側を15センチほど高くしています。これは風景に向かって突き出す感じをより強めるため。逆に「広島・安芸町家」ではデッキから草庭にそのままつながっていく感覚を大事にして、室内の床とデッキ面をフラットにつなげました。「神戸・里山住宅」ではデッキ面を室内の床から5センチほど下げて、外に向かって沈み込むようなつくりにしています。同じデッキでも室内とのつなぎ方で、ずいぶん外の居場所感が変わります。

デッキを崖地の上に跳ね出す

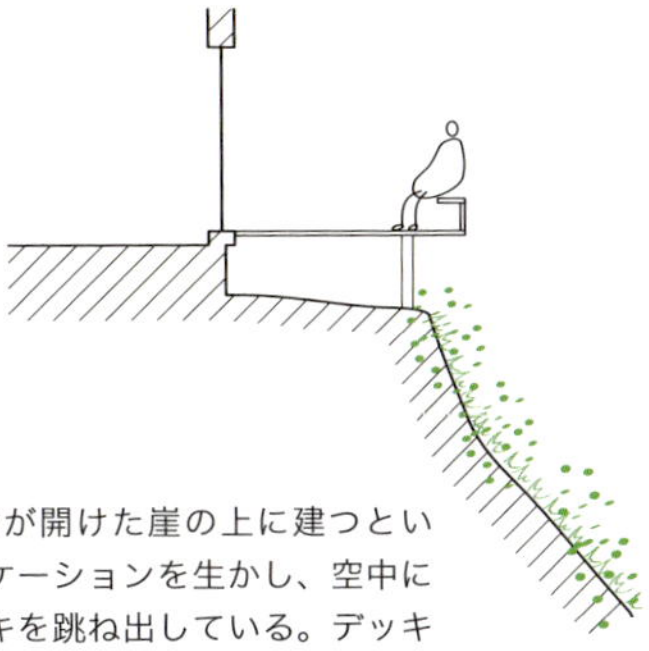

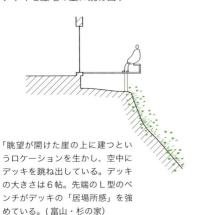

「眺望が開けた崖の上に建つというロケーションを生かし、空中にデッキを跳ね出している。デッキの大きさは6帖。先端のＬ型のベンチがデッキの「居場所感」を強めている。(富山・杉の家)

デッキを草庭に埋める

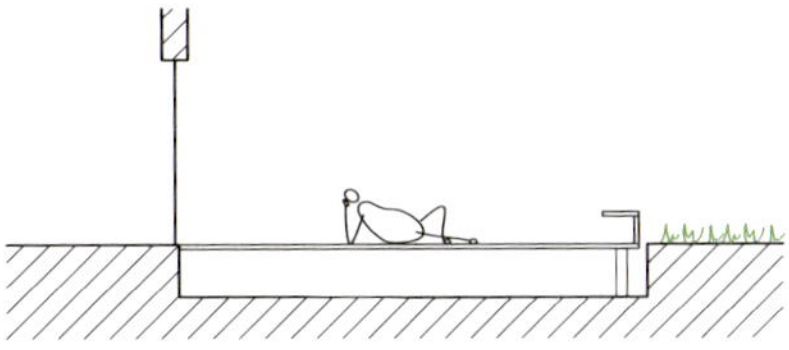

「安芸町家」の外構は造園家の田瀬理夫さんが設計した。室内の床面をそのまま大地につなげて建物と庭を一体にしている。デッキ下は湿気対策のために中空で、土間コンクリートの上に束が立ち、デッキ本体を支えている。
(広島・安芸町家)

デッキを生垣で包む

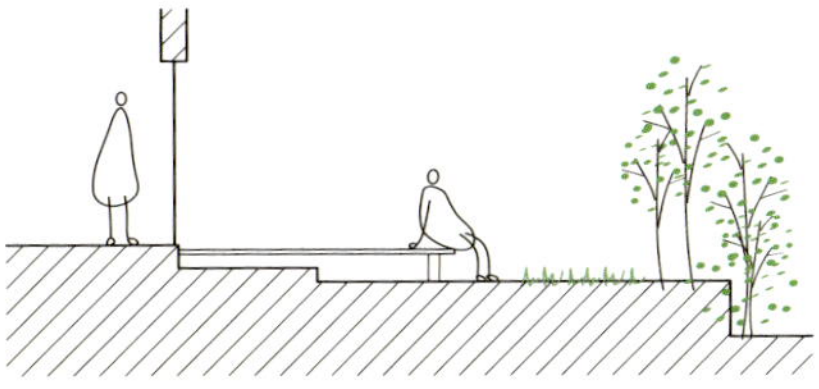

「安芸町家」と同じく「里山住宅」も田瀬理夫さんの外構設計による。デッキサイズは約７帖。まだ生垣が成長していないのでデッキはむき出し状態だが、数年後には周囲が植物で囲まれた外部屋が実現する。(神戸・里山住宅)

ITEM 06

一坪里山

小さな緑のネットワークをまちに広げる

家と家との間をぬうように続いていく路地のような庭。
奥に見える隣家の庭へと抜けていく。

たとえ一坪でもいいから庭をつくろう、というのが「現代町家」の考えです。小さくてもいいからとにかく庭をつくる。そしてお隣の庭へ、さらにまたそのお隣の庭へとつなげていく。小さな庭を次々にリレーして数珠つなぎにしていけば、町に網の目のような緑のネットワークができます。

もともと日本の町にはアメーバのように緑を自然発生させていく自動システムのようなものがありました。家と家との間の隙間や空き地に生えた植物が隣の家の庭につながり、それが次々に網目のように広がって、そこがいろいろな生き物たちの住処になる、そんなシステムです。でもそのシステムはいま壊れ始めたようです。敷地が小さくなったせいか庭を諦めてしまう人が増えました。家を建ててカーポートをつくればそれでもういっぱい、庭なんてつくる余地がない、ついそう思ってしまいがちです。

しかしそれならば「庭」に対する考え方を変えたらどうでしょう。個人の家の庭は町に広がる緑のネットワークの一部なのだと考えるのです。個々は小さくてもリレーしてつなげていけば、全体としては大きな里山のような緑の風景が町に生まれます。「一坪里山」という言葉は、そんな考えから生まれました。

写真は福岡県北九州市に建つ「小倉町家」の一坪里山です。家と家との間をぬって路地のような庭が続き、お隣の家の庭へとつながっています。「小倉町家」の場合は一坪どころかかなりの庭面積ですけれど、町に広がっていく里山のような庭の一部を担おうという考えは変わりません。庭の設計は田瀬理夫さん。「現代町家」の庭の多くは田瀬さんが手がけているのですが、なかでも地域に固有の植生を保全していこうという田瀬さんの考えが、よく現れたものになりました。植えられているのは、みな地域の自生種から選ばれた植物です。

母屋と離れをつなぐ小さな路地庭。編み籠に石を詰めて盛り上げ、そこに75×120センチの長方形の池を埋めた。池の向こうは隣家の庭に続いている。間を風が吹き抜けて池の涼風を隣家に届ける。
(北九州・小倉町家／ハゼモト建設)

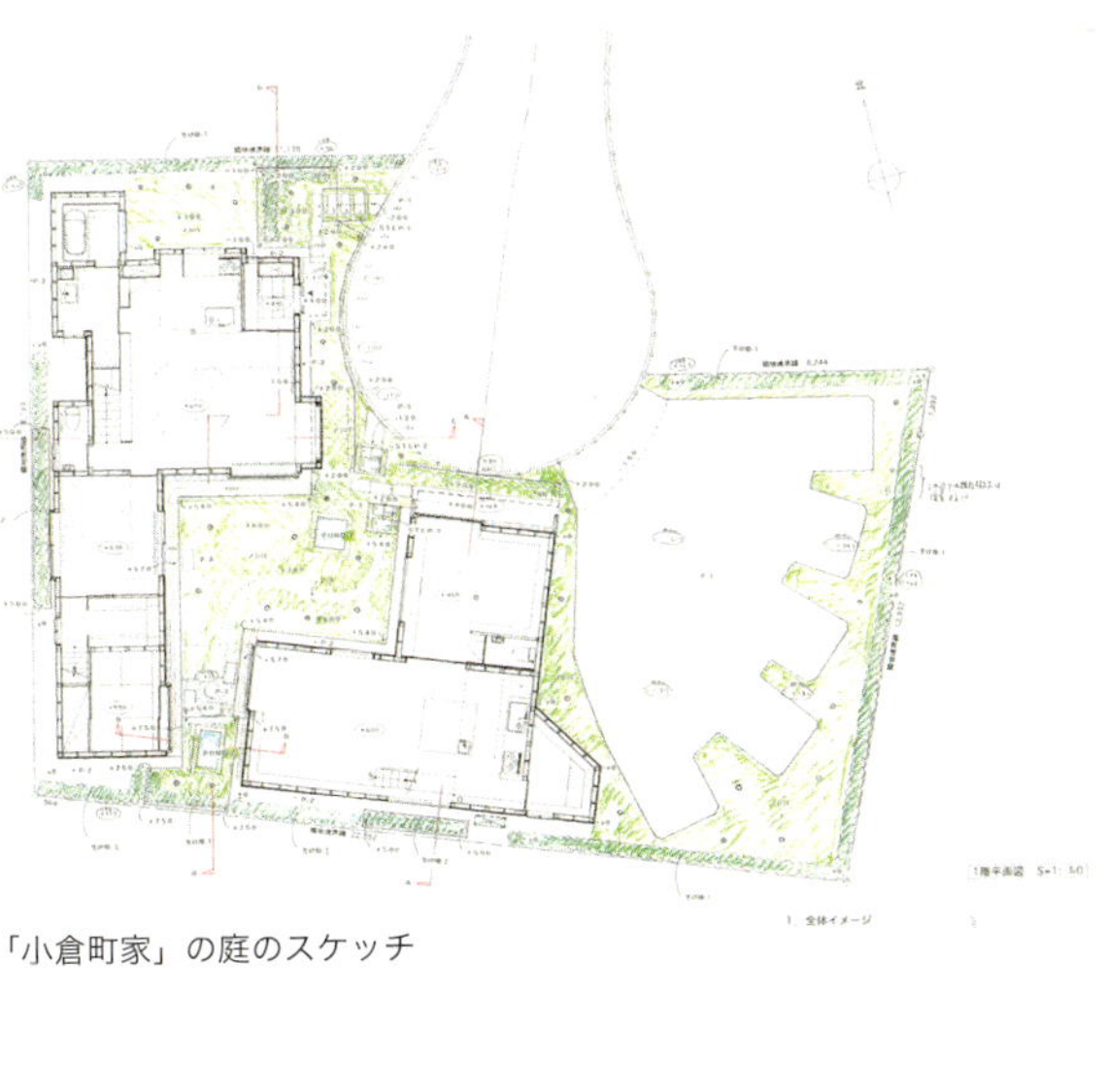

田瀬理夫さんによる「小倉町家」の庭のスケッチ

密集した町中の屋根に、小さな草庭がぽっかり浮かぶ。
(北九州・小倉町家)

草屋根は魅力的です。屋上の土や植物のおかげで夏は涼しく冬は暖かい。いわば自然の断熱材に覆われたかたちです。でも良いのはわかるけれど屋根全体を草屋根にしてしまうのは、土の重量や先々の手入れのことを考えるとちょっと心配。そこで「現代町家」では屋根の一部だけ緑化した「小さな草屋根」をつくっています。

草屋根を設ける場所は2階の大屋根は避けて、1階のゲヤの屋根を利用します。広さは1坪から大きくても3坪程度。このくらいの面積なら技術的な難しさはあまりありませんし、メンテナンスに行くにも母屋の2階の窓から出入りできます。平屋部分の屋根なので、1階からも2階からもチラチラと視界に入り、何か空中に小さな坪庭がある感じです。

右頁の写真は北九州市の町なかにつくった「小倉町家」の草屋根の例で、建て込んだ町のなかに草庭がぽっかりと浮いています。こちらは広さが3坪ですが、各務原につくった草屋根は面積わずか1坪しかありません。小さくすることで、緑化をあまり難しく考えずに手軽にできる技術にしたいと考えました。

草屋根の構造も重装備にせずにシンプルなつくりを心がけました。基本は通常のフラットルーフと同じです。パラペットを立ち上げて床に水勾配をとり、防水はFRPの塗布防水。異なるのは植物の根が防水層を破らないように防根シートを敷くことくらいで、上に軽量土（アクアソイル）を載せて下準備はおしまい。緑化についても芝を貼っておく程度で、あとは風がススキやタンポポなどいろいろな植物の種を運んでくれます。水遣りはときどき下からホースで人工的な雨を降らせるだけ。たとえ小さな草屋根でも、町なかで空中に植物が揺れているのを見ると、気持ちがなごみます。

「小さな草屋根」の向こうに町が広がる。
(各務原・小さな現代町家)

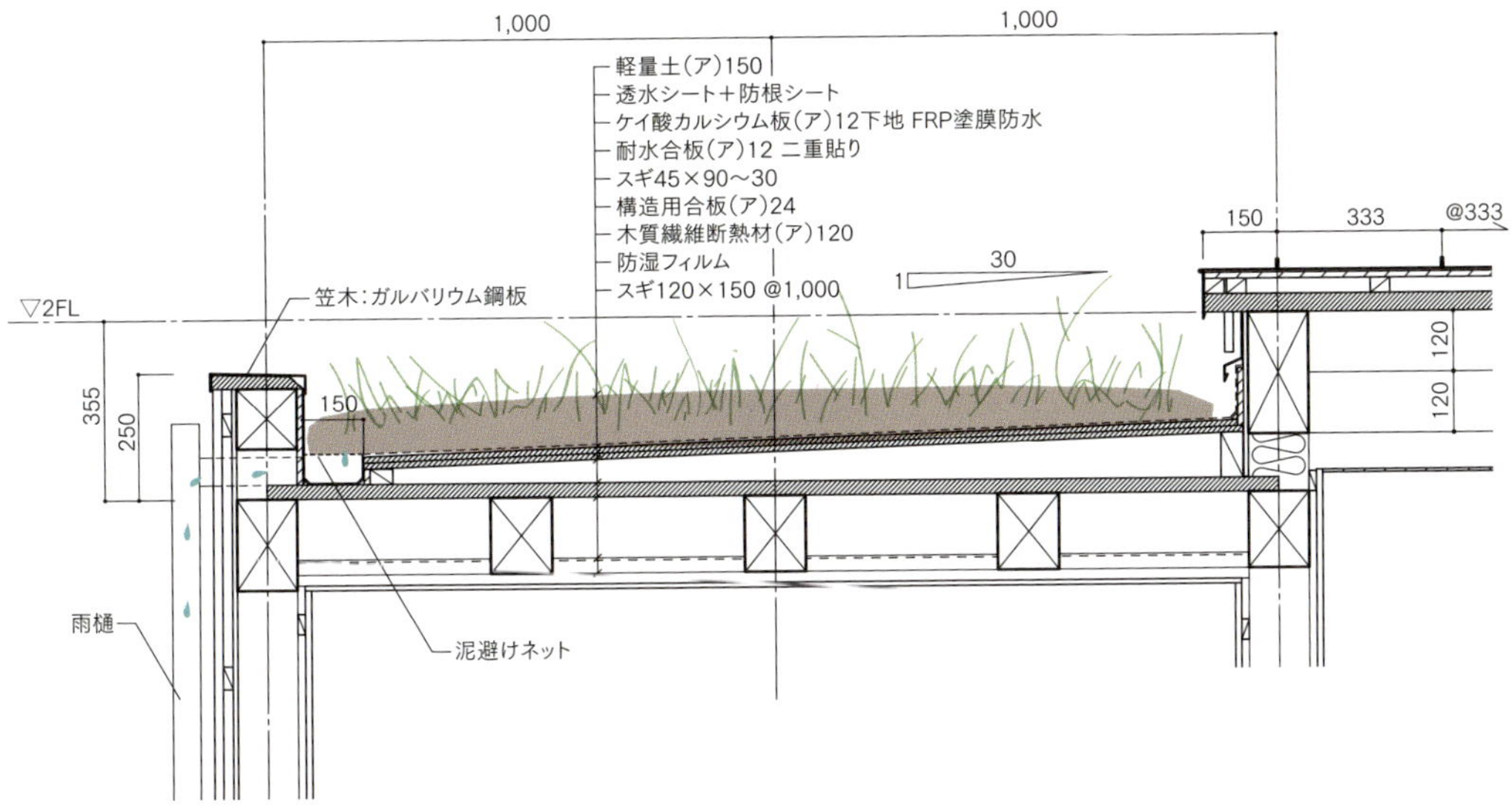

「小さな草屋根」断面図（各務原・小さな現代町家）

ITEM 08

離れ

暮らしを切り分ける分棟型のプラン

「現代町家」には床面積30坪くらいのコンパクトな家が多いのですが、たまに家族数が多いとか家に仕事場が要るとかの理由から少し大きめの家が必要な場合があります。そんなときは無理に建物を一つのボリュームにまとめようとせずに、別棟にしてしまうほうが良いと考えています。

ここに紹介する「富士町家Ⅱ」もそのケースで、建主が工務店を自営している関係上、打ち合わせ室を兼ねた事務スペースと来客用の和室が必要だったため、思い切って分棟型の住宅にすることを考えました。

場所は富士山の裾野、富士吉田市の町なかです。交通量の多い国道に面した角地で、住宅を建てるには車の騒音から守る何かしらの工夫が必要でした。そこで考えたのがまず敷地の真ん中に6m角のベースを据え、それをゲヤと別棟の「離れ」で取り囲むという配置です。

つまり国道に沿って仕事場とゲストルームの二つの棟を離れとして配置し、中庭を挟んでその奥にベースとゲヤの母屋を置くというかたち。これだと仕事場とゲストルームの二つの棟が防御壁になって、中庭と母屋の暮らしを車の騒音から守ることができます。

住宅としては変則的な構成ですが、結果的にはこの配置から生まれた台形の中庭がとても気持ちの良い空間になりました。国道側の二つの棟がバッファーになって母屋の暮らしが抵抗なく外に開きます。中庭の床面は室内の床をそのまま外に延ばして土間とデッキで仕上げました。

外を暮らしに使う工夫が、いまはめっきり減ってしまいましたけれど、家のつくり方しだいで外はまだまだ使えます。「離れ」の魅力は、一人になれるとか普段の暮らしから離れたもう一つの居場所とか、いろいろありますが、さらにもう一つ、外部空間を日々の暮らしに呼び込むという点にもありそうです。

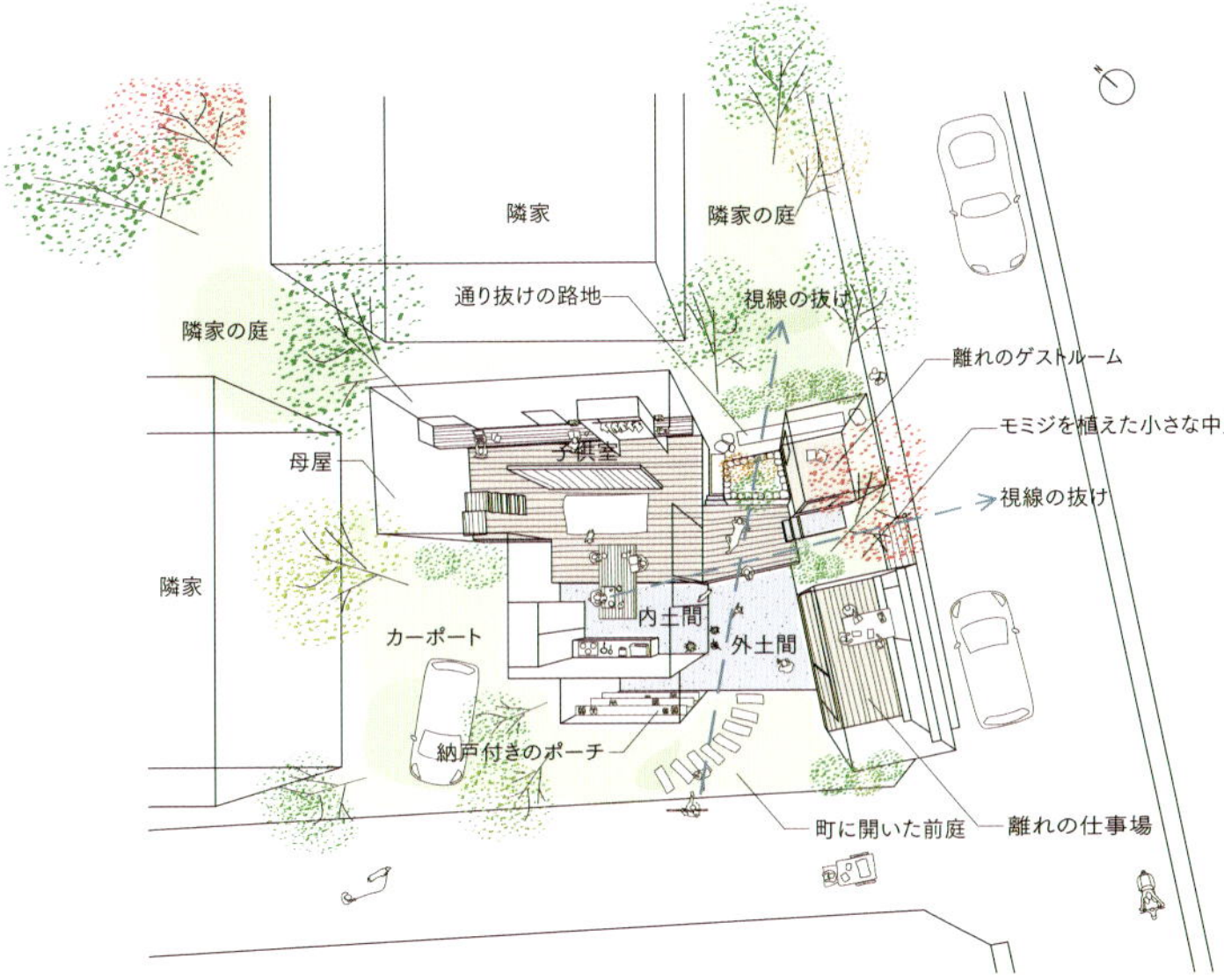

「富士町家Ⅱ」の敷地は国道に面した角地で、右手が国道、図面下が国道から分岐する小道。周囲には住宅地が広がっている。
敷地面積80坪。延床面積41坪。
施工：（株）滝口建築

右上　室内の板の間の床がそのまま中庭のデッキに延び、その向こうの一段高い位置に離れのゲストルーム（4帖半）がある。
右下　中庭の全景。左手前がゲストルームで、その奥が仕事場。中庭は台形に開いた形でそのまま町の風景につながっていく。
左　国道側から見た家の全景。仕事場とゲストルームが国道に沿って並び、その奥に母屋が見える。

ITEM 09

平角スケルトン

少ない種類の規格材で構造フレームを組む

「小さな家」の魅力が最近よく語られます。たしかに家を小さくつくることには、総工費に対して住宅の質を上げられるとか、光熱費が抑えられるとか、周囲の環境を圧迫しないとか、いろいろメリットが多いのですが、そもそも家の大きさを決めているのはいったい何なのでしょうか?

　私はある論文を読んで、「家の大きさを決めているのは構造材のサイズなのだ」ということを教えられたのです。それはまさに私にとって目からウロコでした。

　その論文（「町人と自治」日向進　『すまいろん』65号）は、京都の町家を論じています。京都の町家は通りに面する軒の高さが丈四《じょうし》、つまり一丈四尺（4.2m）です。この丈四というサイズは近世京都での木材の標準規格だったようで、その背景に何があるかをこの論文では探っていきます。そして辿り着いたのは桂川の筏流しでした。当時、京都への木材供給は桂川の筏流しによっていたのです。筏は幾組かの連《れん》をつないでつくられます。その連の長さが十四尺二寸、すなわちほぼ丈四だったという筏師の記録をこの論文の筆者は発見します。筏という運搬手段が丈四という木材の標準規格の根拠だったわけです。

　考えてみれば、家のサイズが構造材の長さの制約を受けるのは当たり前のことなんですね。このことは「現代町家」の構造フレームを考える原点にな

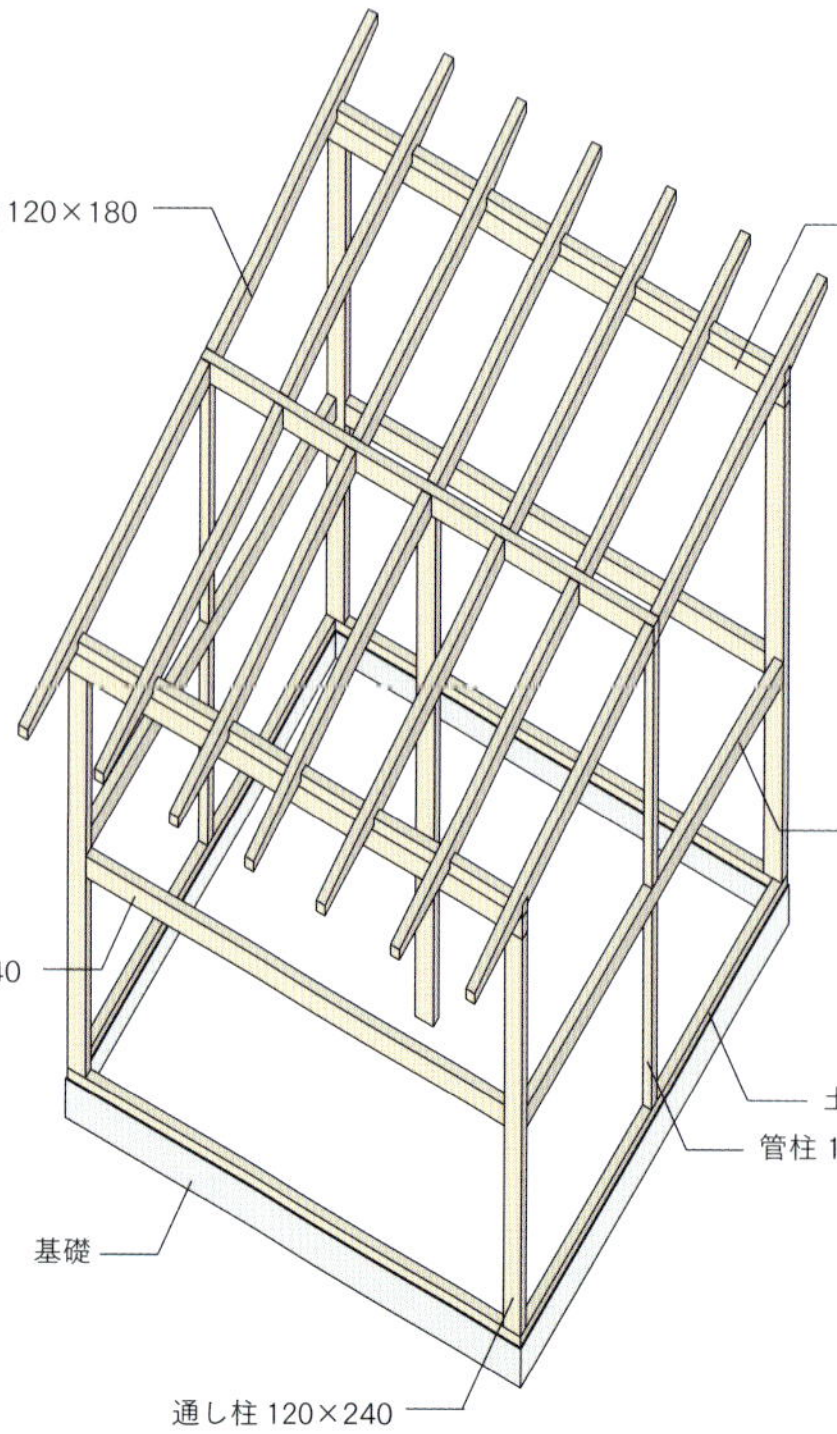

6m×6mベースの平角スケルトンモデル
通し柱、梁、桁ともに6mの平角材（120×240）を使用。梁の中間部には必要に応じて管柱（120×120）が入り、耐力壁を構成する。また屋根梁は登り梁とするのが原則で、4mの平角材（120×180または240）を使用する。水平構面、耐力壁とも構造用の面材でカバーするため、全体がモノコック構造となり、内部には屋根と2階床の荷重を支えるための芯柱が1本立つだけのシンプルな構造フレームとなる。

平角材。左が4m材、右が6m材。

りました。

「現代町家」の提案は、構造材の長さを最大6mと定めて、6m材をメインにしてベース(家の主要部)のフレームを組むシステムを考えたところからスタートしています。

京町家の場合は丈四だったわけですが、今日の技術環境ならむしろ6m材が適していると判断した結果です（事実、長さ6mの通し柱が全国津々浦々に搬送されている現実があります）。それに6mという長さは3間（5.4m）をメートルモデュールで読み替えた寸法なので、住宅のサイズの決め手にしやすいという読みもありました。

ところで6mの長さがあると、角材（正方形断面の材）だと少し強度的に不安を感じます。そこでこのフレームシステムでは、通し柱にも梁と同じ平角材（長方形断面の材）を使うように考えました。同じ材を反復して使うシステムができれば、材を規格化してストックしておくことも可能になりますし、材のクオリティも上がります。

現在、「現代町家」のベースフレームを組むのに必要な部材は、平角材が2種類（120×180、120×240）、角材が1種類（120×120）、これに少数の補助部材だけです。

木造の在来工法の現場を体験して感じることですが、現在の木造住宅に使われる構造材は部材数が多く、複雑すぎるのではないでしょうか。規格化された材だけでシンプルに設計できるフレームシステムがぜひとも必要だと思います。

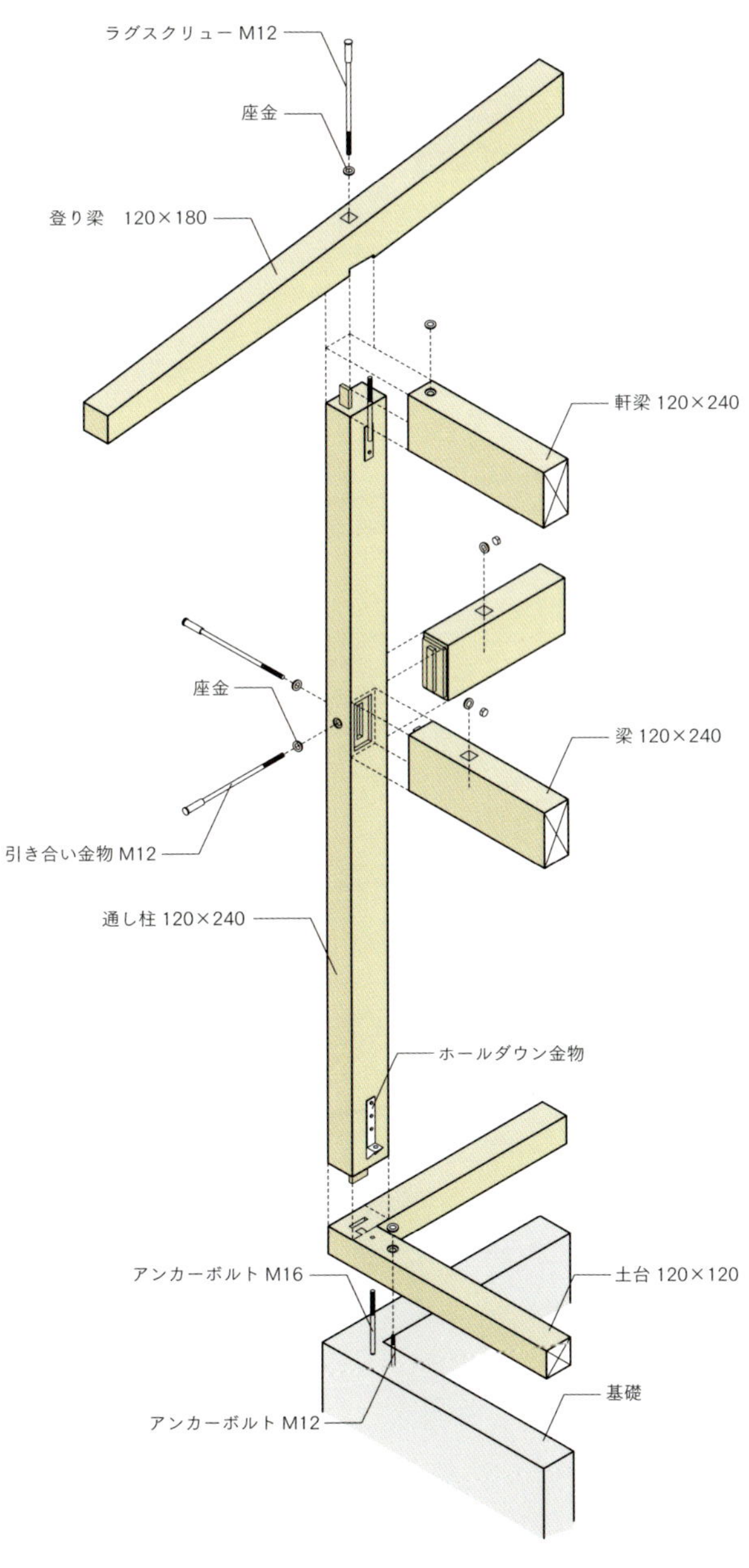

平角材による柱と梁の接合部
柱が平角材であっても接合方法は柱が角材の場合と変わらず、通常の仕口とボルトによる接合である。柱が角材の場合は仕口による断面欠損が大きく影響するが、平角材の場合は欠損をカバーするだけの断面積が柱にあるため欠損を気にせずに済む。

ITEM 10

M窓

フルオープンできる大きな木の窓

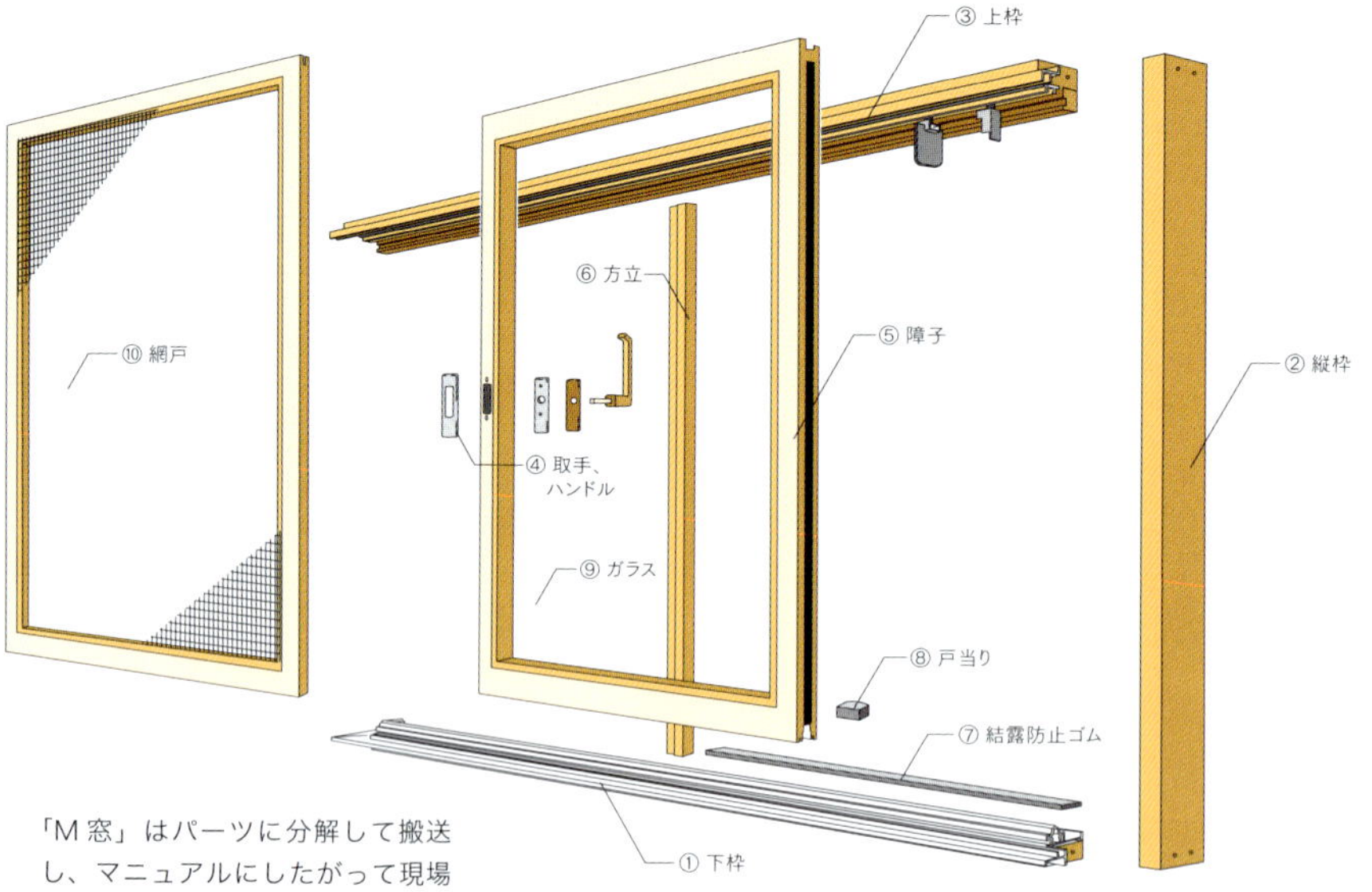

「M窓」はパーツに分解して搬送し、マニュアルにしたがって現場で組み立てるノックダウン方式をとっている。組み立て作業は建具屋ではなく大工が担当。

引違いの窓は、開いても片側に窓が寄るだけで半分しか開放できないので、外との連続感がイマイチです。窓全体がフルに開いて、裸足で外のデッキに出られるような大型の窓がほしいと考えていました。そんな思いから「現代町家」のスタート時に、メンバーの工務店や建具メーカーが集まって開発したのが、「フルオープンできる大型の木の窓」です。「現代町家」仕様ということで、名称は〝Ｍａｃｈｉｙａ〟の頭文字をとって「M窓」となりました。

建具メーカー（株・モローズ）が参加したので、町場の建具屋で製作するような昔ながらのガラス戸とは違う高性能のものになったのは良いのですが、頭を痛めたのは価格でした。気密性を上げるためにドイツ製の開閉金物（ヘーベシーベ）を組み込むなどの工夫をしているためどうしても価格が高くなってしまいます。さてどうするか。

いろいろ検討してみると、窓自体の価格は無理でも輸送コストなら削れそうでした。工場から完成品をそのままのかたちで運ぶと相当な運送費になってしまいますが、「バラしてパーツに分ければ宅急便で送れるのではないか」という案がメンバーから飛び出したのです。

グッドアイデアですが、それで性能が保てるだろうか？　議論百出の末に「M窓」はノックダウン方式をとることになりました。つまり工場で完成させた製品を窓フレームと枠に分解して送り、現場で再度組み立てるやり方です。ガラスも現場手配にしたことで、運送時の重量を大幅に減らすことができました。

アルミサッシを使えばこんな苦労はせずに、価格を抑えられるのです。しかし「現代町家」はクオリティを落とさずにいかに価格を抑えるかを課題にしていますので、簡単にあきらめずに工夫を凝らさなくてはなりません。

「M窓」の取り付けに関しては、現場での組み立ても含めて建物を施工する大工が担当しています。

上　「M窓」外観。1.8 m幅の大型木製窓が片引きでスライドし、フルオープンできる。（各務原・小さな現代町家）
下　「M窓」を開いた状態の室内から外を見る。「M窓」の内側には片引きの障子を付けている。

ITEM 11

吊りデッキ

軒先にぶら下がるハイブリッド・デッキ

2階にデッキがあるのは気持ちの良いものです。掃出し窓が付けられて開放感が得られるし、通風も良くなります。しかし難しいのはデッキの構造で、軽々とした印象のデッキをつくるのはなかなかの難問です。

2階にデッキをつくる場合、一般的にその構造は下から柱で支えるか、外壁から張り出すかの2通りですが、柱だと1階の邪魔になるし、外壁から持ち出すのも根元の壁から雨漏りしそうで不安です。それならいっそ屋根から吊ったらどうだろうと考えました。

屋根から吊ってしまえば下に柱も要らず、デッキ全体が屋根の下に入ってしまうので雨も避けられます。それに空中に浮いているような軽々としたイメージになります。

ではどうやってデッキを屋根に吊り下げるか？　幸いなことに「現代町家」は登り梁を用いて軒を大きく張り出す構造になっているので、この梁を利用することができます。まず軒を支える梁から鉄の吊り棒を下げ、この吊り棒の先端にL型のスチールアングルをボルト締めします。壁面にはデッキ床の受け金具を取り付け、アングルとの間に木製の受け材を架け渡せば大枠は完成です。あとは床デッキの板材や木製の手摺を取付けていくだけです。

鉄のパーツと板材をボルトやビスなどの簡単な技術でハイブリッドさせた素朴な手づくり感が、この吊りデッキの魅力です。

「広島・安芸町家」の吊りデッキ

左　吊り棒上部の納まり。梁にあらかじめボルトを入れておき、筒型のターンバックルでデッキの吊り棒と接合する。ターンバックルを回転させることで高さを調整できるため、デッキ全体の床レベル調整が容易になる。
右　吊りデッキ下部の納まり。壁面にT形固定金物を取り付け、そこから木の受け材を持ち出すことで雨仕舞いを良くしている。透けたデッキ床は軽々とした印象になる。

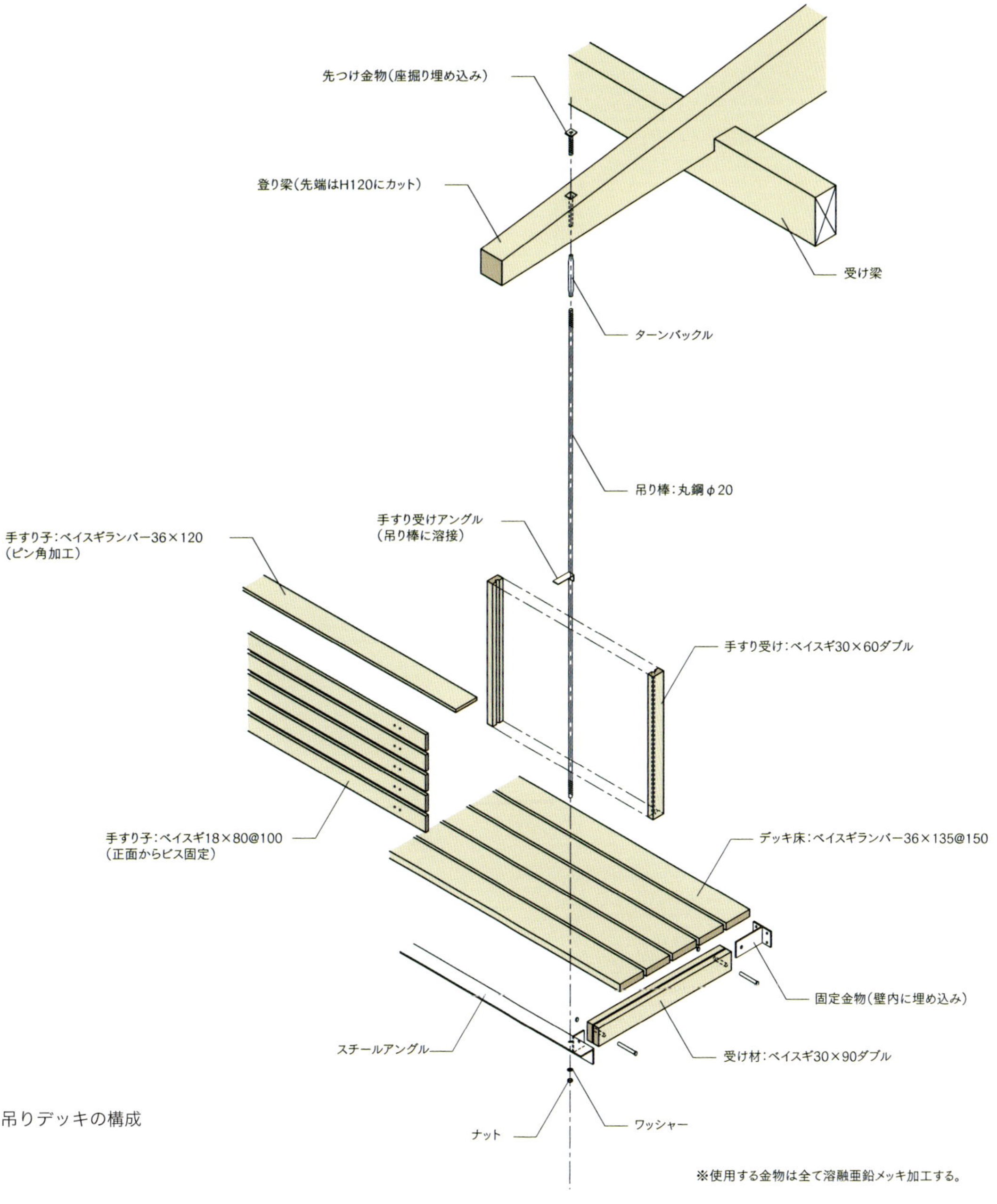

吊りデッキの構成

※使用する金物は全て溶融亜鉛メッキ加工する。

ITEM 12

目透かし雨戸

日除け・通風・防犯を兼ねた多機能雨戸

目透かし雨戸を閉めてアルミサッシを開いた状態の室内の様子。夏場の直射光を遮り、うっすらと光が板格子の隙間から入る。微風が室内を行き渡る。(神戸・里山住宅)

私はシャッターがどうも苦手です。鼻先でピシャっと窓を閉められた感じがして好きになれません。もっとも「サッシだけだと不安だ」という気持ちはよくわかります。なにかしら外にもう一枚、住まいを守ってくれるものがほしいわけで、そのいちばんお手軽なものが、最近はシャッターなのでしょう。

ならばその「外にもう一枚」を、シャッターから木の雨戸に置き換えて、そこにいろいろな機能を合体できないかと考えました。

木の雨戸というと古めかしいですが、今はアルミサッシなど外部用建具の性能が上がっているので、風雨対策にさほどのシビアさは必要ありません。むしろ雨戸に外からの目隠し・通風・防犯といった機能を兼ねさせて、雨戸のイメージチェンジをしたらどうでしょう。

そのためには木製がいいと考えました。日本の木製建具屋さんの技術をそのまま使えるからです。まず頭に浮かんだのは、雨戸というよりも格子戸。窓外の防犯用格子が引戸になっているというイメージのものです。格子なら通風も適度の目隠しにも、さらに防犯

にもなります。

問題は開閉の仕方と内鍵の付け方、そして格子の幅です。いくつかの案を検討した結果、まず開け閉めについては戸車方式ではなく、吊り戸にしました。そのほうが軽々と操作できます。次に内鍵は雨戸の上下にフランス落としを付けるかたちにしました。

最も悩んだのは格子の幅です。少し幅があったほうが適度な目隠しになります。そこで通常の角棒の格子材でなく、60ミリ幅の板材を使うことにしました。板どうしの目透かし幅は30ミリにして、隙間から奥まで手が入らないようにしてあります。

実際につくってみると、この目透かし雨戸は日差しのきびしい真夏にひんやりとした影を室内につくり、微風を招き入れてくれています。夜の防犯だけでなく、夏の昼間にも効果抜群。思った通りの多機能な雨戸になりました。

ITEM 13 換気塔

室内に縦方向の風の道をつくる

少し前に日本の町家の通風の仕組みについて、線香の煙を使って実験しているテレビ番組を見たことがあります。通りに風が吹くと、町家の室内に流した線香の煙がそれに引っ張られるように坪庭から流れ出てくるというものです。通風のポイントは風の入り口にもまして出口のほう、風の出し方なのだなあと、感心しながらテレビの画面を眺めていました。

もう一つ、こちらは本からの知識ですが、町家の坪庭や中庭は、いわば井戸から水を汲むようにして床下から地面の冷気を吸い上げているのであって、坪庭は上昇気流を利用した換気装置なのだと書かれていました。「なるほど井戸か」と、こちらからは縦方向の風の流れをつくることの大事さを教えられました。

風の通りにくい場所に家を建てる場合、横方向の風の流れだけでなく縦方向にも風の流れをつくるとよい、というのが町家の教えです。家がそれほど建て込んだ場所でなくても、たとえば箱形の家などでは家の中央部に通風がうまくとれないことがけっこうあります。たいがいそこは光も入らず暗い場所になりがちです。かといって坪庭を

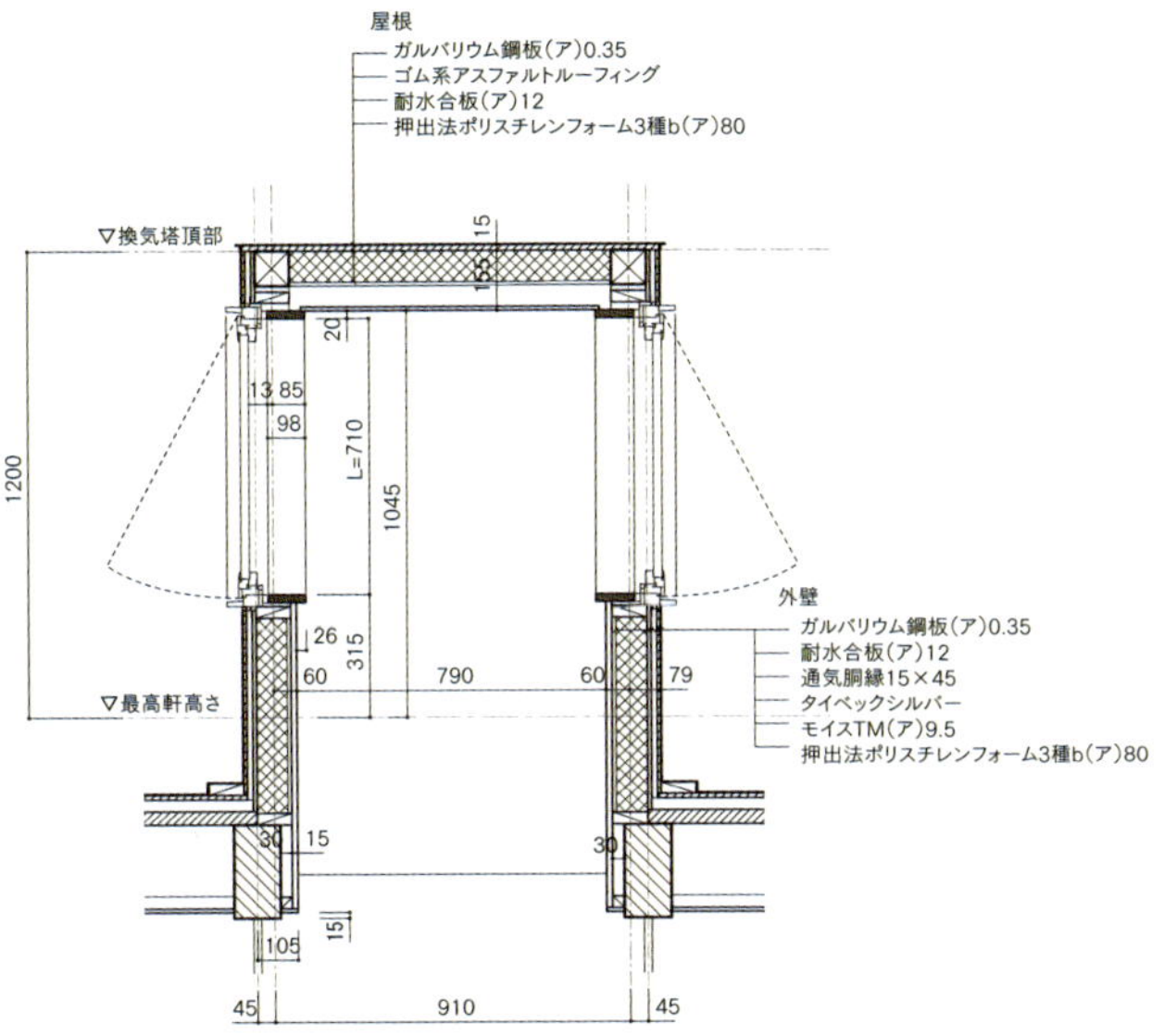

換気塔断面図

換気塔を下から見上げる。換気塔の下にはロフトが設けてある。手前に見えるハシゴでロフトに上がり、換気塔の窓を開閉する。
（神戸・里山住宅）

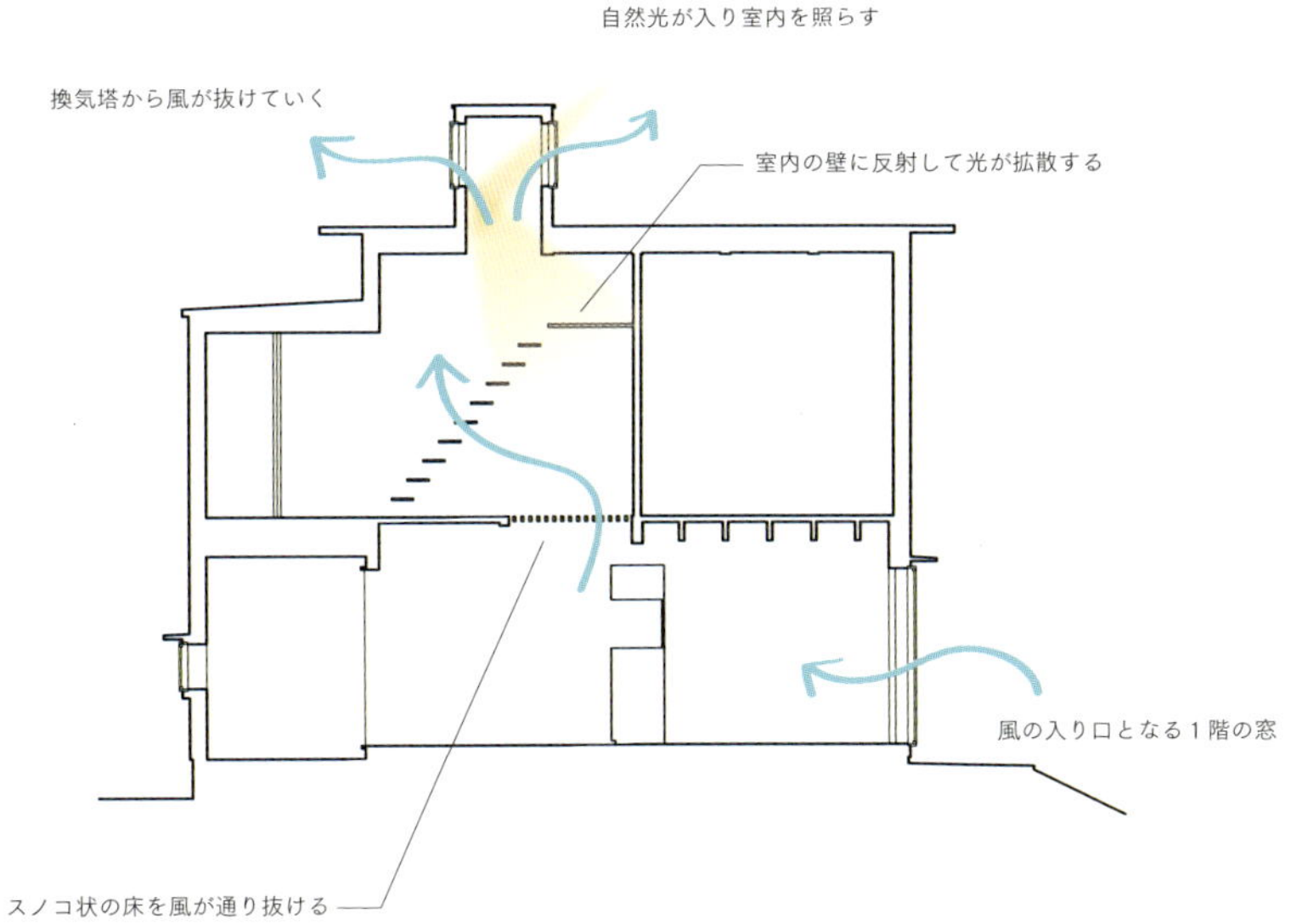

周囲から通風が得にくい環境でも、１階から換気塔までの縦方向の風道をつくることで、家の中に風が抜けていく。

くり抜いたりするのは現実的ではないので、天窓を兼ねた換気塔をつくったらどうかと考えました。

　写真は「神戸・里山住宅」の例で、屋根の上に四角いボックス型の換気塔を付けています。この住宅では吹抜けがとれなかったため、2階の廊下の一部をスノコの床にして1階から2階へ、そして換気塔へと抜けていく風の道をつくりました。スノコの床からは換気塔内の白い壁に反射した光がぼうっと1階まで漏れてきます。

　地上は微風であっても上空には風の流れが常にあり、縦方向の風の道さえつくってやれば意外に強い上昇気流が室内に起きることをこの住宅の設計で知りました。

ITEM 14

鉄板庇

一枚の鉄板を曲げてつくるシャープな庇

カバンの中の鍵を探したり、傘をたたんだり、玄関先はいろいろなことをしながら立ち止まる場所なので、雨の日に濡れない仕掛けが必要です。

80頁で紹介した「格子戸ポーチ」は、思い切って玄関先を格子戸で囲って半《はん》外《そと》の土間空間にした例ですが、もっとシンプルでいいという場合には、「現代町家」ではよく鉄板庇を使います。

「鉄板庇」とは一枚の鉄板を折り曲げてつくる一体型の庇のこと。厚さ3.2ミリの鉄板をプレス機で成形し、溶融亜鉛メッキで仕上げます。雨が正面に落ちてこないように先端部もいっしょに折り曲げて雨樋をつくっておくのも忘れてはいけないポイントです。

かなりの重量になるため庇の支え方にも注意が必要です。一般的には上から吊る方法が多いようですが、ここでは13ミリの丸鋼をダブルに組んだ方杖で、下から支える方法をとりました。もちろんこの方杖も溶融亜鉛メッキで仕上げ、庇本体とは溶接ではなくボルトで接合します。

庇の大きさは幅2.3m、奥行き1m。かなりの大きさですが、そのわりにはコンパクトでシャープな印象になります。これはメッキを施した鉄板の鈍く

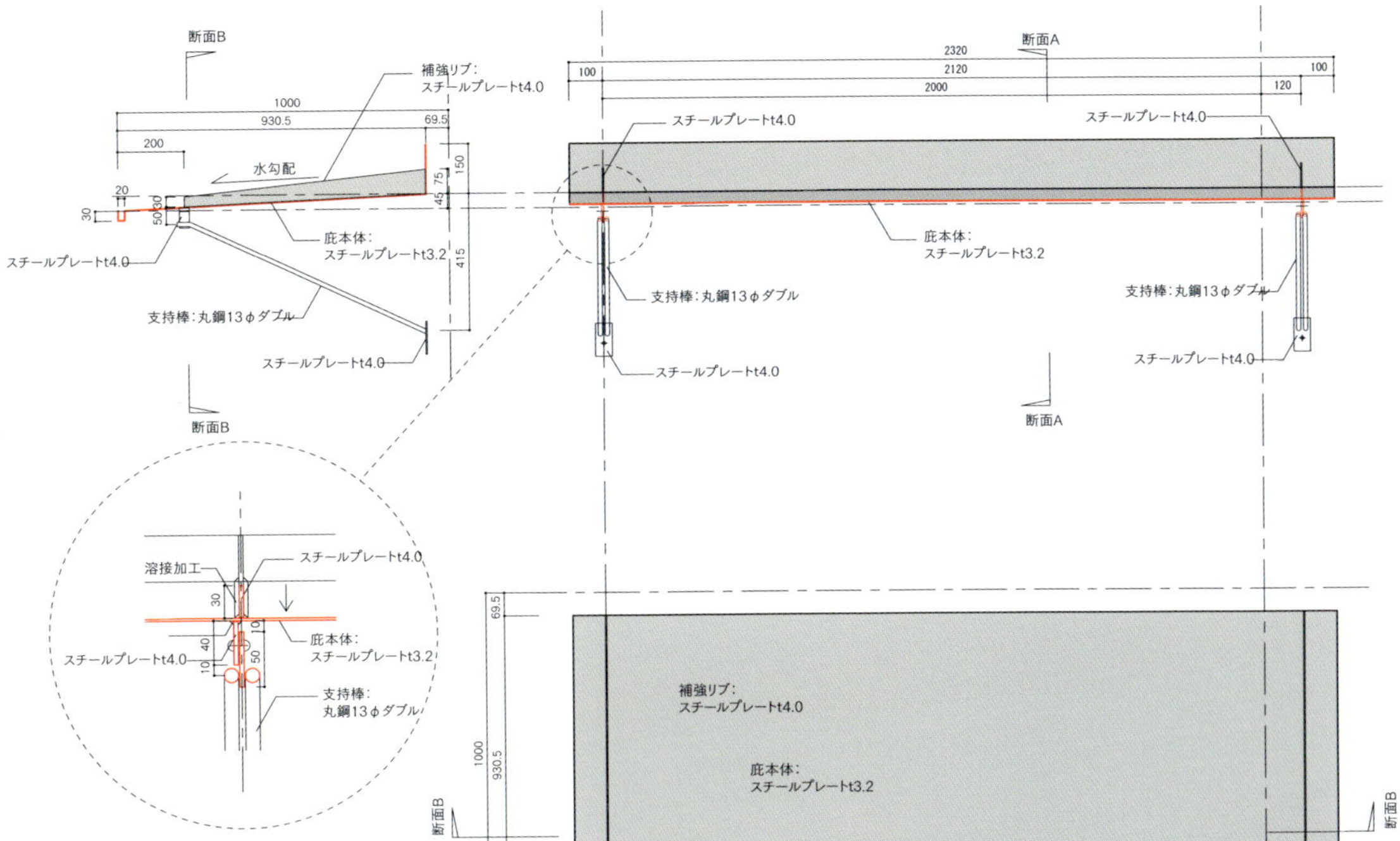

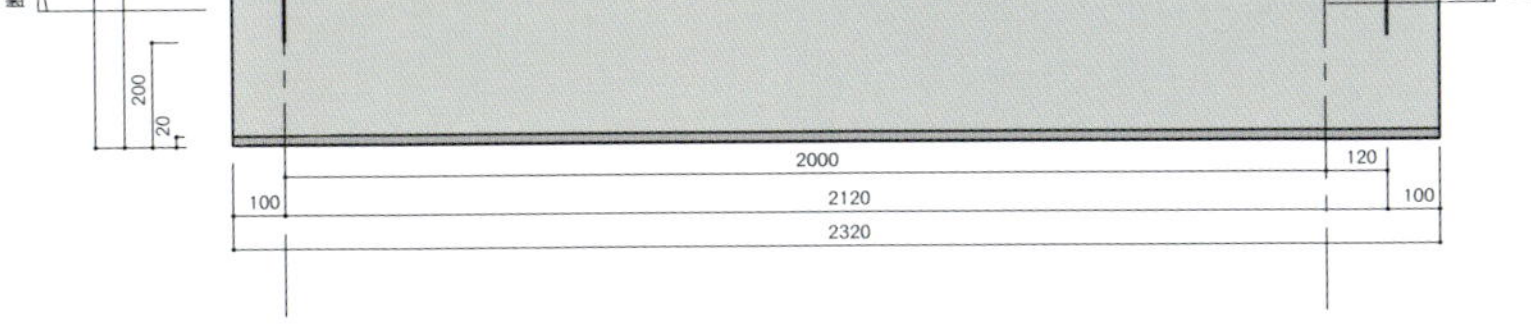

鉄板庇詳細図
溶融亜鉛メッキを施す際に鉄板が熱で歪まないように、鉄板上部に補強リブを溶接してある。図中の赤いラインは断面を示す。

通常の溶融亜鉛メッキ仕上げだと鉄板がギラギラと光りすぎて、落ちついた風合いになるまで時間がかかる。この庇では溶融亜鉛メッキの後にリン酸塩処理を施して、過度な鉄板のギラつきを抑えている。（鹿児島・薩摩町家）

光る素材感と、ただ折り曲げただけのシンプルなつくりの効果でしょう。なにもないところに、このパーツ一つで顔をつくることができます。

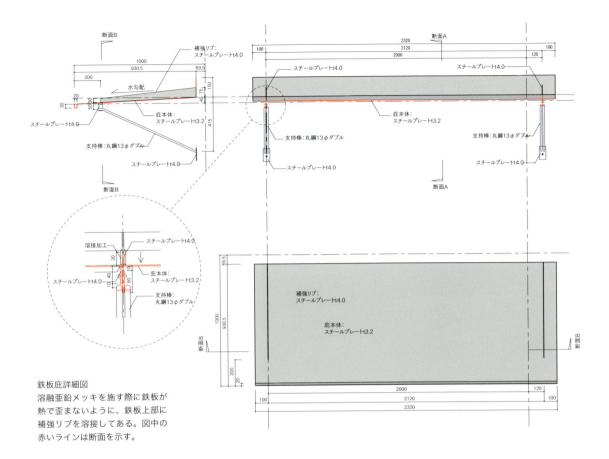

ITEM 15 びおソーラー

シンプルな空気集熱式ソーラーシステム

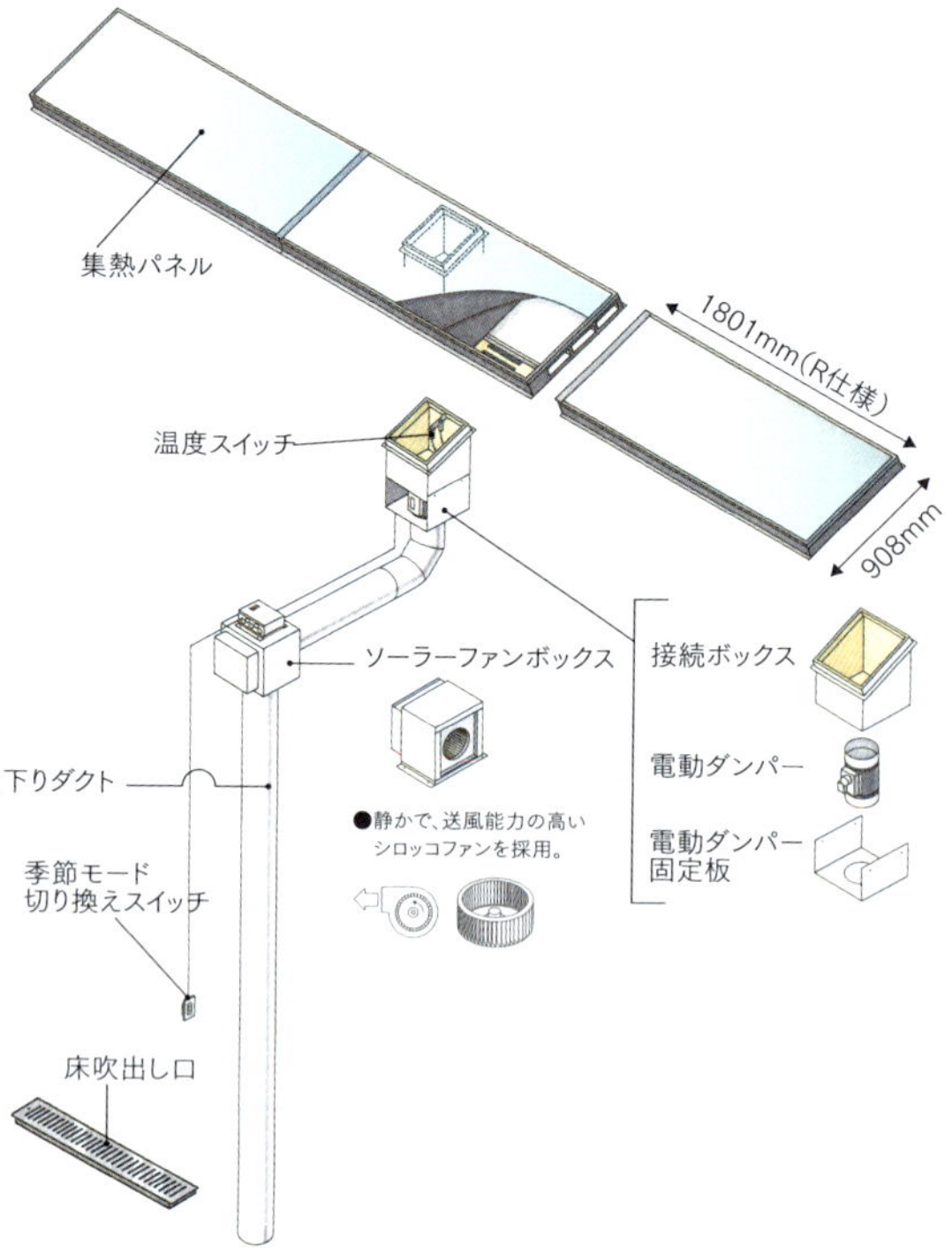

集熱パネル
1801mm(R仕様)
908mm
温度スイッチ
ソーラーファンボックス
接続ボックス
電動ダンパー
電動ダンパー
固定板
立下りダクト
●静かで、送風能力の高い
シロッコファンを採用。
季節モード
切り換えスイッチ
床吹出し口

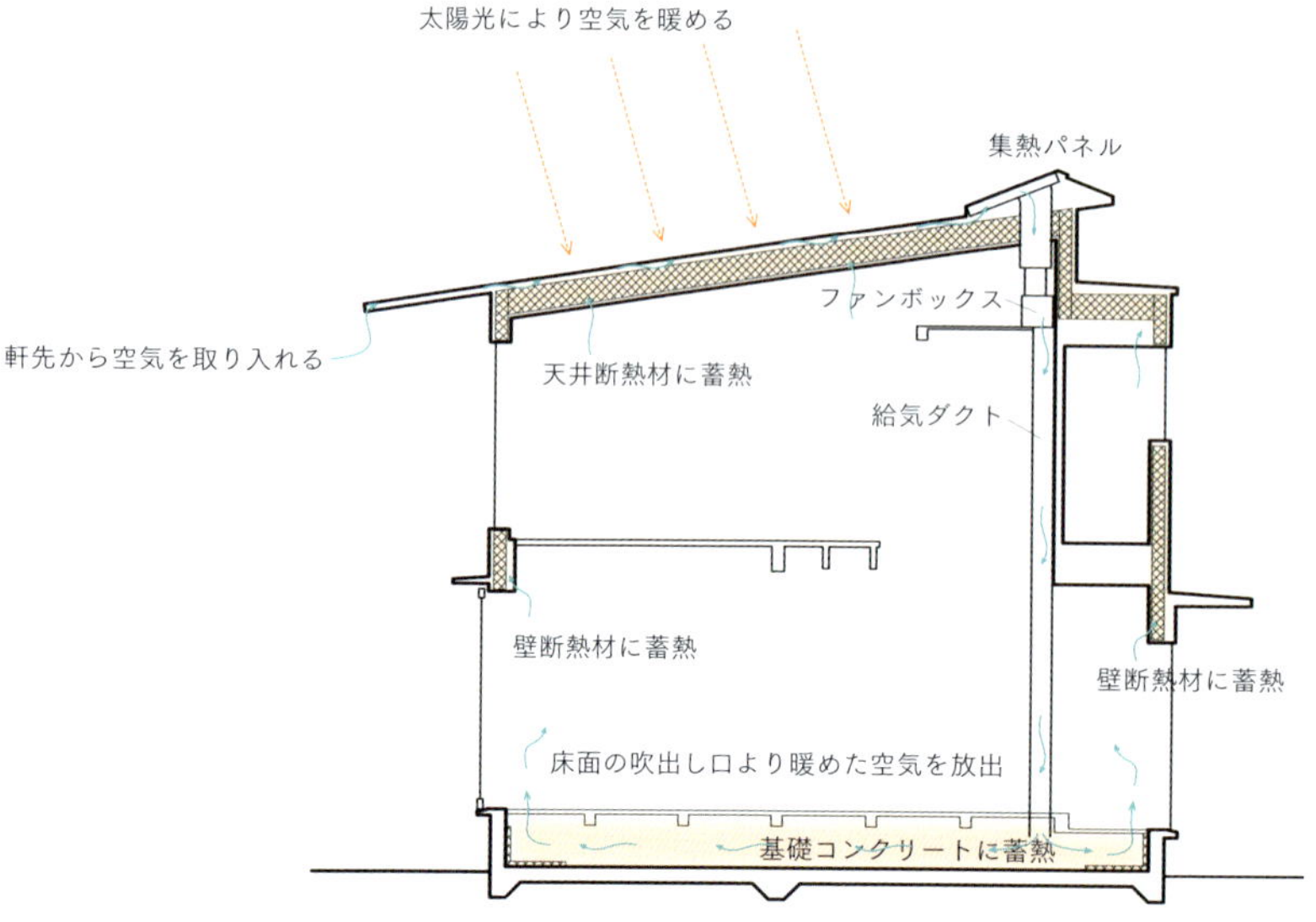

太陽光により空気を暖める
集熱パネル
ファンボックス
軒先から空気を取り入れる
天井断熱材に蓄熱
給気ダクト
壁断熱材に蓄熱
壁断熱材に蓄熱
床面の吹出し口より暖めた空気を放出
基礎コンクリートに蓄熱

「びおソーラー」を構成する主なパーツはきわめてシンプルである。その仕組みは、屋根上の集熱パネルで暖められた空気がファンボックスにより強制的に建物基礎に送り込まれ、基礎コンクリートに蓄熱される。さらに床下で拡散した暖気が吹出口より上昇して室内の壁や天井に蓄熱され、徐々に放熱する。
「現代町家」では熱容量の大きい木質繊維断熱材を天井、壁に充填することで、断熱性能だけでなく、蓄熱性能も上げている。

パッシブソーラーを世に広めた一つのきっかけは「空気集熱式のソーラーシステム」でした。太陽熱を利用して暖房するもので、その先駆けになったのが「OMソーラー」です。近年、その仕組みを簡素化した「びおソーラー」ができて、「現代町家」ではもっぱらそちらを使っています。

お湯をつくる機能も循環排気機能もマイコン制御もなく、もちろん発電もしません。ひたすら「冬の日中には暖気を取り込み、夏の夜には涼気を取り込む」ことだけに特化したシンプルな仕組みです。

屋根に畳サイズの集熱パネルを数枚置いて、そこで暖めた空気をダクトで床下に送るだけ。ここまでシンプルになると使うほうも気が楽になりますが、では、いかにこの装置がつくりだす温熱環境を暮らしのデザインにいかすか、それが問題です。

私の場合は、そのやり方の大部分を「チームおひさま」という建築家と技術者の会で学びました。そこで学んだ最大のことは「住宅の熱容量を高めよ！」という教えです。

日本の家は暖まりやすく冷めやすい（つまり保温力が小さい）。だから断熱

屋根上に「びおソーラー」の集熱パネルを取り付ける。（各務原・小さな現代町家）

右　集熱パネルとファンボックスとの接合部。集熱パネルで暖められた空気はこの穴から下部のファンボックスに入る。穴の中央に見えるのは温度スイッチ。バイメタル・サーモスタットによって棟温度を感知し、運転動作を切り替える。
左　高性能な断熱性に加え大きな熱容量を持つ木質繊維断熱材。板状に加工された12センチ厚の製品で、「現代町家」では密度60Kg/m^{3}のものを使用している。

「現代町家」の6m角ベースの天井。6センチ幅の板を目透かし貼りにしてワンルーム空間の天井全体を覆っている。（富山・杉の家）

性能だけではなく保温力もあげないとダメ。そのためには熱容量の高い素材を使う。熱容量が高いと蓄熱する力（保温力）も高まって、外気温に対する室内温度の変動を小さくできる…なるほどと思いました。

　OMソーラーの発案者である奥村昭雄さんは、日本の住宅の素材は紙と木なので蓄熱する部位がなく、それで基礎のコンクリートに蓄熱することを考えたそうです。蓄熱する部位が家全体にあれば、ソーラーで取り込んだ熱を逃さずに利用できるから、そのためには熱容量の大きな断熱材をうまく利用すればよいのだと、これも「チームおひさま」の会で学びました。

　「現代町家」ではその教えに従って、熱容量が大きく断熱と蓄熱性能を併せ持つ「木質繊維断熱材」を使っています。壁には12センチ厚、屋根は2層にして24センチ厚と、かなり厚めにしました。蓄熱のことを考えて天井は細幅板のルーバー仕上げ。板の目透かし部分から断熱材への蓄熱を促すことが目的ですが、同時に「現代町家」の6m角ワンルーム空間を覆うにふさわしい木の天蓋のような天井になりました。

ITEM 16

厚板

スギ幅はぎパネルとJパネル

上　スギ幅はぎパネルでつくられた本棚とベンチ。
（米子 / 現代町家・出雲）
下　ベンチや靴入れなど家の内装備品はすべてスギ幅はぎパネルを使用している。
（上越・キノイエ）

「自然室温で暮らせる家」というテーマの勉強会に参加したことがあります。「エアコンに過度に頼らずに暮らすにはどうするか？」を考える会です。

この勉強会でいろいろなことを学んだのですが、なかでも記憶に残ったのは湿度と体感温度との関係でした。うろ覚えですが、湿度が10％変化すれば体感温度は0.6℃程度上下するということです。木には調湿機能がありますから、それなら室内に木を使うときにはなるべく厚く、表面にむき出して使ったほうが、より調湿機能を高められるわけです。

そんな教えもあって、「現代町家」の内部に木を使う場合は、基本的に木を厚くむき出しにして使うことにしたのですが、ただ厚い無垢の板ほど割れたり反ったりするのが難点。そこで探し出したのがスギ板を細幅に裁断して貼り直した「幅はぎパネル」と薄板を貼り合わせた「Jパネル」です。

どちらも人工的に加工してつくった板材ですが、集成材や合板に比べて接着剤の使用量が少なく無垢の木に近いところが良い点です。

「現代町家」の内装にはこの厚板をふんだんに使っています。たとえば間

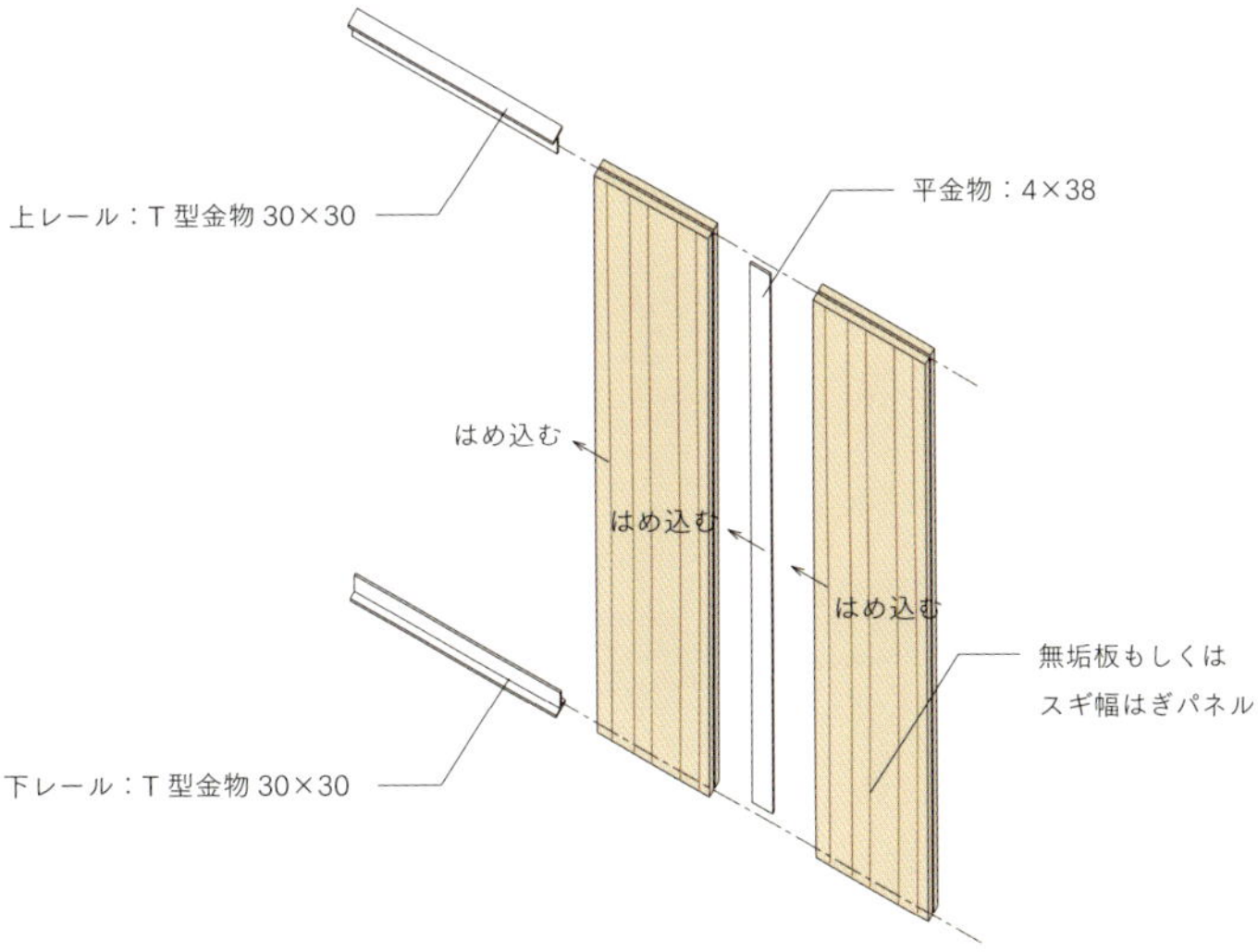
上レール：T 型金物 30×30
平金物：4×38
はめ込む
はめ込む
はめ込む
無垢板もしくは
スギ幅はぎパネル
下レール：T 型金物 30×30

右上　厚板を使った間仕切りの例。周りの漆喰の壁と対比して、家具のような軽い印象の間仕切りになる。
（各務原・小さな現代町家）
左上　厚板間仕切りの上下の納まり。T 型の金物を天井及び床に取り付けて、そこにパネル材をはめ込むだけで間仕切りが完成する。
右下　厚板間仕切りの納まり。非常に単純で少ない部材で構成されているので、住む人がセルフビルドで将来暮らしの変化に応じて自由に変えることが可能。

仕切り壁に使った例が左頁上の写真で、上下に固定した金物のレールに厚板（スギ幅はぎパネル）をはめ込んでいます。厚板はただレールにはめ込まれているだけなので自由に動かすことができますから、子供が成長して個室が必要になったり、また逆に部屋を一つにしたりといった間取りの変更が容易にできます。

その他に本棚、階段、靴箱など、何にでも使えてまことに便利です。難点は価格が合板ほどは安くないこと。合板は安価でサイズも豊富ですが、接着剤と調湿機能のことを考えると、ちょっと無理をしてもなるべく無垢の木に近い素材を使いたいところです。

ITEM 17

箱階段

暮らしを楽しむ大道具

「たつの町家」（兵庫県たつの市／池尻殖産）の箱階段

「現代町家」では構造（スケルトン）と内装（インフィル）を分けることを原則とし、階段や収納など家の内部のさまざまな造作部品をアイテム化しています。

「スケルトンとインフィル」というと、なんだか最近の建築の考え方のように思えますが、実は昔の日本の町家建築はみんなそうだったようで、引っ越しのときに畳や障子（すなわちインフィル）を持っていって新居に据えるなんてことは普通におこなわれていました。つまり柱・梁・壁といった固定部は社会の共通財産として長く使い回し、建具や畳、火鉢などの可動部は生活をしつらえるための私的な道具として区別されていたわけです。

さすがに箱階段まで移動できたかどうかはわかりませんが、屏風に簾など、まことにチャーミングなしつらえ用の道具がかつてはたくさんありました。「現代町家」もそれに倣って内装用の部品を「町家キット」という名称でアイテム化しています。

その第一号がここに紹介する「箱階段」です。素材はJパネル（スギ板を三層に積層した大型のパネル材）。Jパネルは大きさが最大で1m×2m、そこに型紙を当て、階段の各パーツを切り出して組み立てます。

通常のJパネルだと厚さが36ミリとすこし厚ぼったいので、丸点星工業オリジナルの30ミリ品を使用しています。各パーツの接合部はビスを打って木栓で埋めます。家具ほどの精度はいりませんから大工さんの手で十分に組み立てが可能。まさに「暮らしの大道具」といった感じの仕上がりになります。なおこの箱階段をつくるのに必要な型紙はウェブサイト上に公開されており、どなたでも入手が可能です。

箱階段の試作品

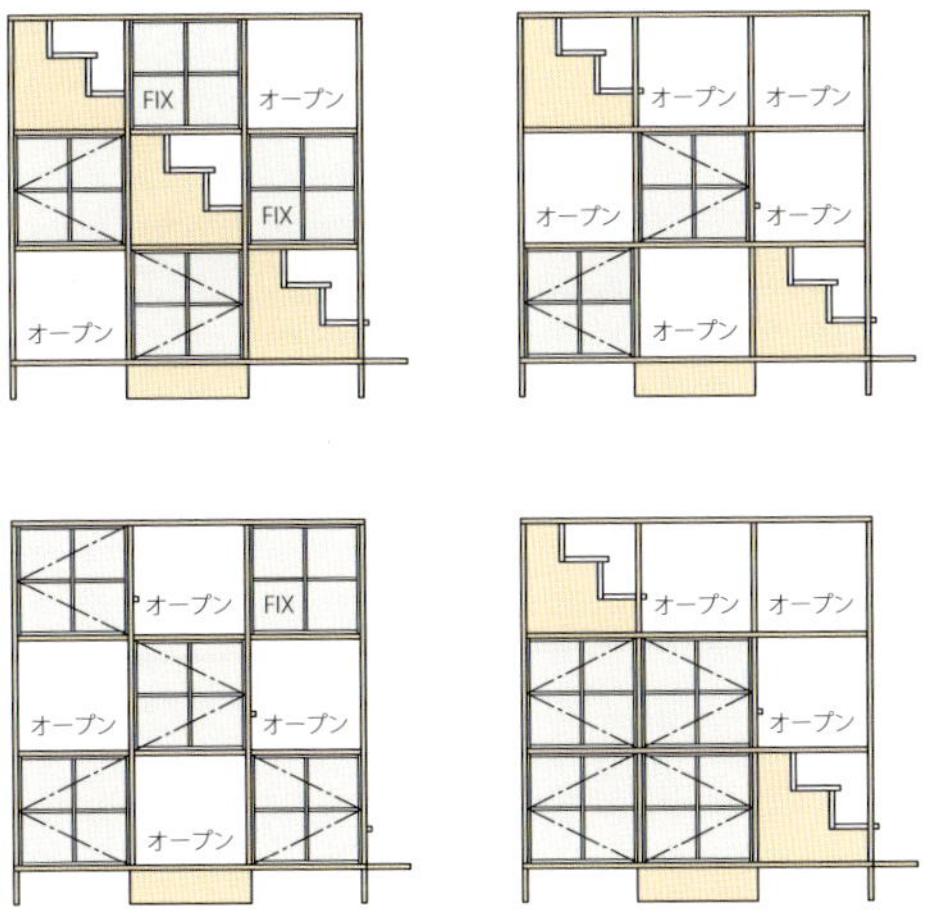

障子のバリエーション
障子の場所は使う人によって自由自在に配置ができる。位置を変えるだけで様々な表情になる。

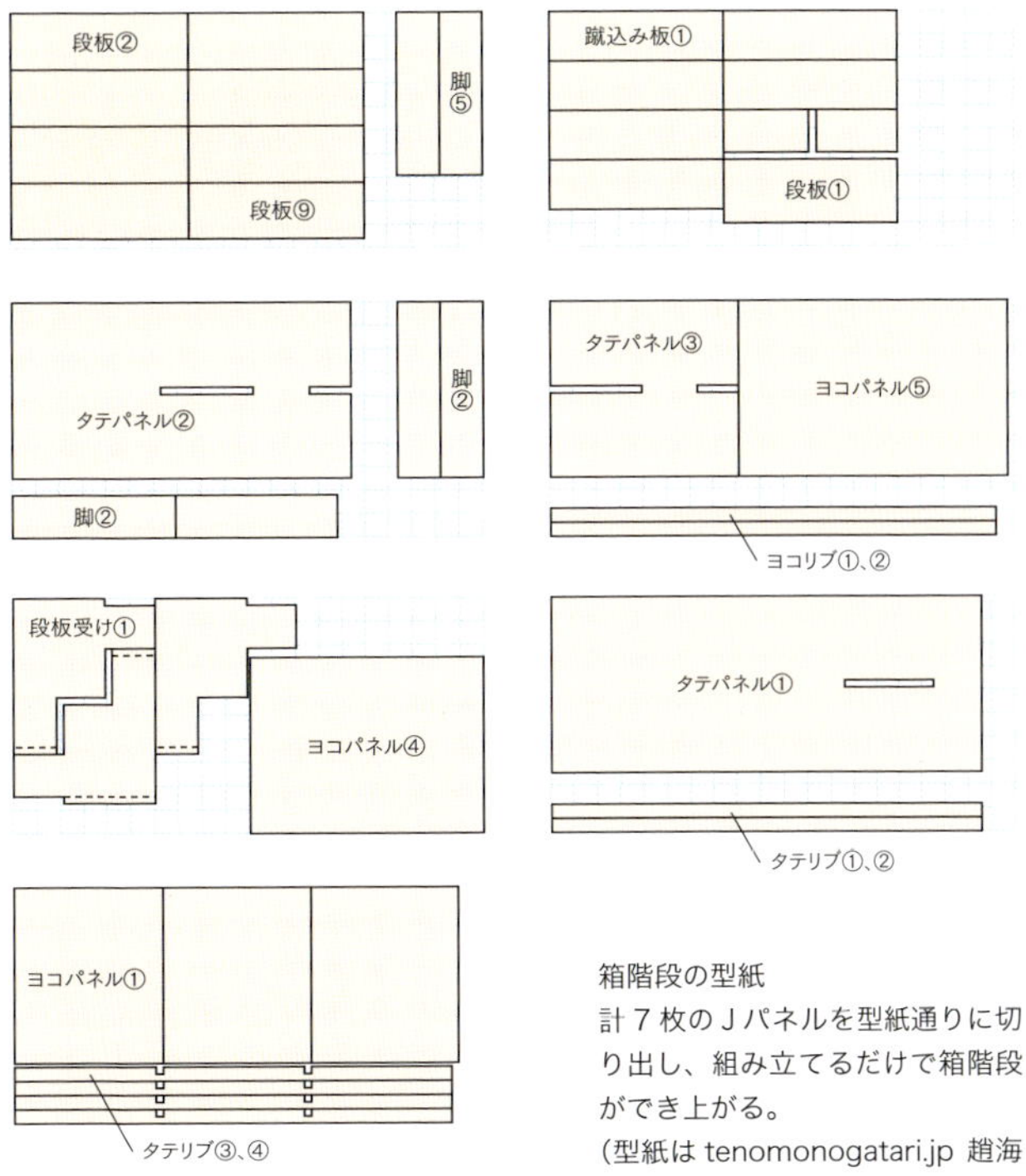

箱階段の型紙
計7枚のJパネルを型紙通りに切り出し、組み立てるだけで箱階段ができ上がる。
（型紙は tenomonogatari.jp 趙海光デザインJパネル30箱階段で公開されている。）

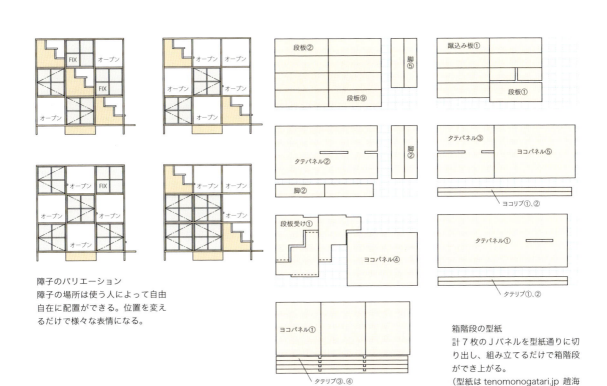

ITEM 18 箱窓

壁に小さな居場所をはめ込む

鹿児島の「薩摩町家」の離れに取り付けた「箱窓」。幅2.4m、奥行75cmとかなり大きい。

96頁で紹介した「M窓」が裸足のままデッキに出られる全面開放窓であるのに対して、ここで紹介する「箱窓」は文字どうりの箱で、壁にはめ込まれた箱の外側の面が窓になっている、というものです。

「箱窓」は床から40センチ浮いた位置にあり、大きさは畳一枚が楽に敷けるサイズ。このくらいの大きさがあると、箱の中で昼寝をしたり本を読んだり、小さいながら日溜まりの縁側みたいに使えます。

「箱窓」のアイデアは、「現代町家」のベース空間の中に、どうやって居場所をつくるかあれこれ試行錯誤しているときに生まれました。

「現代町家」のベース空間は芯柱一本だけのワンルームなので、その中に居場所をつくっていくためには、部屋で割っていくのとは異なる何かしらの方法が必要です。一般的にはソファーや食卓などの家具を置くことで、だんだんに居場所ができていくわけですが、もっと積極的に「場所をしつらえる」ことができないかと考えました。

そのためには家具よりももう少し大きなパワーを持つ、言わば「暮らしの大道具」が要ります。家具にはない空

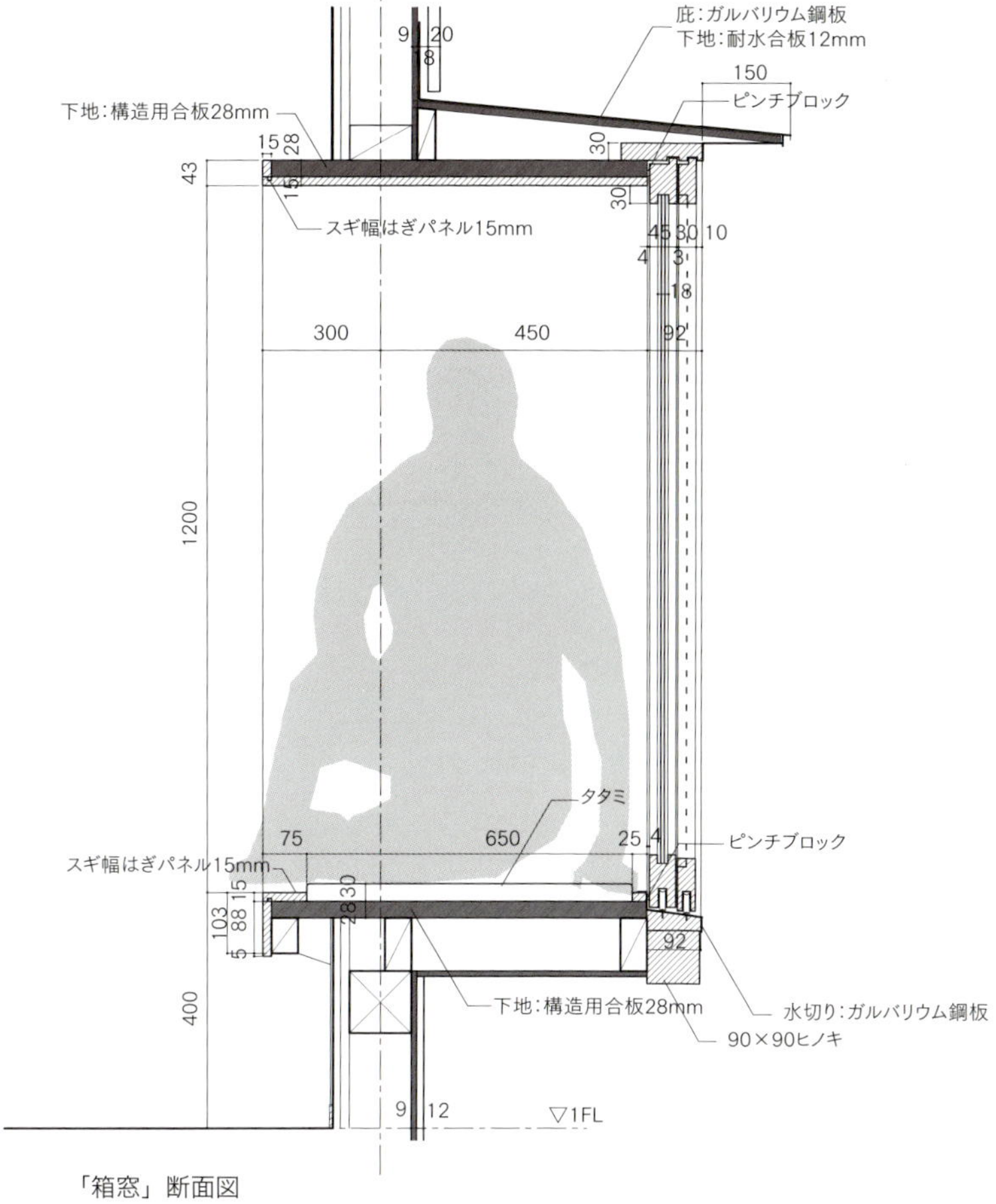

「箱窓」断面図

「箱窓」は屋外に2/3、室内に1/3突き出すかたちで天秤みたいにバランスをとっている。この中に寝転んでいると、屋外と室内のちょうど真ん中あたりに浮いている感じがする。空中に浮いた感じの居心地をさらに高めるために、片引きの小窓を付けて寝転んだまま開けられるようにした。28ミリの構造用合板で組んだ筒型のボックスを柱間にはめ込む構造。仕上げに15ミリの「スギ幅はぎパネル」（108頁参照）を構造用合板に貼っている。

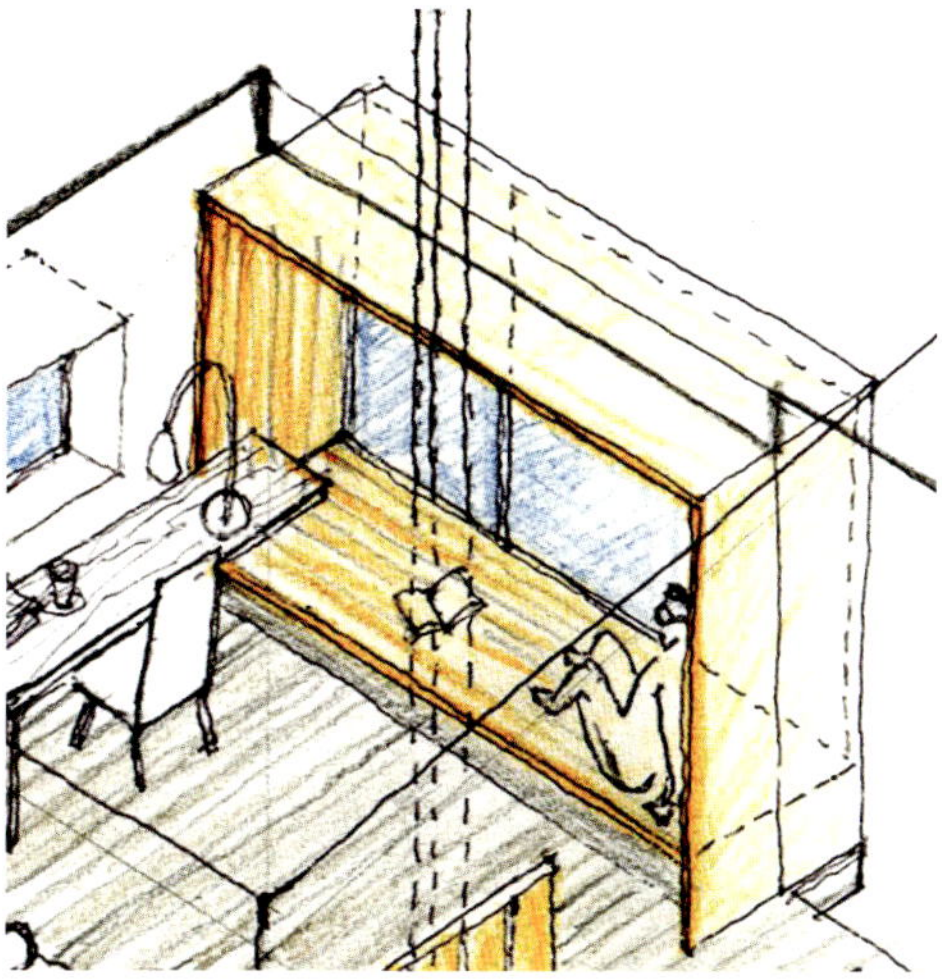

「箱窓」のイメージスケッチ。大きなワンルーム空間に小さな隠れ家をはめ込むというアイデア。

間性を持つもの。家具というより「小さな建築」みたいなもの。110頁の「箱階段」もそうですが、この「箱窓」もそんなイメージでつくったうちの一つです。

ITEM 19 箱パントリー

空間を仕切る多機能キッチン収納

ダイニングテーブルの右手にあるのが、「箱パントリー」。
右手奥のキッチンスペースとの仕切りになっている。
（上越・キノイエ／カネタ建設）

パントリーといえば、普通は壁面に組み込まれた納戸のような食品庫を指しますが、「現代町家」の「箱パントリー」は家具のように自立させ、キッチンスペースとダイニングの間に据えました。

キッチンとダイニングの仕切りでもあり、食器棚、配膳台でもあり、レンジなどの家電置き場としても使えるマルチな機能を持っています。

大きさは幅2mに高さが1.6m。人の背丈くらいありますから昔なら屏風を置いた感じです。ダイニング側から見た姿は田の字型の立面で、上下に引き違いの障子が入り、配膳カウンターの部分は障子が開いて顔が覗けます。また、この「箱パントリー」には下段に床下送風用のエアコンが組み込まれており、障子はそのメンテナンス時に便利です。

なにもかも壁に組み込もうとせずに、アイランド型の「大道具」で暮らしを組み立てるのも、自由な感じで良いものです。

キッチン側から見た「箱パントリー」。下部は食器棚、上部は配膳や電子レンジなどの家電を置くスペースになっている。（上越・キノイエ）

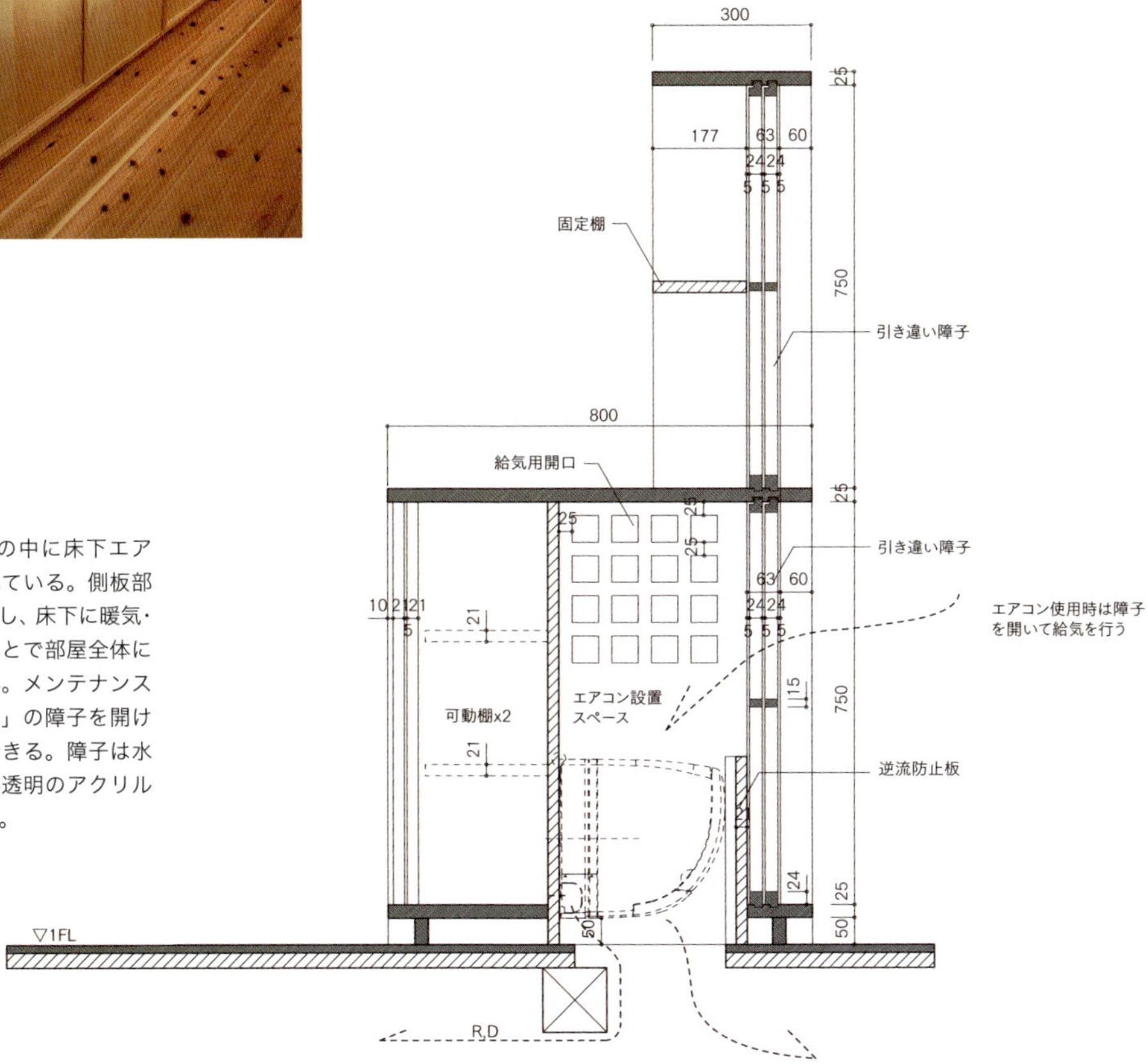

「箱パントリー」の中に床下エアコンが組み込まれている。側板部分の開口より給気し、床下に暖気・冷気を吹き出すことで部屋全体に行き渡らす仕組み。メンテナンスは「箱パントリー」の障子を開けることで簡単にできる。障子は水濡れを考慮し、半透明のアクリル板を使用している。

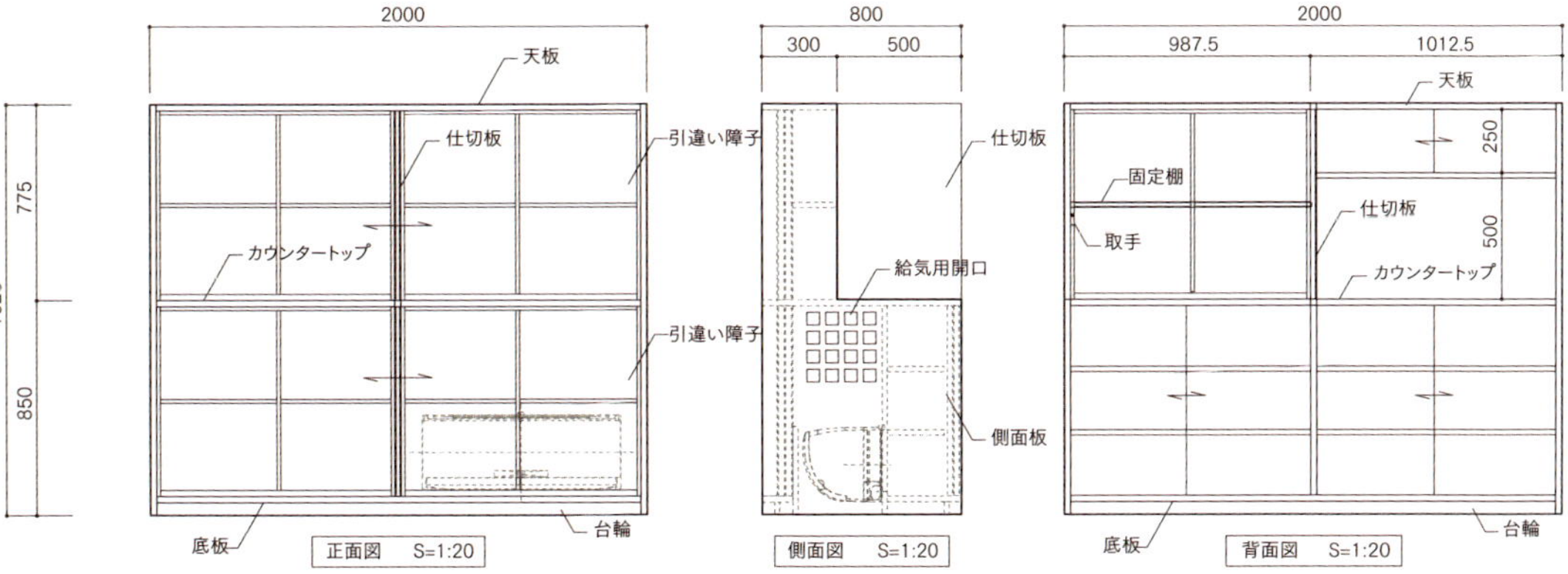

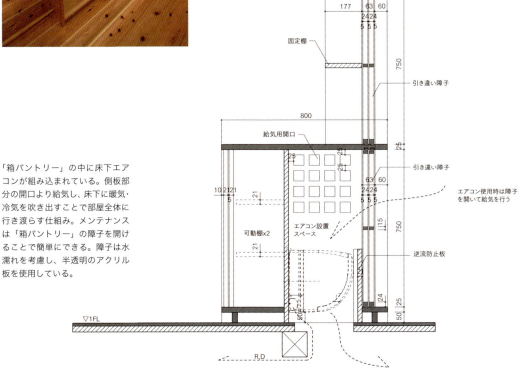

ITEM 20

Mソファー

居場所をしつらえる道具

日本の家にソファーはあまり似合わないと、かつての建築家たちは考えていたようで、清家清の自邸（日本近代建築のマスターピースです）を見学したら居間に一坪サイズの縁台が置いてありました。タタミ敷きの縁台で可動式です。ソファーを置くといかにも暮らしが固定した感じになるのですけれど、これなら屏風やちゃぶ台と同じようにいつでも移動できるし、場所のしつらえ直しができます。そうか、場所やモノを固定せずに、必要に応じて居場所が現れるという状態をつくりたかったわけか、と納得した思いでした。

「現代町家」も同じく「しつらえ直し」ができる空間を目指しているのですが、縁台はちょっと大げさなので厚板でつくった台にクッションを置くかたちのものを考えました。台は25ミリ厚のスギ幅はぎパネルを型紙から切り出して組み立てます。クッションも手づくりで、こちらは家具屋さんにつくってもらいました。職人さんの手間も含めて価格は15万円ほどでしたからそんなに高くありません。

円筒型のクッションは自由に動かすことができるので、あるときは背もたれや肘掛け、またあるときはゴロンと横になって枕がわりに使うことができます。かたちは現代的なソファーですが、季節によって入れ替える障子や簾戸、ちょっとした目隠しになる屏風などと同じ考えでつくった暮らしの道具の一つです。

円筒形のクッションは背もたれにしたり、枕にしたり自由に動かせる。空いたスペースには鉢植えや本、コップなどの小物を置ける。(上越・キノイエ)

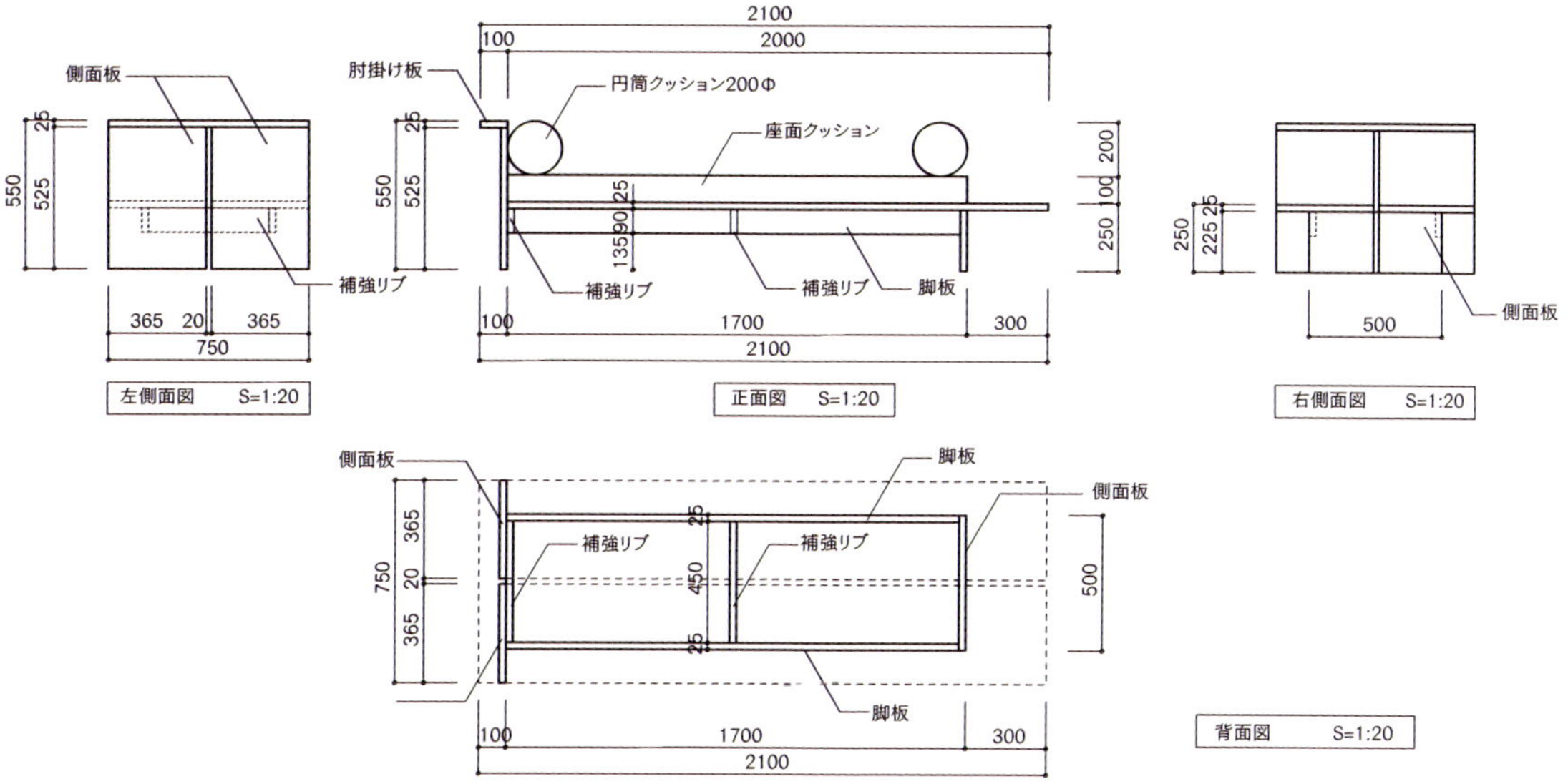

column 3

ル・コルビュジエの教え

ル・コルビュジエは自分の建築家としての設計遍歴を下図のようなスケッチを使って説明しています。

1はいくつかのボリュームをくっつけて建築をつくるやり方で、これは連結型です。横のメモ書きには「わりと簡単」とあります。

それに対して「すごく難しい」とあるのが2で、これはワンボックスの箱のなかにすべての機能を収めてしまうやり方。箱のなかをいくつかの空間に分割していくわけですから、これは分割型ですね。

次の3と4は、1と2を合体するやり方。つまり2の分割型のなかに1の連結型を埋め込んでしまう。よく知られたコルビュジェの「ドミノ」は3で、もっと有名な「サヴォア邸」は4のやり方です。

たしかに建築のプランニングは、大きく分ければ連結型か分割型しかないのかもしれません。たとえばフランク・ロイド・ライトは連結型ですし、ミースは分割型です。で、この二つの型を合体したプランを展開したのがコルビュジエだと考えると、これで近代建築の三大巨匠が出そろってしまう！

ところでコルビュジエは「連結型は簡単で分割型は難しい」と言っていますが、これは単体としての建築の場合で、たとえば家が建ち並んで群をなすようなケース、つまり町のスケールで考えると、すこし話が違ってきます。

小さな敷地に家が建ち並ぶ場合、大事なのは家自体よりも家と家との間の余白でしょう。分割型だとどうしても閉鎖的な家が並ぶことになって、余白が単調になりがちです。それに対して連結型の家並みの場合は余白が複雑に絡み合って、もうすこし豊かな風景が生まれます。

それに「わりと簡単」とコルビュジエが言う連結型は、逆に言えば「わかりやすい」ということで、町の風景のように「みんなに関わること」についてはそうバカにしたものでもありません。共感はわかりやすさから生まれるのですから。

誰にでもわかるやり方で家をつくる。平凡な家を並べて非凡な町をつくる。「現代町家」のベースとゲヤによる「連結型」の家づくりは、そんな思いから始まりました。

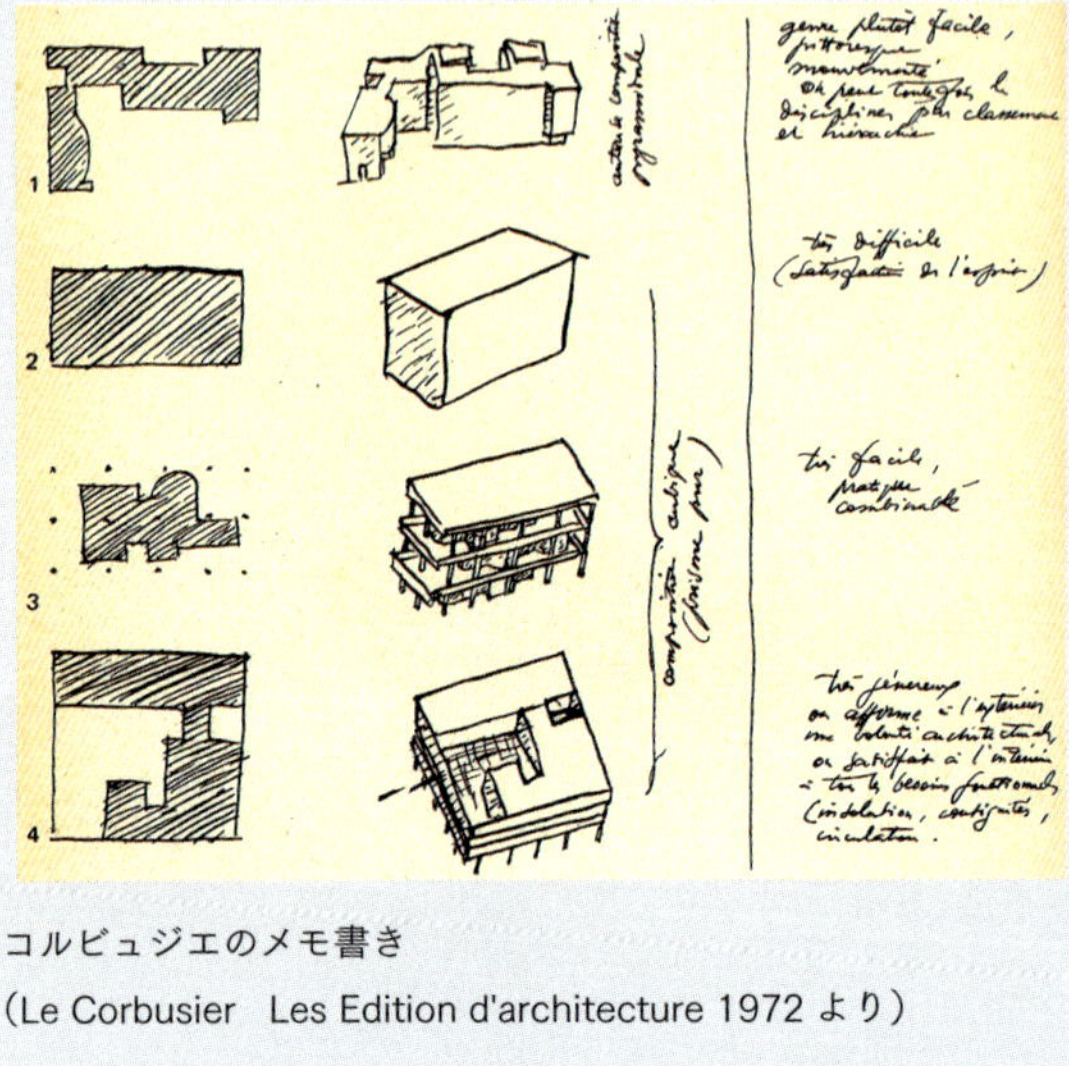

コルビュジエのメモ書き
（Le Corbusier　Les Edition d'architecture 1972 より）

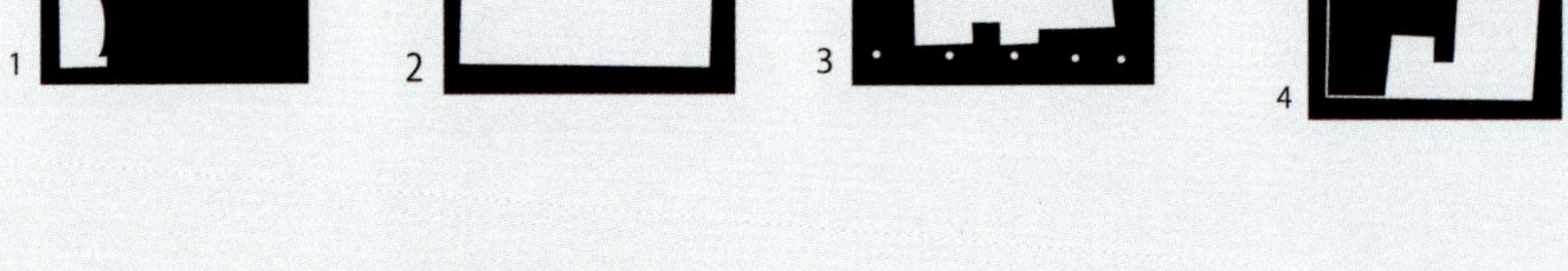

4

「現代町家」で町かどをつくる

「現代町家」は住宅が一軒一軒バラバラに建つのではなく、向こう三軒両隣が地域の環境を共有する家づくりを目指しています。そのためには町かどが持つ固有の条件を見極めて、それを町並みに生かす必要があります。

第４章ではストリート型の町かど、鎮守の森型の町かど、袋小路型の町かど、路地型の町かどなど、「現代町家」による四つの町かどプロジェクトを紹介します。

「現代町家」でつくる四つの町かどプロジェクト

今様住宅地の不気味さ

「現代町家」のプロジェクトを各地の工務店といっしょに進めていて、強く感じることがあります。それは細かく分割された土地にさまざまな家が勝手気ままに建ち並ぶという、いまの住宅地の姿の味気なさ、不気味さです。

こういった住宅地の姿は、戦後に政府が持ち家政策をとったところから始まったものですが、このやり方では町が環境として生きませんし、共感も親近感も生まれません。このかたちはもう限界にきているのではないでしょうか。一軒一軒がバラバラに建つのではなく、何かしら環境を共有して建つにはどうしたらよいか？

私たちが注目したのは「町かど」という小さな単位です。一軒の家だけではどんなに頑張っても町の環境をつくるところまでは行きませんし、町の風景もバラバラなままです。町全体という大きな単位は無理としても4、5軒の単位で向こう三軒両隣といった感じの小さな町かどはつくれるのではないかと思いました。

町かどをつくることのメリット

これまで住宅は個々の敷地ごとに離れ小島のように設計されてきましたが、そろそろ離れ小島をつないで数軒でともに町かどをつくるような方法が試されてよいのではないでしょうか。

数軒が集まって町かどをつくることには意外に多くのメリットがあります。たとえばカーポートがまとめられる。住宅の外まわり空間を一つながり

鎮守の森型の町かどづくり
里山のある町かど in 蒲郡（愛知県蒲郡市）

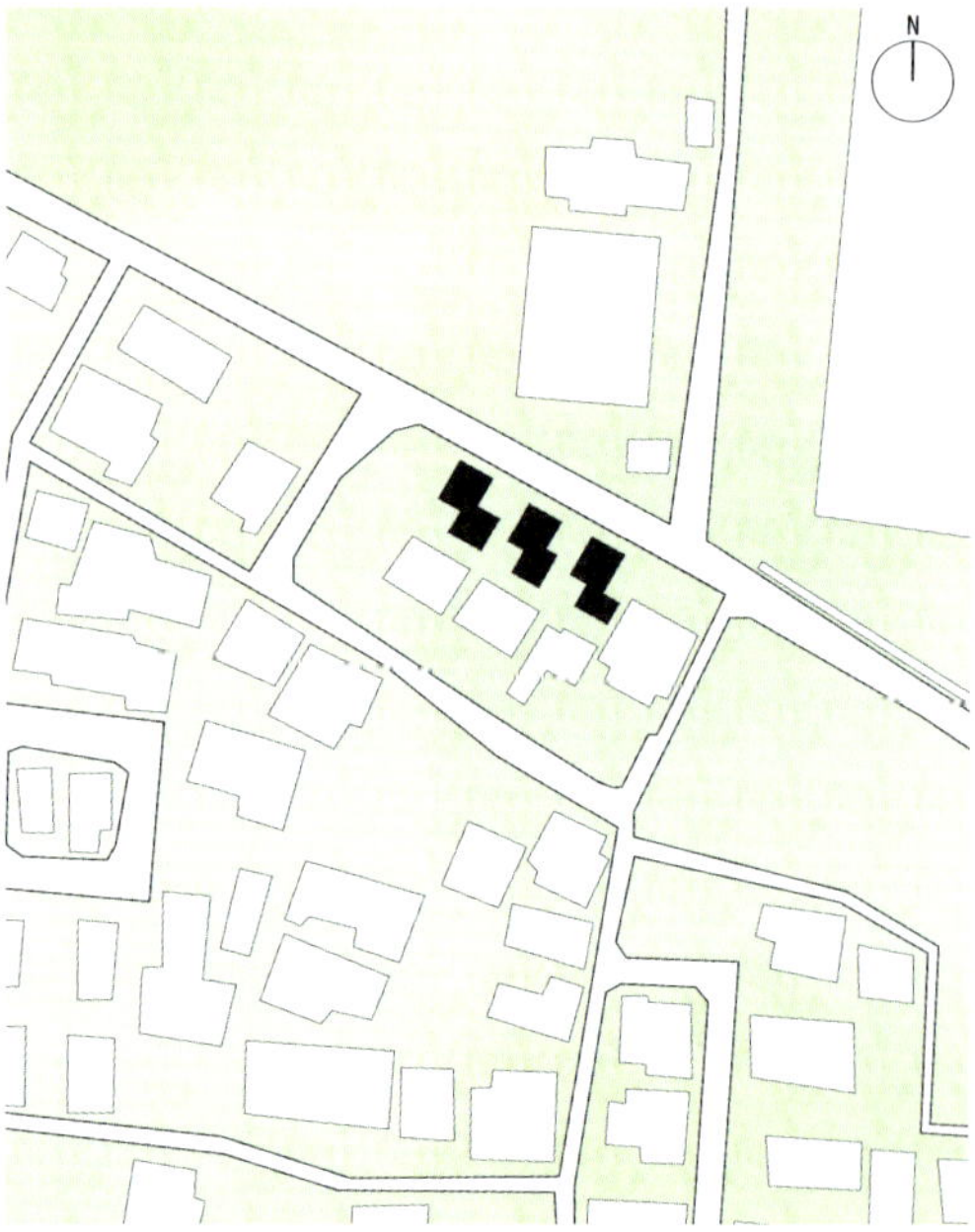

ストリート型の町かどづくり
西三条プロジェクト（愛知県犬山市）

の大きな庭としてシェアできる。住宅間の風の流れなどの微気候をこまめにコントロールできる。全体を一まとまりの風景にできるなどなど。結果として、その場所全体の環境価値が上がるのですが、ではどうしてこれまで数軒が集まってやる町かどづくりがおこなわれてこなかったのでしょうか？

一つにはそういった経験もノウハウもまだない、ということがあるでしょう。仲間が集まって小さな町かどをつくるということはまだ少し突飛な話に聞こえますし、それに見合う設計の方法も未開発です。さらには近所付き合いの難しさもあり、暮らしをシェアするということの楽しさや利点もまだ十分に社会に浸透しているとは言えません。けれども数軒の家が集まれば一軒の家だけではできないことができるようになりますし、またそういった町かどを実現するための手立てがないわけではありません。

「現代町家」でつくる向こう三軒両隣

「現代町家」のプロジェクトを進めていく過程で、そのヒントになりそうなケースに多く出会いました。

たとえば仲間が集まって土地をシェアした例、工務店が自力で三軒の小さな町かどをつくった例、先祖代々の土地を売らずに保存するために定期借地方式で町かどをつくろうとしている例などです。

コーポラティブハウスという住民参加型の集合住宅がありますが、それを戸建て住宅の群でやることだって可能でしょう。

では一軒の住宅をオンリーワンの家として離れ小島のように設計するのではなく、数軒の家を町かどという単位でどうつくるか？　それを設計の仕組みとして考えたのが「現代町家」です。これまで繰り返し述べてきたように、これは共通部品としての「ベース」に敷地ごとの自由な「ゲヤ」を組み合わせることで小さな群（町かど）をつくるというものです。

現在、さまざまな地域で「現代町家」の方法による町かどプロジェクトが進行しています。どれも3、4軒の町かどで、いわば「向こう三軒両隣」といったスケールのものです。まだ進行中のプロジェクトばかりですが、以下に4つの事例を紹介しましょう。

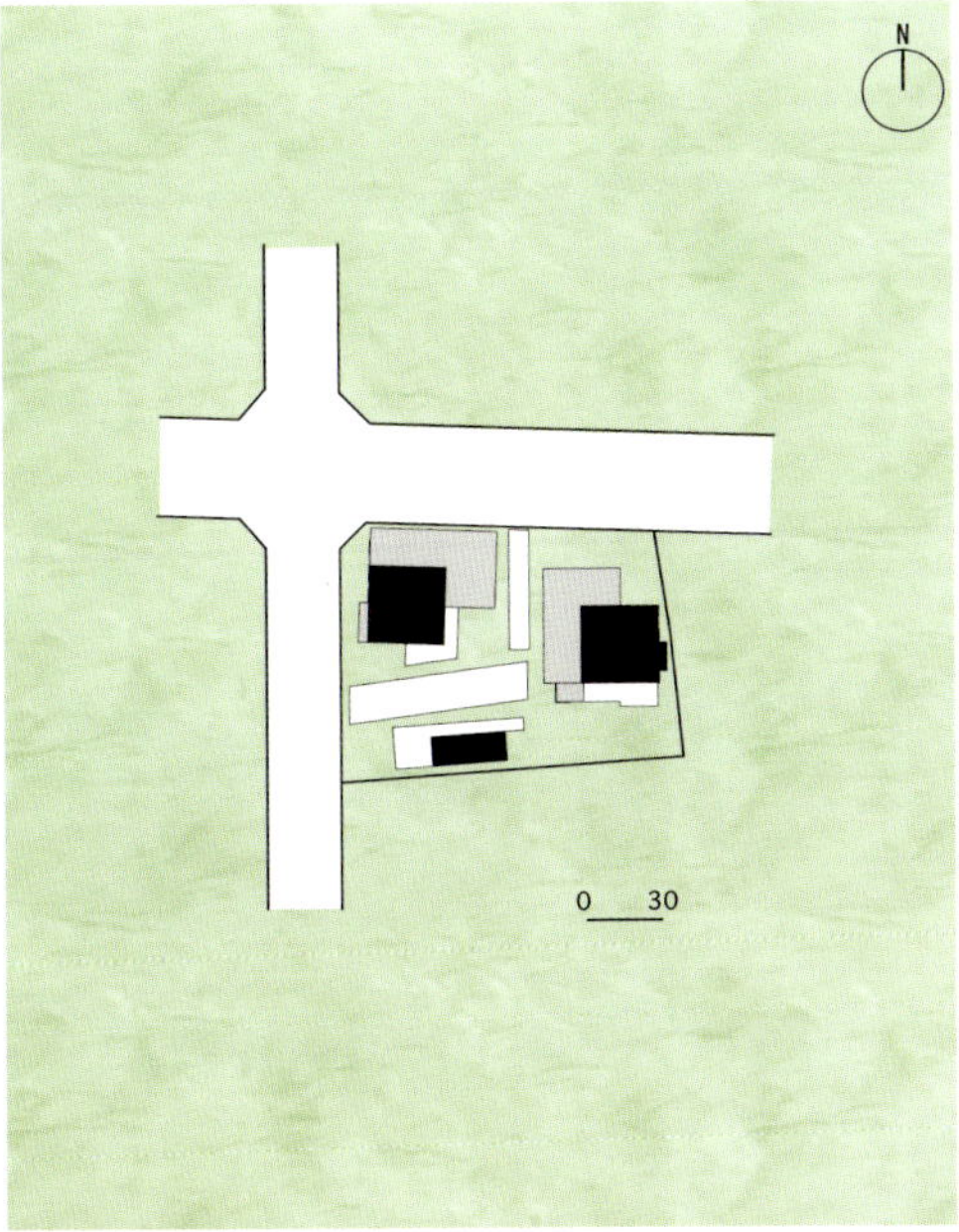

路地型の町かどづくり
糸魚川プロジェクト（新潟県糸魚川市）

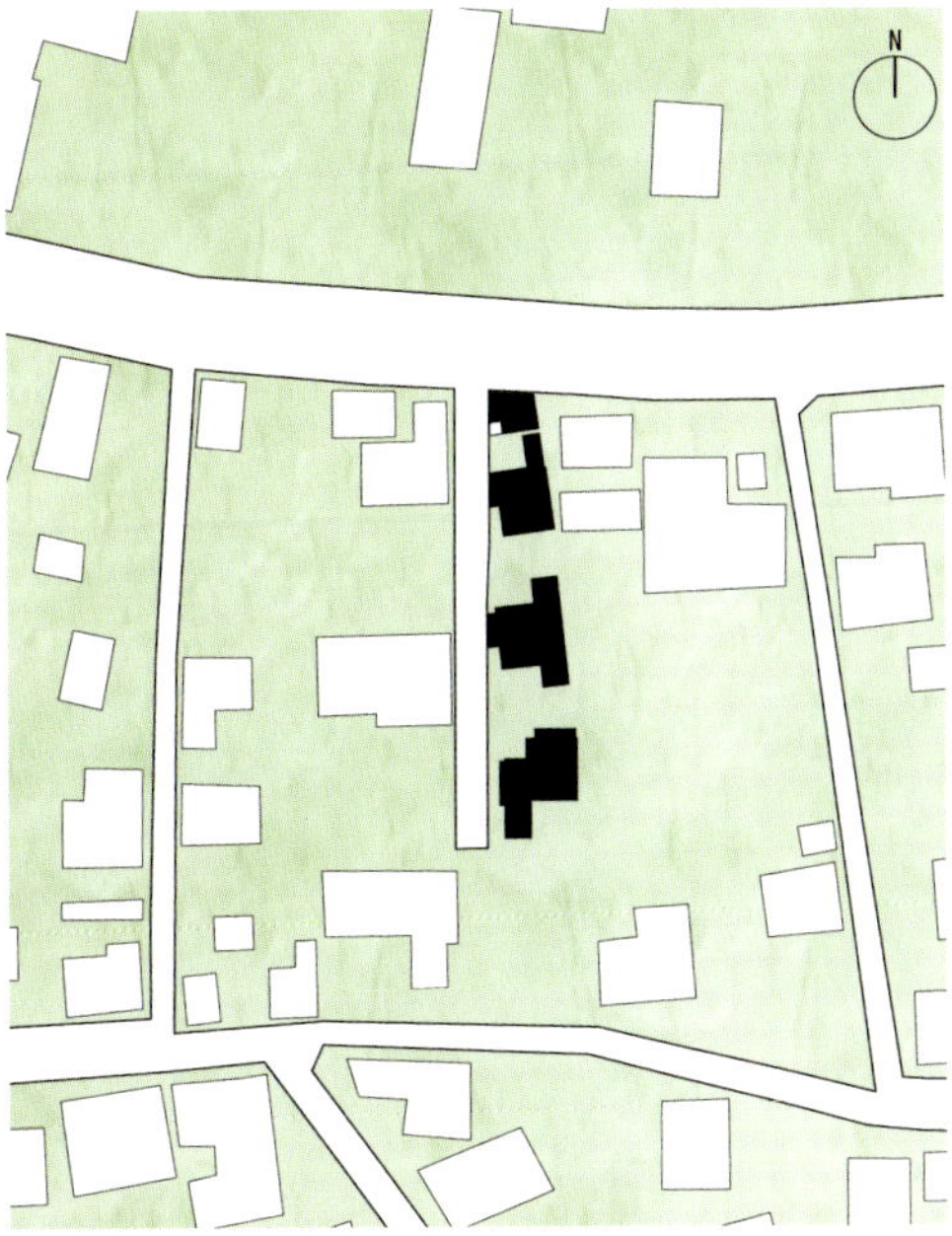

袋小路型の町かどづくり
里山のある町かど in 三豊（香川県三豊市）

ストリート型の町かどづくり

西三条プロジェクト

不規則な敷地を逆手に生かす

最初に紹介するのは愛知県犬山市の西三条の事例です。各務原《かかみがはら》市の工務店（いがみ建築工房）との共同作業で進めているプロジェクトで、戸数は3戸。計画地は売れ残った分譲地で、南が既存の住宅に塞がれ、陽当たりが悪く、それに宅地の一部に尻尾みたいな使えそうにない土地が付いていました。

日本の町というのは独特のでき方をしていて、たとえば日本の町には旗竿敷地がたくさんありますが、これは大きな屋敷跡が小割されて、小さな敷地に分割されていく過程で生まれた日本独特の風景です。

西三条で出会った土地も旗竿敷地ではないけれど田畑が宅地に造成されていく過程でできた地形のゆがみが残っ

旧街道沿いに３軒の家を連続させてストリート型の町かどをつくる。互いの家の間には道路に面したコモンとしての路地庭があり、町並みに視線の抜けと風の流れをもたらす。左手の余った土地は３軒共有のカーポートとして利用。

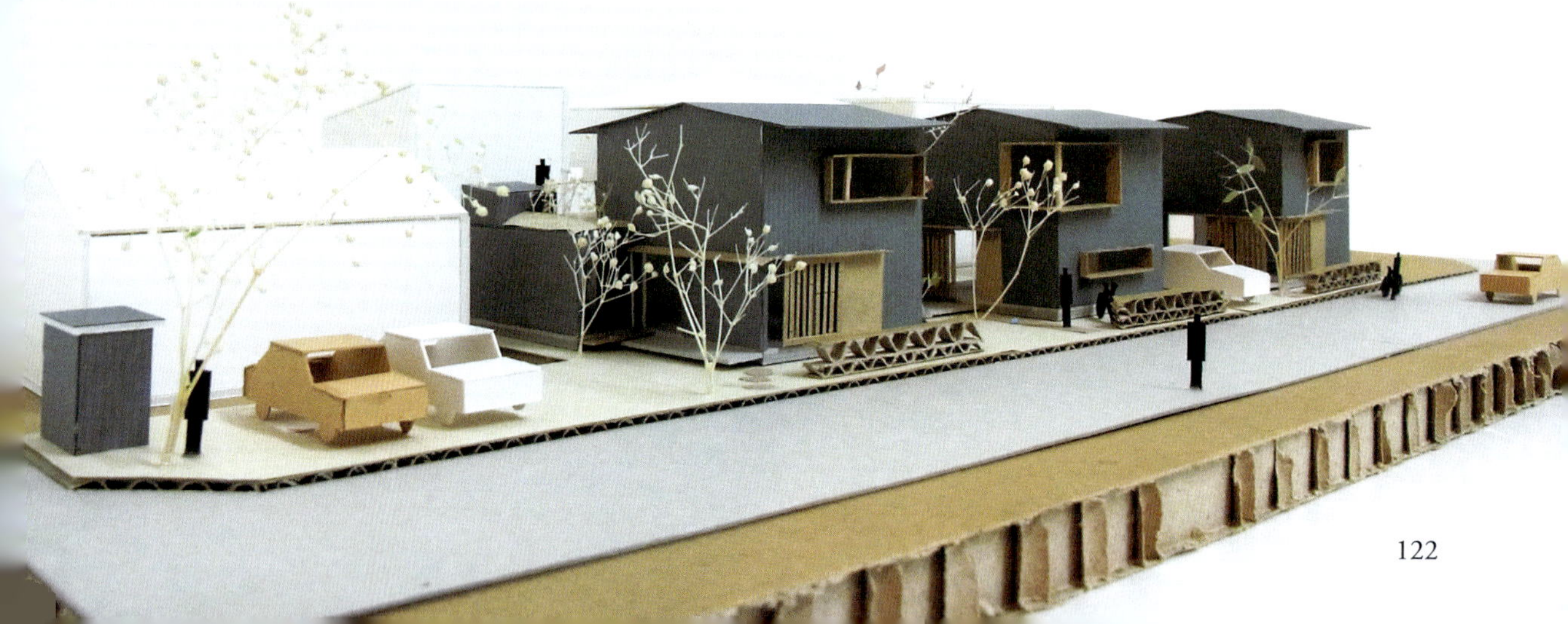

ていました。しかし計画された町にはないその不規則性が、逆に魅力的な町かどづくりの原動力になると思いました。宅地化の過程で生まれた不規則な地形を敵視せずに、その不規則性を生かそうと考えると、さまざまなタイプの町かどのイメージが浮かびます。

たとえば路地を巡らせた「路地型の町かど」、街道に面した「ストリート型の町かど」、町の一画に残る屋敷森を保存する「鎮守の森型の町かど」など。西三条の土地は旧街道に面していたので、「ストリート型の町かど」として計画することになりました。

ベースとゲヤをずらし庭を路地化する

敷地は道路に面して40mほどの長さがあります。このうち10mほどが尻尾のような土地なので、そこをカーポートにして3軒で共有し、残りのストリート沿いに3軒の家を並べようというのが計画のスタートラインです。

ストリートに沿って家が並ぶと、屏風のように家が連なって視界をふさいでしまいがちになります。そこでベースとゲヤをずらして配置し、そのずれ

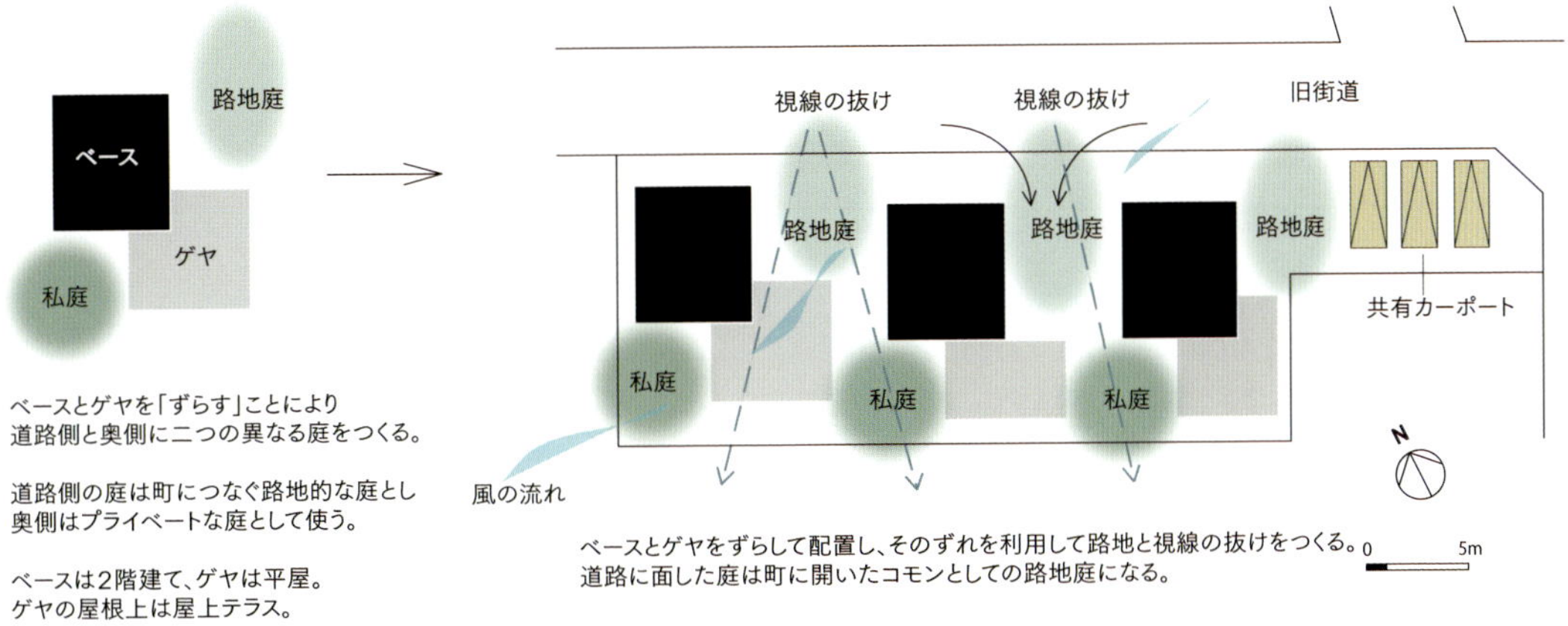

路地庭
ベース
ゲヤ
私庭
ベースとゲヤを「ずらす」ことにより
道路側と奥側に二つの異なる庭をつくる。
道路側の庭は町につなぐ路地的な庭とし
奥側はプライベートな庭として使う。
ベースは2階建て、ゲヤは平屋。
ゲヤの屋根上は屋上テラス。
視線の抜け
視線の抜け
旧街道
路地庭
路地庭
路地庭
共有カーポート
私庭
私庭
私庭
風の流れ
N
0
5m
ベースとゲヤをずらして配置し、そのずれを利用して路地と視線の抜けをつくる。
道路に面した庭は町に開いたコモンとしての路地庭になる。

西三条プロジェクトのコンセプト図

鹿児島県始良市に建つ「薩摩町家」の路地庭。そこは子供の遊び場であり、カーポートであり、原っぱであり、そして通りを行く人に木陰と涼風をもたらす木々が育つ場でもある。

を利用して路地と抜けをつくることを考えました。

ベースとゲヤをずらして配置すると、道路側と奥側に、対角線上に反転したかたちで二つの庭ができます。奥の庭はプライベートな庭、道路側の庭は町に開く「路地的な庭」。そうすると、道から奥にむかって視線の抜けができ、風の通り道にもなるという仕掛けです。そこには玄関につながる土間があり、自転車や乳母車が置かれ、人が訪ねてきますから、いわば町に開いたコモンとしての庭です。

通常の住宅では居間やキッチンなどは1階に置くことが多いのですが、ここでは日当りを考えて2階を居間にし、1階に土間と個室を置きました。その土間が路地庭と家の内部をつなぎます。土間に続く個室はフリールームにして、子供がいる間は子供室、将来はなにかしら社会につながる活動の場になるように考えました。

その1階部分の使い方については、路地庭をコモンとしてどう生かすかを含めて住まい手を集めたワークショップで決めることになり、この計画はいま、3人のオーナーを募集している段階です。

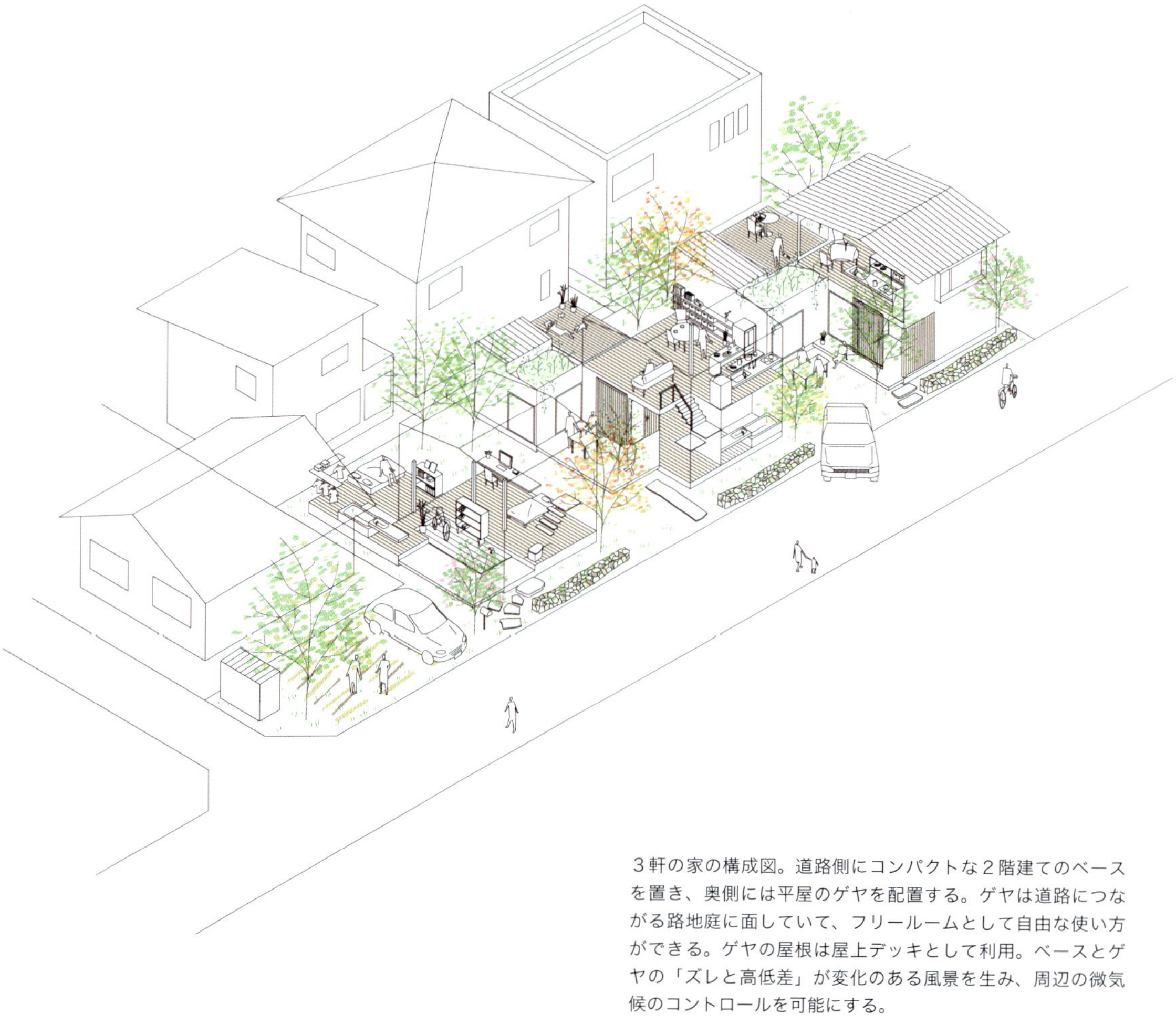

3軒の家の構成図。道路側にコンパクトな2階建てのベースを置き、奥側には平屋のゲヤを配置する。ゲヤは道路につながる路地庭に面していて、フリールームとして自由な使い方ができる。ゲヤの屋根は屋上デッキとして利用。ベースとゲヤの「ズレと高低差」が変化のある風景を生み、周辺の微気候のコントロールを可能にする。

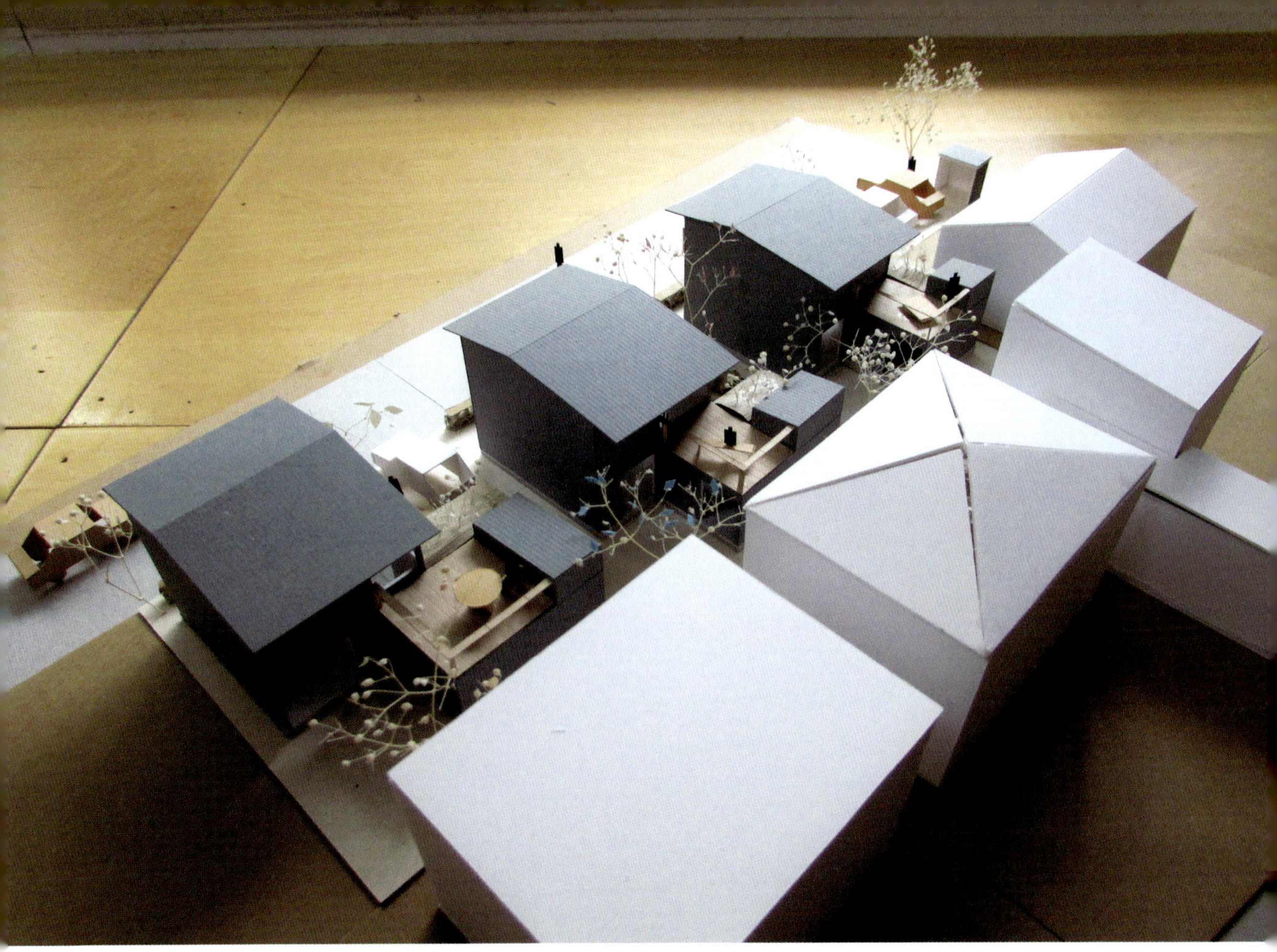

上　南西側からの鳥瞰。ゲヤの屋根を屋上デッキとして利用し、日照条件の悪さをカバーする。
下　３軒の家が並ぶ北道路側からの町かど風景。

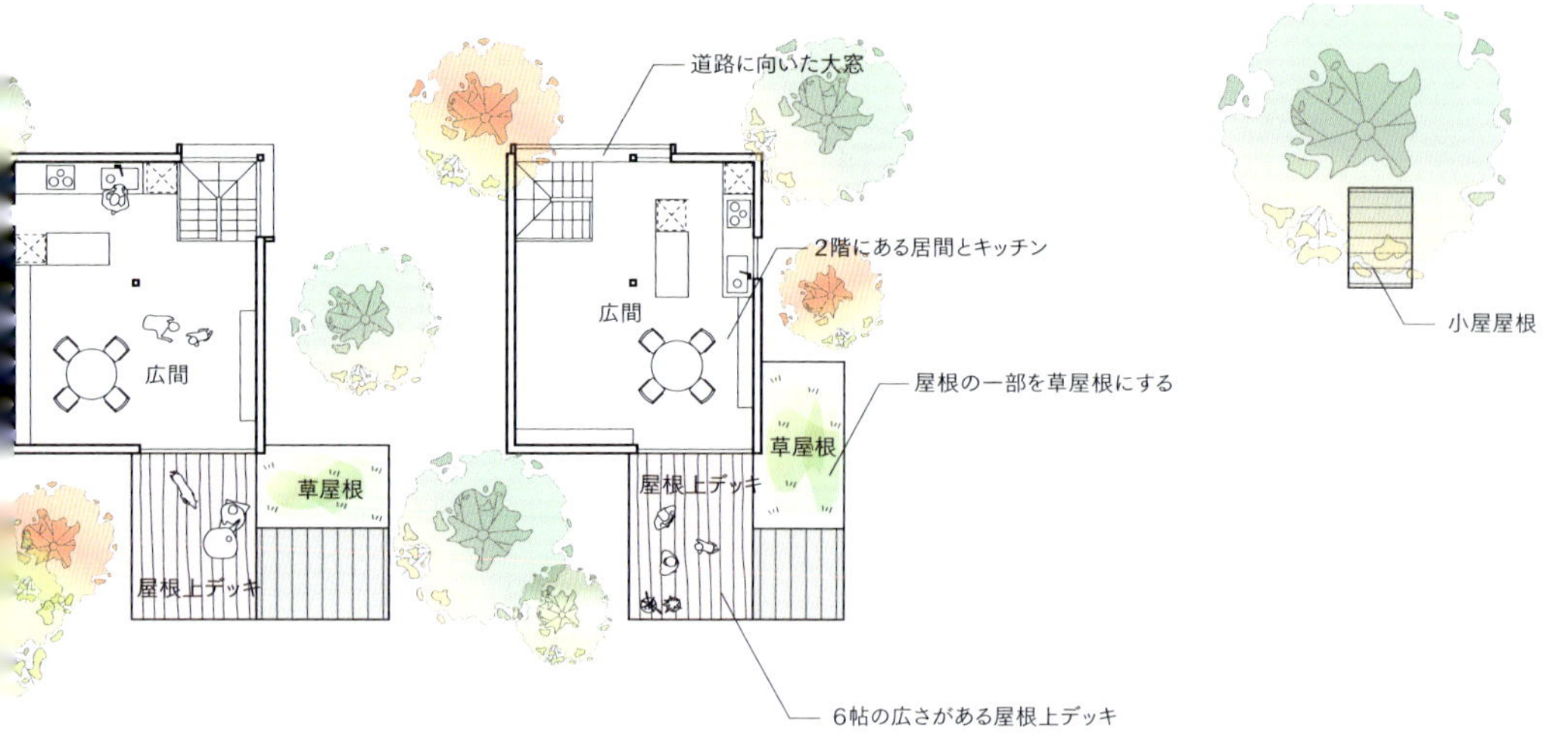
道路に向いた大窓
2階にある居間とキッチン
小屋屋根
屋根の一部を草屋根にする
広間
広間
草屋根
草屋根
屋根上デッキ
屋根上デッキ
6帖の広さがある屋根上デッキ

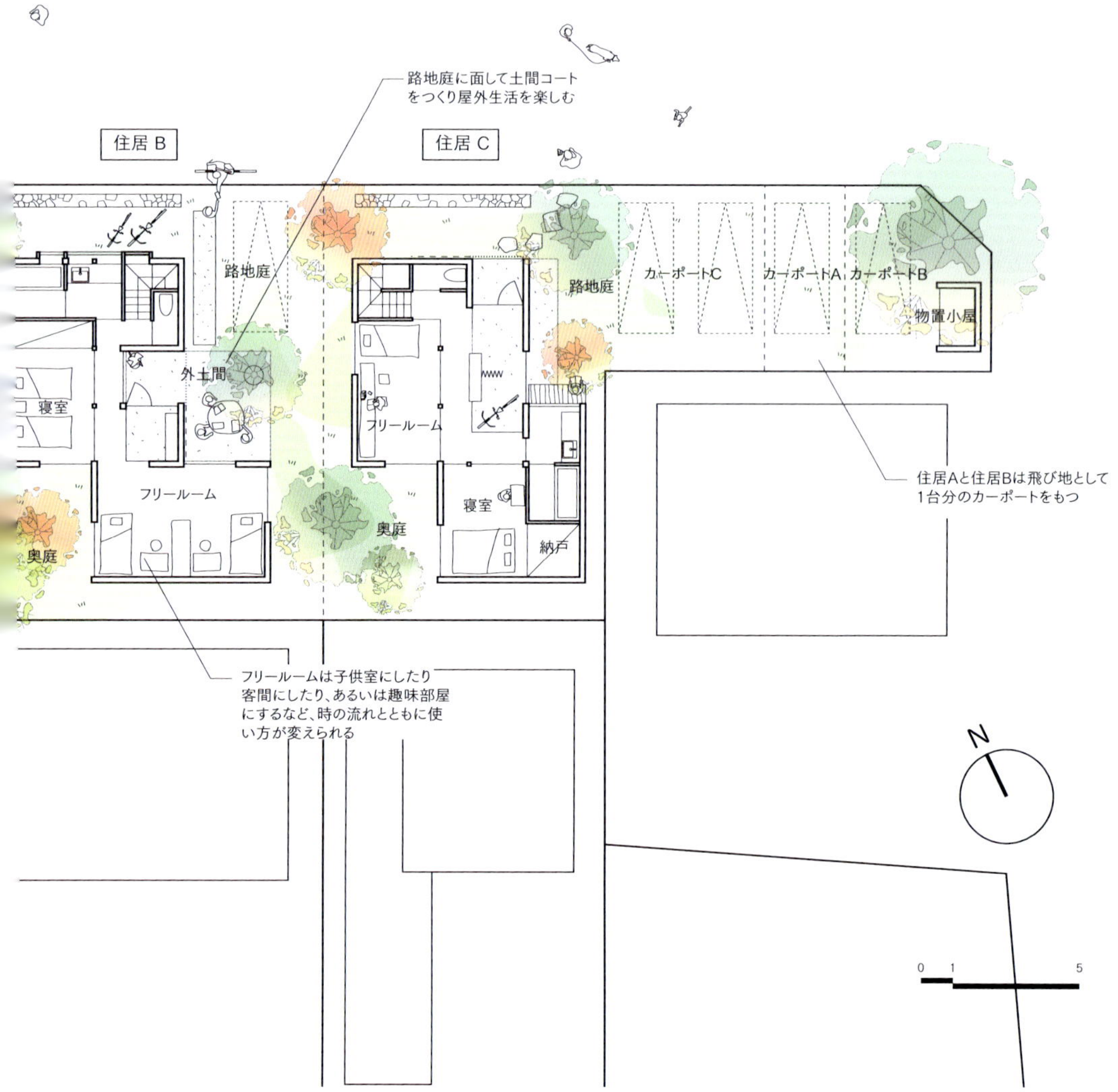
路地庭に面して土間コート
をつくり屋外生活を楽しむ
住居 B
住居 C
路地庭
路地庭
カーポートC
カーポートA
カーポートB
物置小屋
外土間
寝室
フリールーム
フリールーム
寝室
納戸
奥庭
奥庭
住居Aと住居Bは飛び地として
1台分のカーポートをもつ
フリールームは子供室にしたり
客間にしたり、あるいは趣味部屋
にするなど、時の流れとともに使
い方が変えられる
N
0 1 5

西三条プロジェクト

場所	愛知県犬山市
敷地面積	500.6㎡（151.4 坪）
住宅戸数	3 戸
各住戸面積	住居 A 96.0㎡（29.0 坪） 住居 B 89.5㎡（27.1 坪） 住居 C 89.5㎡（27.1 坪）
企画・施工	いがみ建築工房 （岐阜県各務原市）
設計	ぷらん・にじゅういち

町かどの特徴

①「ずらす」構成
各住居とも２階建てのベースと平屋のゲヤを「ずらして」組み合わせるプラン。住宅を複数の単位に分けて組み合わせることで、高低差のある風景をつくりだし、町並みに風の流れや視線の抜けを生む。

② 路地庭と奥庭
ベースとゲヤを「ずらす」ことで道路側と奥側の対角線上に二つの庭をつくる。道路側の庭は路地庭として町につなげて使い、奥庭は落ち着いたプライベートな庭にする。

③ ２階リビングと屋上デッキ
南側を既存の住宅に塞がれているため日照を考えて２階をリビングとする。ゲヤの屋上に６帖サイズの屋上デッキをつくり、２階のリビングにつなぐ。

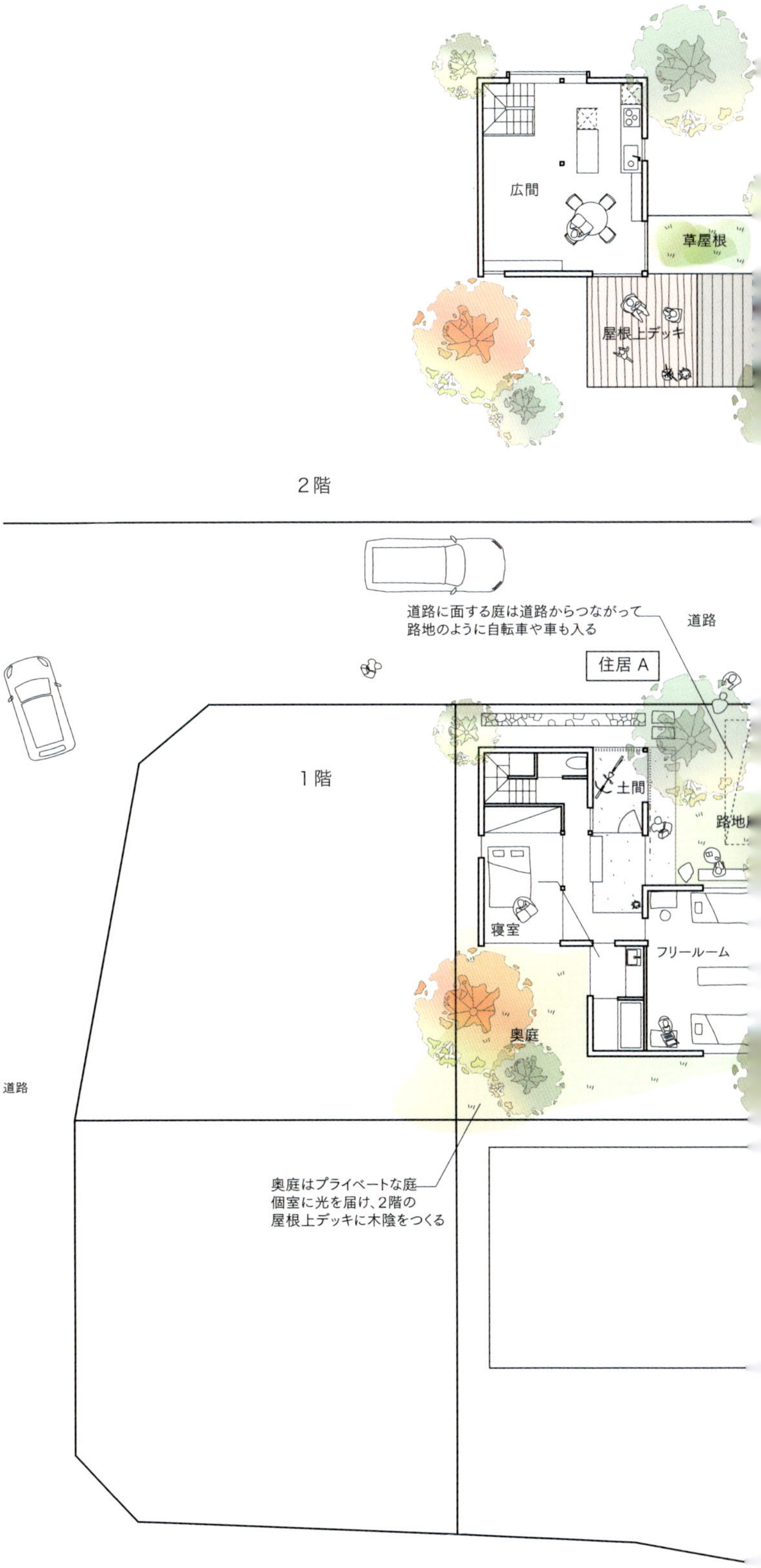

鎮守の森型の町かどづくり

里山のある町かど in 蒲郡

先祖から受け継いだ土地をリレーする

西三条の計画がちょうど始まった頃、同じような町かどづくりの話が愛知県の蒲郡市でも持ち上がっていました。蒲郡の町なかに代々受け継いでいる土地をもつ地主さんがいて、土地を売らずに有効に生かす方法はないかと、豊川市の工務店（株式会社イトコー）に相談したのが発端です。

面積は約３００坪。ほぼ正方形の角地で、切り売りされてしまえばおそらく道路が造成されて６区画に割られ、いまの環境（ミカン畑）が壊れてしまうのが目に見えていました。

地主さんの要望は環境を守りながら土地を生かすこと。そこで解決策として出たのが「里山のある町かど」という案です。

これは３００坪の土地を区画せずに、４軒の住宅で町かどをつくり、そこを町なかの里山として育てていこうというもので、私がプロジェクトに参加したときにはすでにランドスケープ・アーキテクトの田瀬理夫さんをはじめとするプロジェクトチームの手で配置計画ができていました。

私の役割はその配置計画を生かしながら「現代町家」の設計ルールを使って環境に開くタイプの住宅を提案することでした。

共用の庭に向けて４戸が縁側を開く

このプロジェクトは綿密な事前計画にもとづいたものでした。まず土地を売らずに環境を保全するために、75年間のリースホールド（定期借地）とす

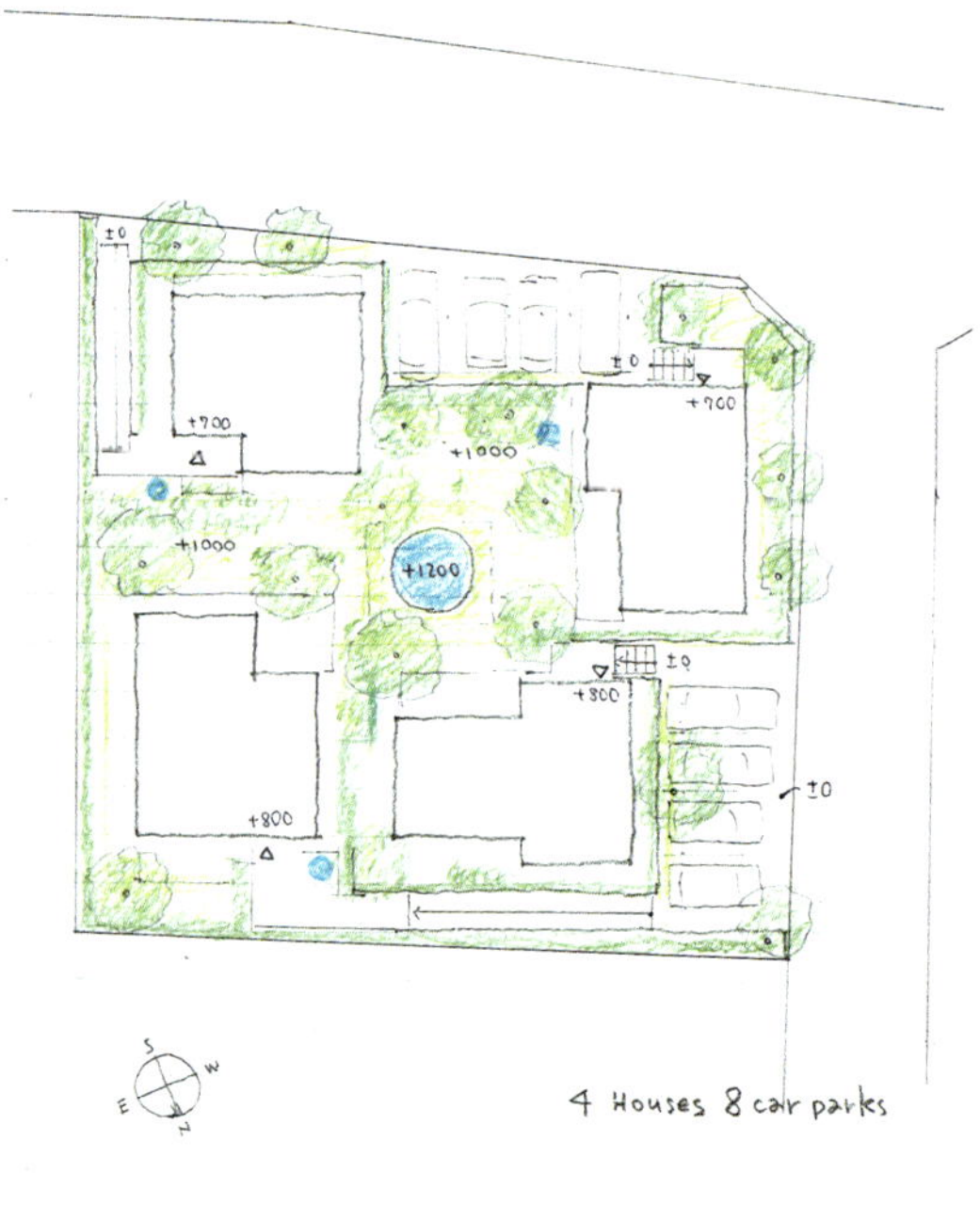

田瀬理夫さんによる初期の配置計画のスケッチ。
４軒の住宅が矢車型に配置されている。

る。４軒のオーナーを公募してオーナーどうしの交流会を開き、里山のある環境を育てながら近隣関係をつくる。住宅の履歴を記録し、メンテナンスを継続的におこなうバックアップ体制をつくる。カーポートも分散せずに２カ所に分けてまとめる、等々。

これらの計画内容を受け継ぎながら、私が提案したのはベースを半戸外のゲヤ（縁側）で囲んで、田瀬さんの計画する里山的な庭に開放する案です。４軒の家の間を縫って町かどの真ん中に小径（パス）を通すことも提案しました。そこを４軒だけの閉鎖的な町かどにせずに、パスを通すことで近隣の町につなげて開こうと考えたのです。さらに各住戸が４帖半の「離れ」をもつという構成も同時に提案しました。

幸い、私の提案はプロジェクトメンバーに受け入れられ、計画の細部が煮詰められていきました。このプロジェクトは現在、新聞紙上やウェブサイトでオーナーの公募がおこなわれ、交流会が継続的に開かれています。

西側道路から見た計画地。面積は 300 坪弱。
ミカン畑になっている。

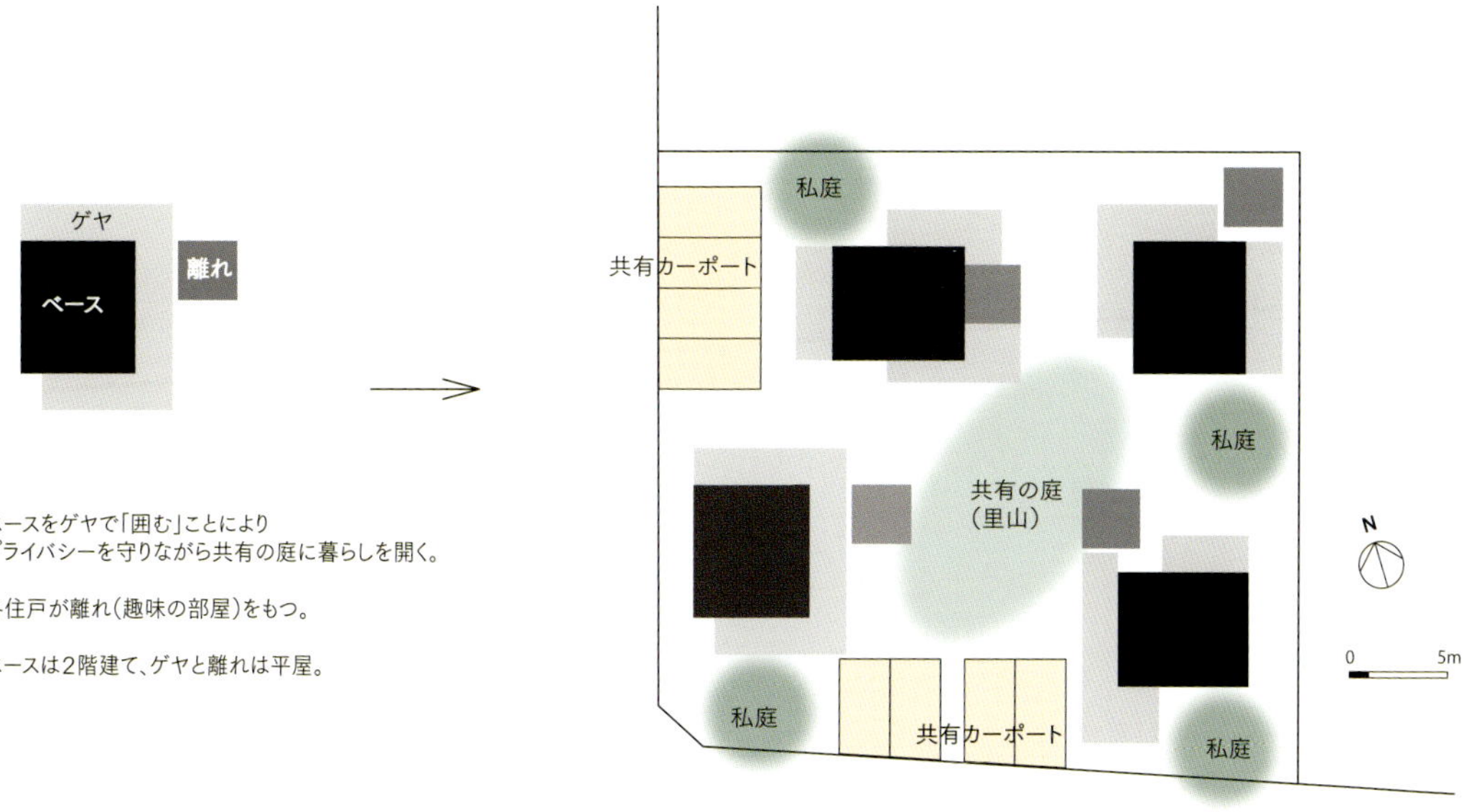

ベースをゲヤで「囲む」ことにより
プライバシーを守りながら共有の庭に暮らしを開く。

各住戸が離れ（趣味の部屋）をもつ。

ベースは２階建て、ゲヤと離れは平屋。

里山のある町かど in 蒲郡のコンセプト図

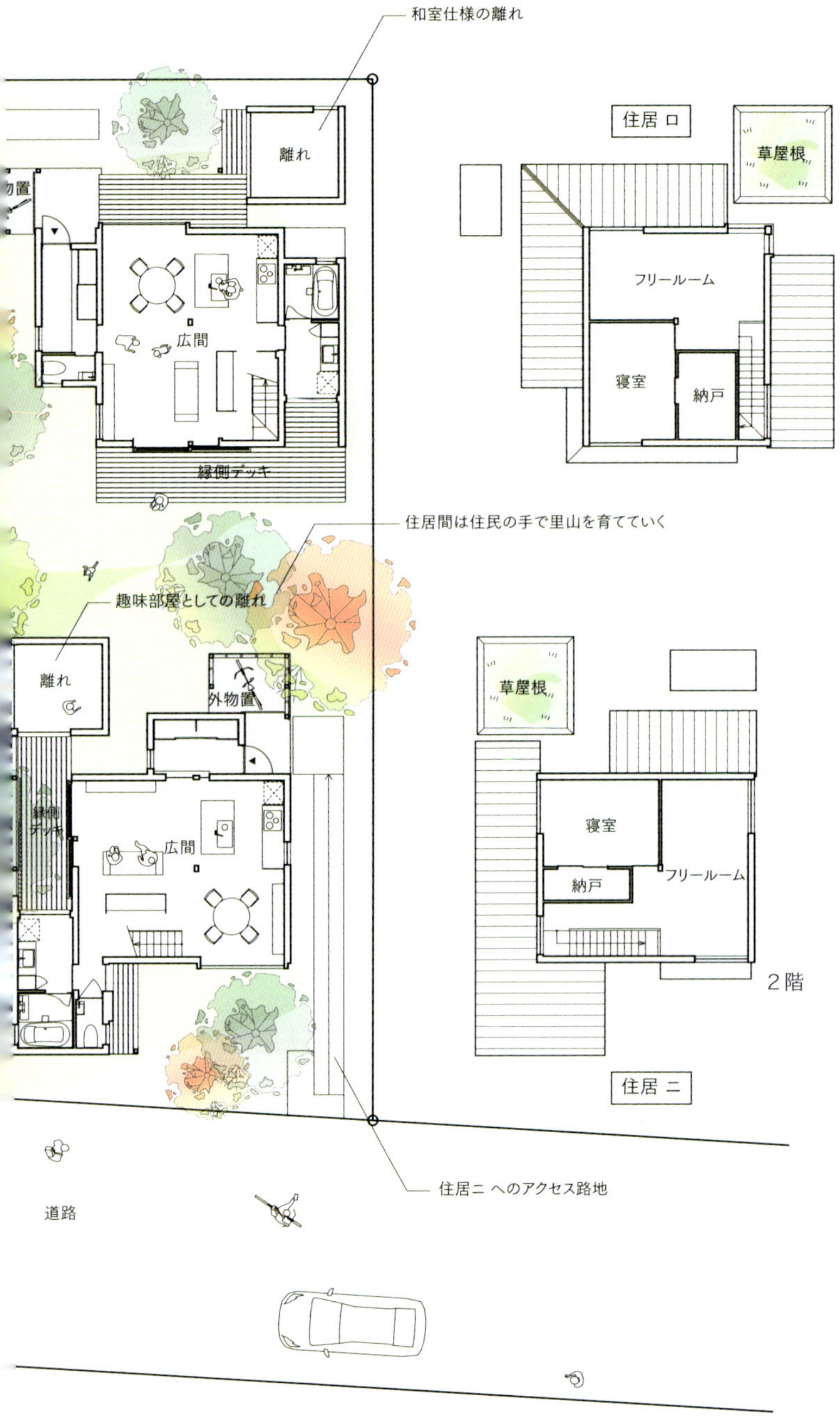

里山のある町かど in 蒲郡

場所	愛知県蒲郡市
敷地面積	974.0㎡（294.6 坪）
住宅戸数	4 戸
各住戸面積	住居イ　112.5㎡（34.0 坪）
	住居ロ　112.9㎡（34.1 坪）
	住居ハ　106.8㎡（32.3 坪）
	住居ニ　106.4㎡（32.2 坪）
企画	町の工務店ネット
施工	（株）イトコー（愛知県豊川市）
設計	ぷらん・にじゅういち
外構	プランタゴ

町かどの特徴

① 矢車型の配置
各住戸は共通のベーススケルトン（2階建）に個別のゲヤパーツ（平屋）を組み合わせたプランをもつ。4軒の住戸は矢車型に配置されて中心部に空地を残し、そこを住民が共同で里山のような緑地に育てていく。

②共有の里山とプライベートな庭
すべての住戸が二つの庭を持つ。一つは共有の里山、もう一つはプラーベートな庭。各住戸とも二つの庭に向かって2方向に開き、南北あるいは東西に吹き抜ける住居内の風の道をもつ。

③通り抜けの小径
共有の里山を通り抜ける小径をつくり、近隣の住民をはじめ誰もが通れる散歩道にする。

④すべての住戸が「離れ」を持つ
各住戸とも趣味の部屋としての「離れ」を持つ。離れは独立した構造になっていて、屋上は草屋根として緑化される。

南側より見た町かど風景

４軒の家がつくる町かどの風景（里山のある町かど in 蒲郡）。カーポートは２カ所に分けてまとめ、敷地内部には車を入れない。４軒の家が矢車型に配置され、中央に共有の里山を抱いている。共通の母屋（ベース）と住戸ごとに異なる下屋（ゲヤ）の群が、変化のある町かどの風景をつくり出す。

袋小路型の町かどづくり

里山のある町かど in 三豊

犬山や蒲郡のプロジェクトよりすこし前に始まっていた町かど計画があります。香川県の三豊《みとよ》市の工務店（金丸工務店）から相談をうけた計画です。いまこの工務店の運営する「暮らしの森」というギャラリーを起点に、造園・生活雑貨・不動産などの各分野からメンバーが集まり、共同作業のためのチームづくりが進んでいます。

袋小路の沿道を里山のような並木道にする

計画地は大きな屋敷跡です。そこは分譲宅地として開発され、すでに道路の造成が終わっていました。周りの風景とは無関係に無造作に開発されてしまった町の片隅の環境をいかに元に戻すかが計画の起点になり、そのためのキーワードが、ここでもまた蒲郡のケースと同じく「里山」でした。

具体的には宅地開発でできた袋小路の道路に沿って各戸が前庭をもち、そこを連続させて里山のような沿道の並木道にしようというものです。

その並木道は道路に沿った長いポケットパークのようなものとしてイメージされていました。個人の庭であると同時に、コモンとしても開放されるささやかな緑地帯です。

そこには通りを歩く人が休めるように、ベンチや小さなテーブルが据えられていて、並木がその上に木陰を落としています。

大通りから袋小路の町かどに入るコーナーのところには小さな工房・アトリエを持つお店ができる予定で、店舗前に一本の木を植える作業を共同でおこない、その樹木が並木の起点になります。

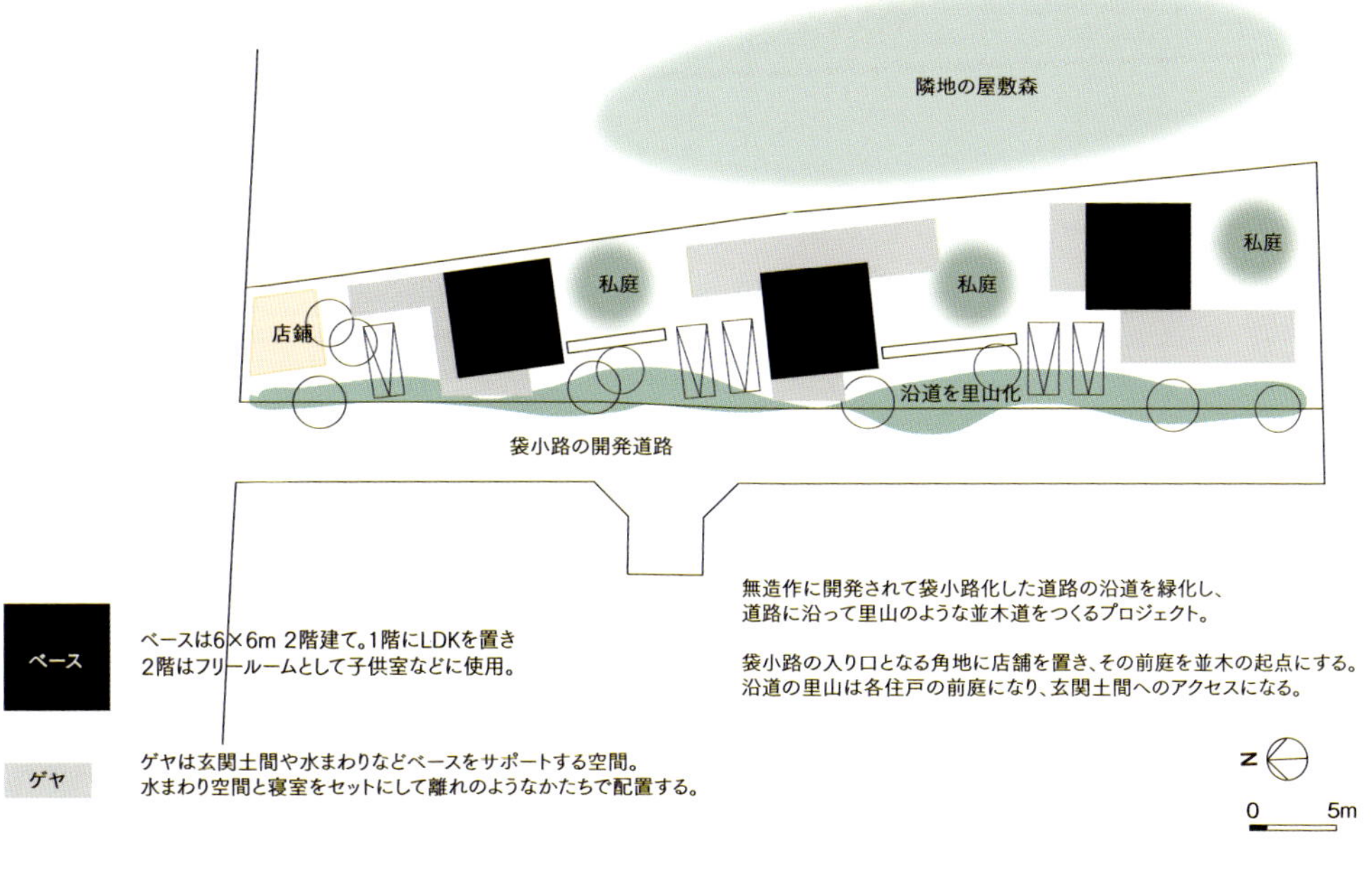

隣地の屋敷森
私庭
私庭
私庭
店舗
沿道を里山化
袋小路の開発道路
無造作に開発されて袋小路化した道路の沿道を緑化し、
道路に沿って里山のような並木道をつくるプロジェクト。
袋小路の入り口となる角地に店舗を置き、その前庭を並木の起点にする。
沿道の里山は各住戸の前庭になり、玄関土間へのアクセスになる。
ベース
ベースは6×6m 2階建て。1階にLDKを置き
2階はフリールームとして子供室などに使用。
ゲヤ
ゲヤは玄関土間や水まわりなどベースをサポートする空間。
水まわり空間と寝室をセットにして離れのようなかたちで配置する。
N
0
5m

里山のある町かど in 三豊のコンセプト図

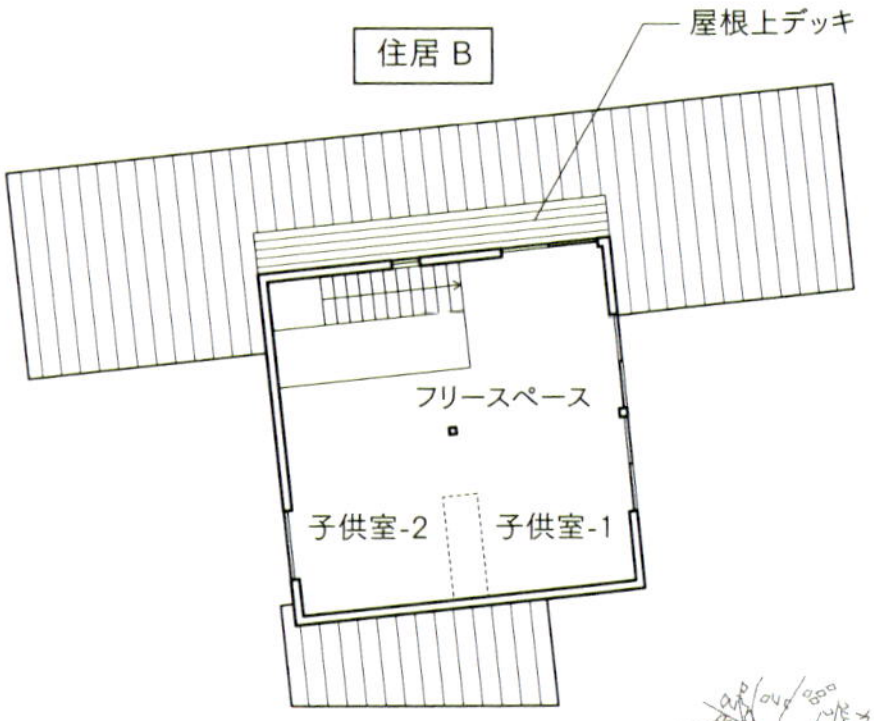
住居 B
屋根上デッキ
フリースペース
子供室-2
子供室-1

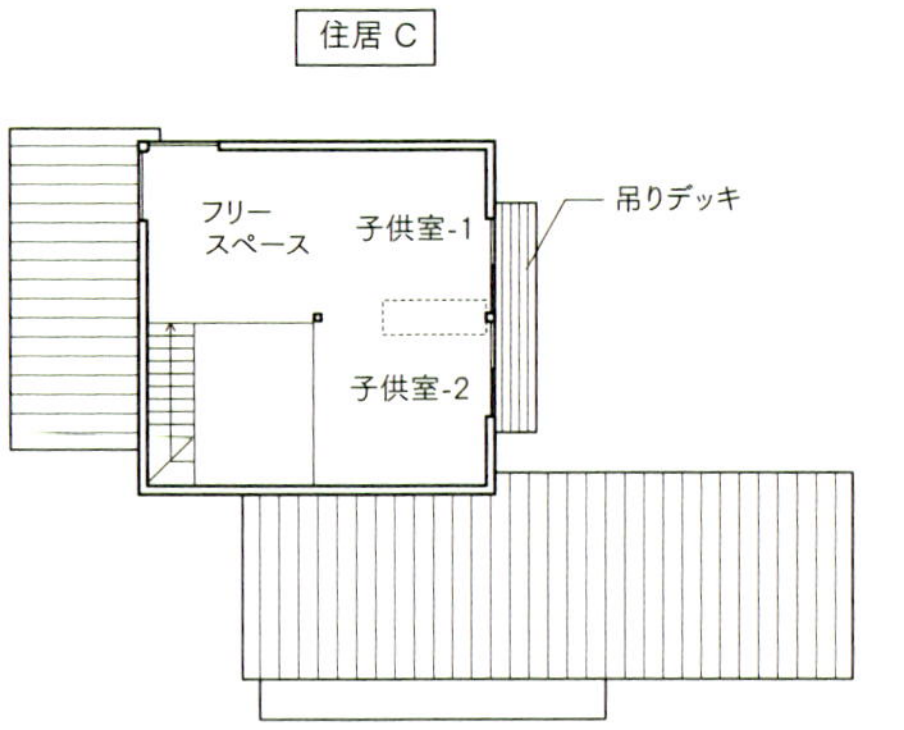
住居 C
フリー
スペース
子供室-1
吊りデッキ
子供室-2

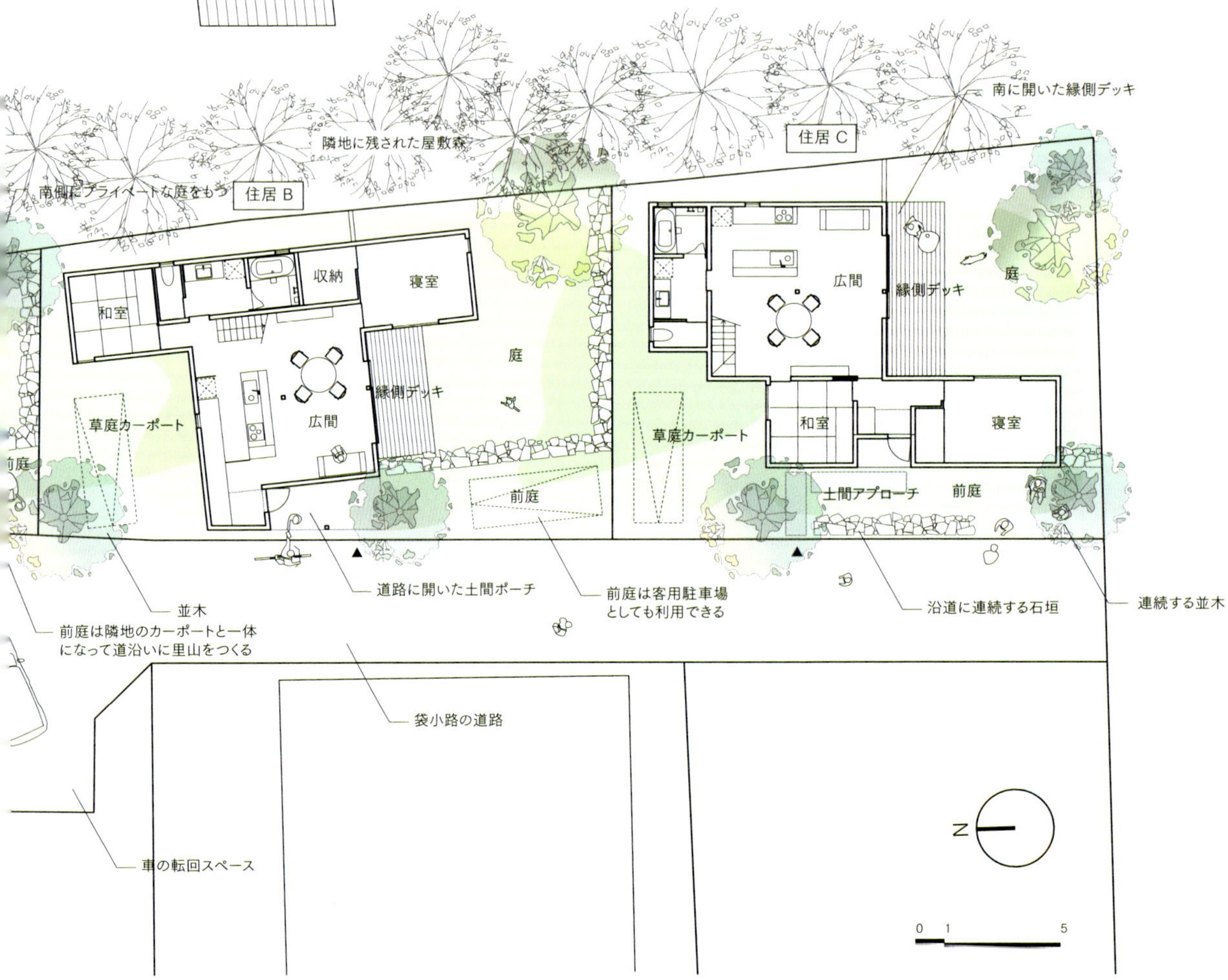
南に開いた縁側デッキ
隣地に残された屋敷森
住居 C
南側にプライベートな庭をもつ
住居 B
収納
寝室
和室
広間
縁側デッキ
庭
草庭カーポート
前庭
広間
縁側デッキ
庭
草庭カーポート
和室
寝室
土間アプローチ
前庭
前庭
並木
道路に開いた土間ポーチ
前庭は客用駐車場
としても利用できる
沿道に連続する石垣
連続する並木
前庭は隣地のカーポートと一体
になって道沿いに里山をつくる
袋小路の道路
車の転回スペース
N
0
1
5

里山のある町かど in 三豊《みとよ》

場所	香川県三豊市
敷地面責	632.8㎡（191.4 坪）
住宅戸数	3 戸
住宅面積	住居 A　101.6㎡（30.7 坪） 住居 B　110.1㎡（33.3 坪） 住居 C 106.0㎡（32.0 坪） 店舗　22.7㎡（6.8 坪）
企画	ギャラリー「暮らしの森」 （香川県三豊市）
施工	金丸工務店（香川県三豊市）
設計	ぷらん・にじゅういち

町かどの特徴

① 沿道の緑化
大通りから分岐した袋小路の沿道を里山のイメージで緑化し、並木道に育てる。

② 生活雑貨の店舗
大通りから分岐する道の角には生活雑貨のお店を置く。店の前のデッキには記念樹を植え、それが奥に続く並木の起点になる。

③ コモンスペースとしての前庭
沿道の緑地は各住戸の前庭でもあるが、同時にそこは通りを歩く人のためのポケットパークでもあり、コモンスペースでもある。沿道の緑地を守り育てることが、そのまま住民同士の触れ合いの場になる。

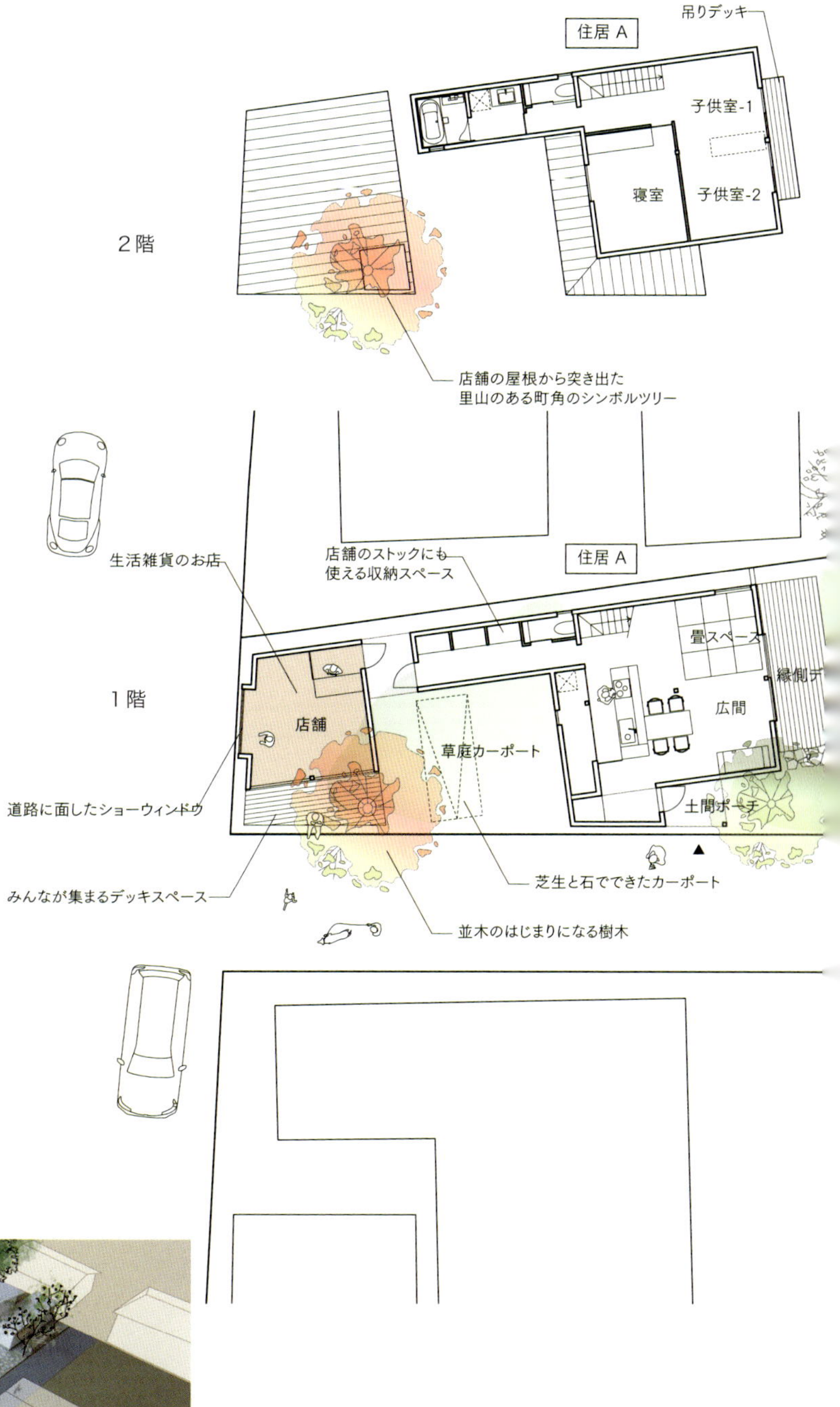

町かど全体の鳥瞰模型写真。大通りから分岐して袋小路沿いに展開する町かどの風景。

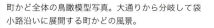

路地型の町かどづくり

糸魚川プロジェクト

軒下空間の連なりから町の風景をつくり直す

最後に紹介するのはつい先頃スタートしたばかりの町かど計画です。場所は新潟県の糸魚川市。この町では先年、大火がありました。糸魚川市に本社のある工務店（カネタ建設）とは以前から「現代町家」の設計ルールを共有する作業を続けていたのですが、その成果を大火後の住宅再建のモデルとして提案したいという相談があり、そこからこのプロジェクトが始まりました。

糸魚川は雪国です。雪から身を守る雁木などの軒下空間が、かつてはその地域の風景の重要な要素でした。しかし、いまはアルミのカーポートがそれに代わり、家も断熱を考えて閉じたかたちに変化しています。とくに糸魚川は大火の後ですから、建物の不燃化のためにますます家が要塞のような密閉空間になってしまいそうな気配でした。

そこで私たちが注目したのは、軒下空間です。家を軒下空間で囲み、そこをたとえば土間として使って暮らしを外に広げること。その軒下空間の連なりから町の風景をつくり直すこと。「現代町家」のゲヤはそれにぴったりだと思いました。

町の空地をどう生かすか？

個々の家の軒下空間が連続して町の風景ができていく。だとすれば一軒だけのモデルではインパクトがありません。町の一画に小さな群として、町かどとして提案しようと話が進み、大火後の町の一画を仮の敷地として、この

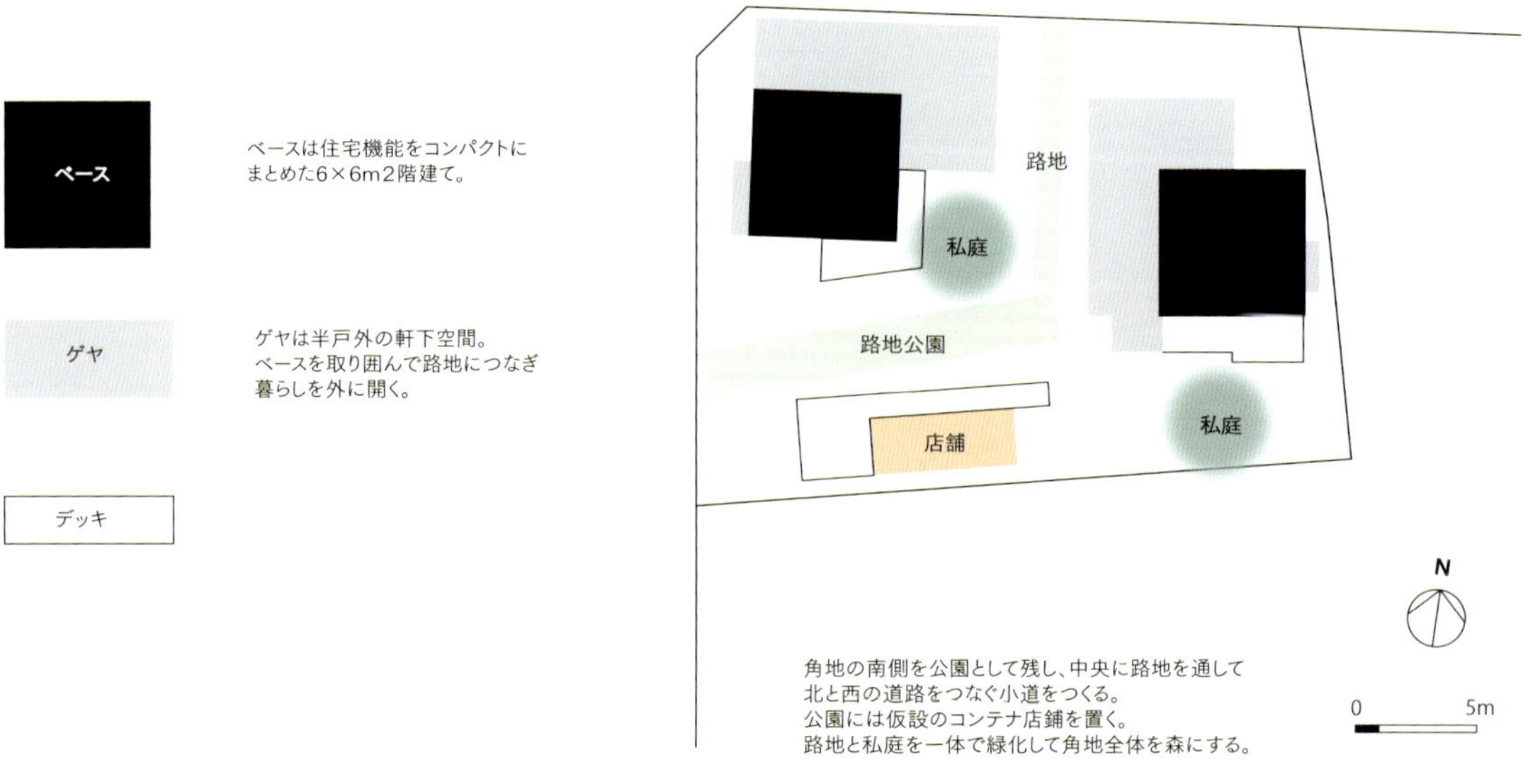

ベース
ベースは住宅機能をコンパクトにまとめた6×6m2階建て。
ゲヤ
ゲヤは半戸外の軒下空間。ベースを取り囲んで路地につなぎ暮らしを外に開く。
デッキ
路地
私庭
路地公園
店舗
私庭
N
0
5m
角地の南側を公園として残し、中央に路地を通して北と西の道路をつなぐ小道をつくる。
公園には仮設のコンテナ店舗を置く。
路地と私庭を一体で緑化して角地全体を森にする。

糸魚川プロジェクトのコンセプト図

勝手連的な計画をスタートしました。そこは一部が市の所有地で、借地できる可能性があったのです。

計画地は面積150坪ほどの角地です。ふつうなら3軒分の土地ですが、私たちはそのうちの100坪程度に2軒の住宅を建て、残りは路地のような公園にして残そうと考えました。

2軒の住宅の間にその路地状の公園を挟めば、そこに植えられた樹木が防火にも役立ち、町を回遊する散策路にもなるという案です。コンパクトな住宅とそれを囲む軒下空間のゲヤ、それを包んで網の目のように広がる路地の樹木の連なり、そんな町のイメージをもっていました。

公園を路地状に残すというのは市有地だからこそできる計画とも言えますが、しかしこれからは町なかでさえ一種の「減築」が進んでいくだろうと私たちは考えました。現に地方都市では町にコインパーキングが虫食い状に点在して空地化が進んでいます。町の空地をどう生かすか？　たとえば路地として、小さな森として、網の目のようにつないで防災に生かそうというのが私たちの提案です。

上　軒下空間を連ねて町の風景をつくる。
下　町かど全体の鳥瞰写真。路地を挟んで2軒の家が並び、奥側に仮設の店舗が見える。路地は奥に通り抜けて、通りから通りへと角地をショートカットしていく。

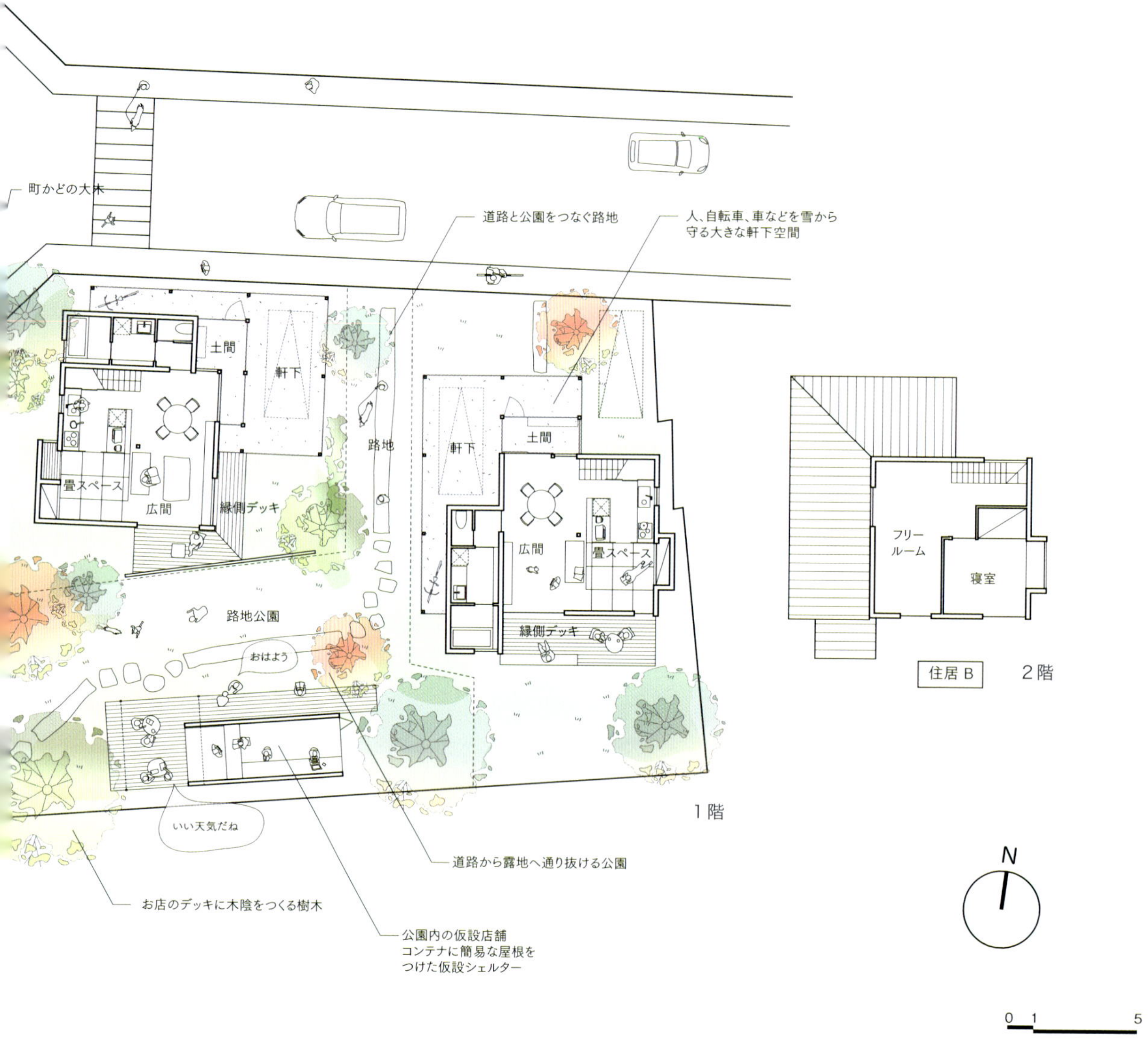

風景をつくるように家をつくりたい

以上4箇所の町かどプロジェクトを経験して、私は「仕事のスタイルが変わる」という実感を持ちました。一軒の住宅を設計していたときには考えもしなかったことが、町かどづくりの仕事の過程ではいろいろと出てきます。例えば仕事にかかわる人の数が増えます。不動産関係の人、造園の人、行政の窓口、そして近隣の方々やボランティアで町づくりに取り組んでいる人たちまで。

設計の分野でも、複数の住宅間の風の流れをシミュレートし、配置の決め手を数値で示してくれるような「微気候のプロ」がぜひ必要だと思いました。数軒の住宅で町かどをつくる場合、その町かど全体にどう風が流れ、太陽の向きの影響をどう受けるかは決定的に重要です。配置計画の段階でこれをシミュレートしたい。この作業は建築家や工務店がやるよりはプロと共同作業すべきです。町かどをつくるというのはたとえ小さくても一人ではできない仕事なんだなと、つくづく思いました。

さらにまた数軒の家で町かどをつく

糸魚川プロジェクト

場所	新潟県糸魚川市
敷地面積	513.0㎡（155.2坪） このうち住居用敷地328.㎡ （99.4坪）
住宅戸数	2戸＋公園内仮設店舗
住宅面積	住居A　91.0㎡（27.5坪） ＋軒下土間23.0㎡（7.0坪） 住居B　89.5㎡（27.0坪） ＋軒下土間28.0㎡（8.5坪）
設計	ぷらん・にじゅういち
協力	カネタ建設 （新潟県糸魚川市）

町かどの特徴

① 路地を挟む
住宅と住宅との間に路地を挟み、そこを防火緑地として生かしながら近隣住民の散歩道としても活用する。現在、町の中に虫食い状に広がっている空き家や空地を路地のネットワークでつなぎ町全体を緑化していくための提案。

② 軒下空間
閉じこもりがちな雪国の生活空間を外に広げていくために、各住戸が大きな軒下空間を持つ。軒下空間は土間として多目的に使う。そこはカーポートであり、自転車や乳母車を置く場であり、路地と一体となって暮らしを外に広げるための場でもある。

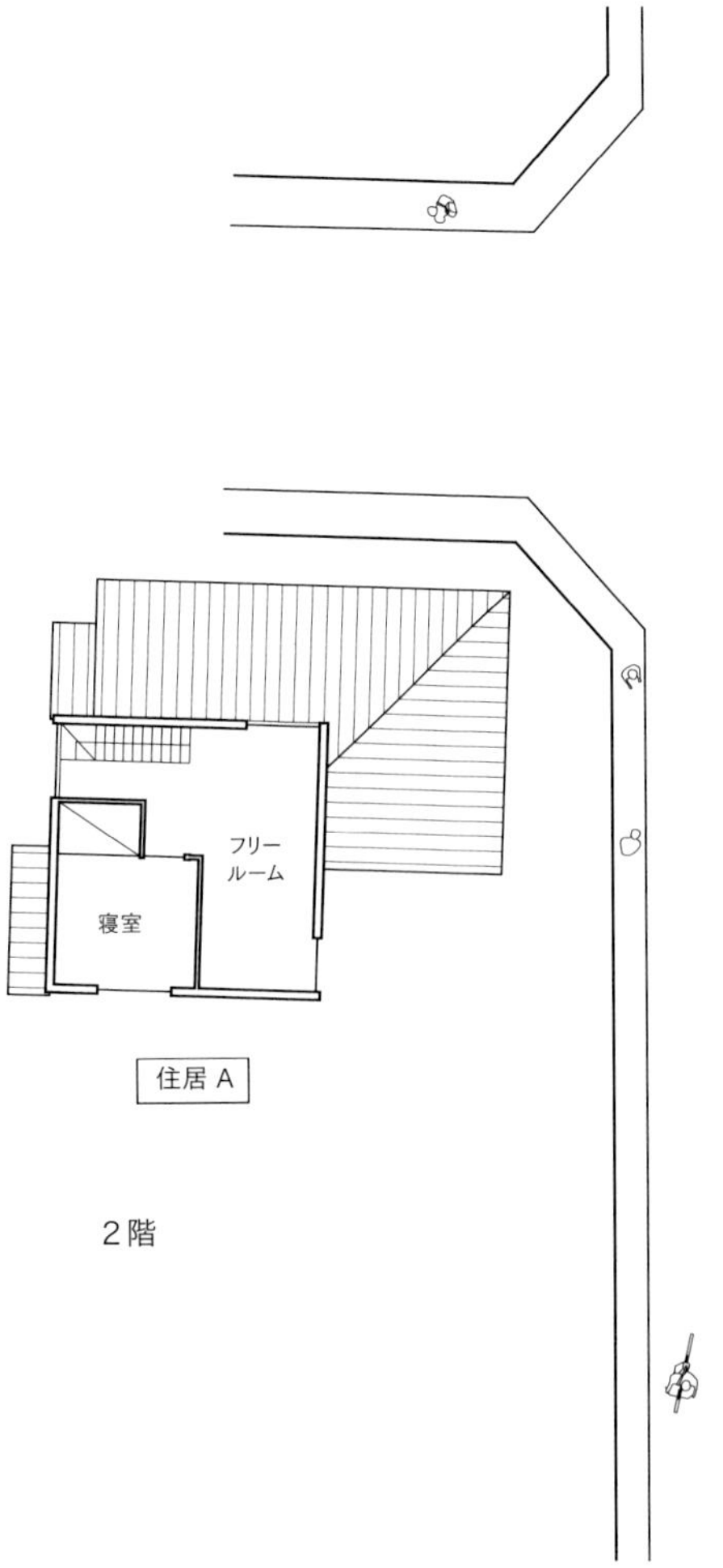

ろうとする場合、最も重要な存在は住み手となる住民間の仲立ちをする人材です。住まい方のルールをつくり、町かど全体の環境を持続的にシェアしていくための、いわば「町かどプランナー」といった人材が必要で、これまた建築家が兼務するよりはノウハウに長けて熱意のある専門家がぜひ現れてほしいと強く感じました。具体的な事例に即した経験と、そして何よりも熱意が必要な仕事だからです。

　町は住宅だけでできているわけではありません。生垣や塀、物置小屋や自転車置き場、裏道を横切る猫、隣の樹木、樹々を吹き渡る風、みんな町をつくる大切なパーツです。

　私たち設計者はそういったものたちを設計に取り入れて、住宅を町の環境の一部として設計する努力を怠ってきたように思います。風景をつくるように家を、そして町かどをつくりたい。いま私はそう考えています。

［座談会］

家づくりで町かどの風景を変える

伊神 斉・小池一三・田瀬理夫・趙 海光・真鍋 弘

敷地病という呪縛

趙　以前、建築史を研究されている方から「建築家は新築病だね」って言われたことがあるんです。確かにわれわれ建築を設計する人間は更地に新築を建てたがる。最近は世の中のほうが新築よりもリノベーションがいいのではという風潮になってきて、さすがに建築家の意識も少しずつ変わってきたように思います。ところが建築家は他にも病気をもっていて（笑）、それが「敷地病」です。

設計者の仕事って、与えられた敷地に1軒の家の設計を依頼されることがほとんどですね。だからどうしても敷地の中のことだけを一所懸命に考えがちになる。自分の仕事が町につながっていかない。敷地の呪縛って大きいと思うんです。

僕はこれまで「現代町家」という割には町並みではなくて単体の家しか設計できていないので、その敷地の呪縛をどうやって突き崩していくかをずっと考えています。幸い「現代町家」にかかわる工務店の中から何軒かまとまった町かどをつくろうという動きが出てきた。今はその動きを積極的に広げていきたいと考えています。

真鍋　田瀬さんは「現代町家」にランドスケープの側からかかわられています。敷地を超えるのがランドスケープの視点かと思いますが、どうですか？

田瀬　いやいや敷地はなかなか超えら

伊神 斉（いがみ・ひとし）　いがみ建築工房社長。岐阜県各務原市を拠点に、「現代町家」によるちいさな町かどづくり「こかど」を展開中。

小池一三（こいけ・いちぞう）　町の工務店ネット代表。パッシブソーラーの普及に寄与した功績により「愛・地球博」で「地球を愛する世界の１００人」に選ばれる。「びお」編集人。

田瀬理夫（たせ・みちお）　ランドスケープ・アーキテクト。プランタゴ代表、農業生産法人ノース代表を兼務。主な仕事にアクロス福岡、地球のたまご計画、アクアマリンふくしま、クイーンズ・メドウ・カントリーハウス馬付住宅プロジェクトなど。

真鍋 弘（まなべ・ひろし）　編集者。ライフフィールド研究所代表。主な仕事に季刊SOLAR CAT、百の知恵双書（農文協）、宮本常一講演選集（農文協）など。

＊1　都市緑化の商品開発・造園施工・コンサルティングなどの仕事をしている（株）ゴバイミドリのこと。金網のカゴに保水性の高い軽量土壌を詰めて、植生基盤をつくるシステムを開発。側面にもツル性の植物を植えてあり、同じ面積でも緑の量は5倍。それがこの５×緑（ゴバイミドリ）の名前の由来。

れないですよ。敷地を超えるには、人は法律が変わらない限り超えられない。超えられるのは植物（笑）。同じ植物でつながればまず超えられる。植物を植えれば、鳥も虫も境界を飛び交う。あとは人の気持ちだけです（笑）。

　僕は若い頃は集合住宅の仕事に興味があって、仕事を始めた当初は藤ヶ丘のタウンハウス、百合ヶ丘ビレッジなど、SUM建築研究所という民間の集合住宅をやる事務所といっしょに仕事をしていたんです。特に都市の中では狭いところを小さく小分けして住んでも、集合する意味というか集合して関係をつくるということにならないのではないか、基本的に集合化して敷地に関係を持たせるのは集合住宅だろうと思っていた。

　バブルの手前ぐらいまでは集合住宅も頑張ってやっていたような気もするんだけど、バブル期以降はマンションというものになって、もう床面積商売になってしまう。僕はそこから先は「住宅集合」って呼んでいるんです（笑）。ほとんど害ばっかりで、人のためになるものは何もないというようなものになってしまったので、やはり戸建てに戻って、地面からちゃんと修復しないとだめかなと。

　それまで個人住宅の造園をやったことはなかったんです。二〇〇〇年に永田昌民さんに頼んで、2戸の集合住宅を上池台で5×緑[*1]をやっている人たちが計画した。永田さん唯一の集合住宅です（笑）。旗竿敷地でね。そこに車を入れずにアプローチガーデンをつくるというので、その時初めて庭をつくったんです。それがきっかけで、永田さんの設計した家の庭をその後15件ほどやりました。

永田昌民さんの立体回遊式住居

趙　「山王の家」も永田さんと田瀬さんの共同作業による住宅ですが、見学させていただいたことがあります。たいして大きな敷地ではない（32坪）けれど、永田さんは敷地目いっぱいに建てないんですね。建物の周りが比較的広く空いている。山王の家はL型で、そのLの窪みのところに田勢さんのつくった庭があるのですが、その庭が建物の周りに残った空地とつながっています。面白いのはその庭がさらに隣の家の庭というか、路地のような隙間へ

藤が丘タウンハウス

百合ヶ丘ビレッジ

とつながっていくように見えることで、都市の隙間、町が持っている網の目のような隙間を繋いでいくような感じの仕事に見えました。

田瀬　僕ね、永田さんの仕事を「立体回遊式住居」と呼んでいるんですよ(笑)。敷地で空いてるところがあるでしょ。空が見えるところ。そこを空けて、ほかは壁にして、こうグルグル回って上がっていったり下りたり、そこに永田さんは開口をつくるんですよ。だから僕は永田さんの仕事は楽ちんで、窓の先に木を植えたりすればいい(笑)。永田さんは何かいつも空いてるところを探してつくっていたような印象がありますね。

小池　永田さんは旗竿敷地、案外好きだったと言っては失礼だけど、あの人、関西の人でしょ。京都や大阪は、旗竿敷地というか辻の奥まったところに家を置くことが多いんですね。永田流の言い方をすると、そのアプローチは長いほうがいいと。そこに季節の草花を植えて、人を迎える。人を迎えるってそういうことなんだと。

　ところが、そこに車が入ってくるようになったとたんに、辻ではなくなってしまうんですね。70年代から車がどんどん浸食してきて、伝統的な町家などにあった家と家の間の路地とか、そういう使われ方が失われてしまったと思いますね。

　一方で、建築家も工務店も注文住宅といっても与えられた土地から始まる。不動産屋さんがつくる大規模団地も区画割されていて、どうしてもその制約の中で建っている。しかも敷地と敷地の間はブロックとスチール製のフェンスという具合です。その中で建築家が腕を奮うといっても難しい。

　昔の町家は、前面の道路と接し、隣家の壁と接し、接することによって坪庭は成立していた。空地を実に巧みに生かしていたけれども、昨今、隣地境界とか道路後退とかって言っても、今の家の造りからいくと空地がまったく生きない。生かせない。意味のない空間が今の家に見られます。それは建築家が何かやるといってもやりようがないわけです。

「現代町家」で町の隙間をつなげる

趙　「現代町家」の仕組みを考えたのは、家をつくるときに同時に家の外の

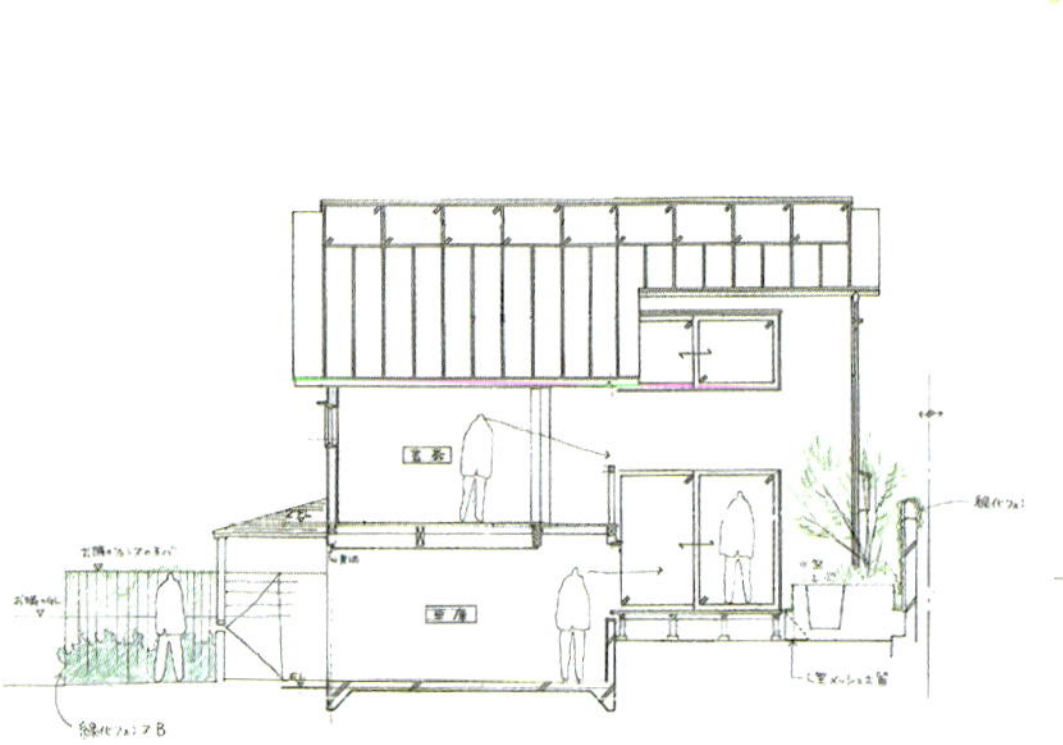

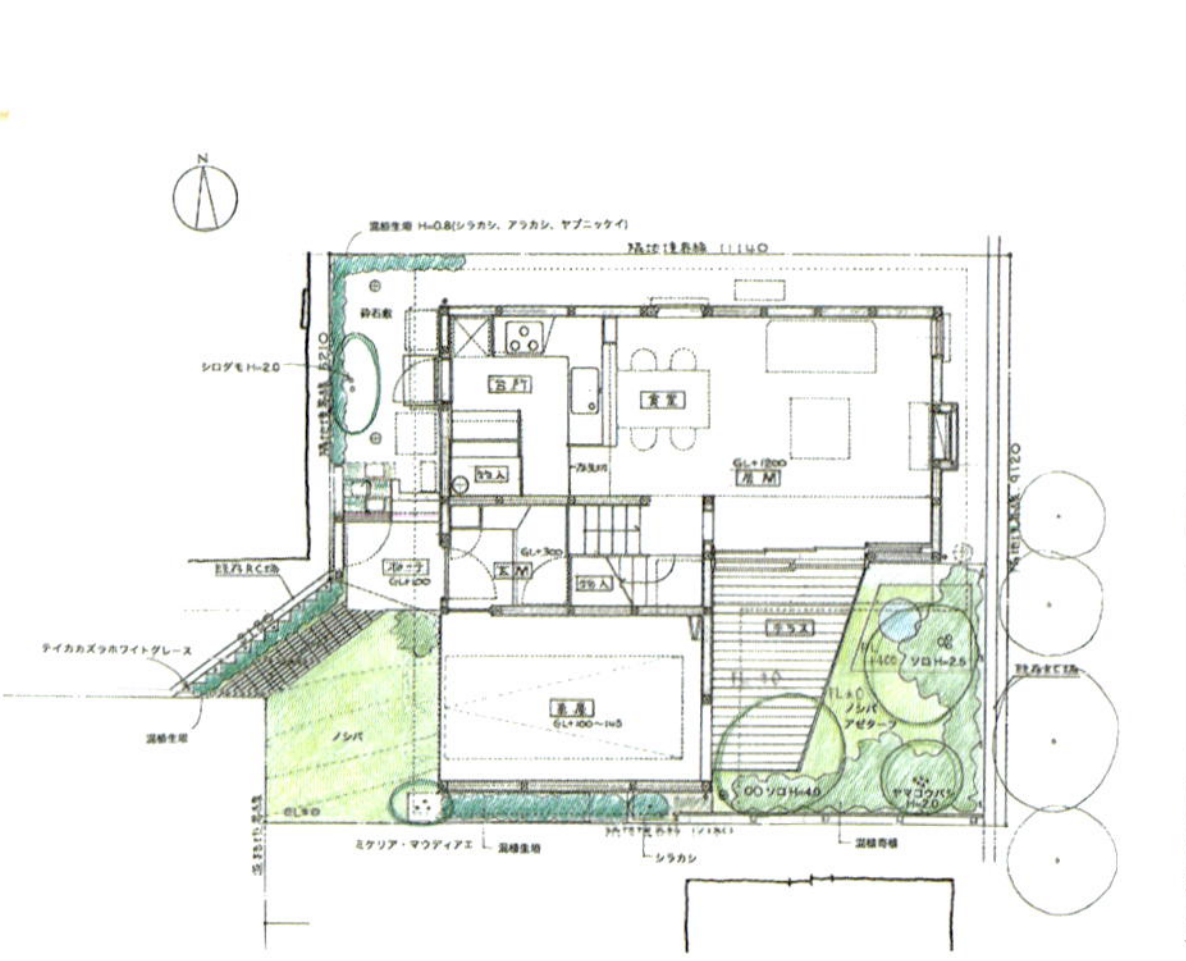

「山王の家」二〇〇四年竣工。設計／N設計室（永田昌民）、造園／プランタゴ（田瀬理夫）

空地というか隙間をうまくつくれる仕組みはないかと考えて、昔の町家をヒントに建物のスケルトンを母屋と下屋に分けた。母屋と下屋をずらすとか、離すとか、振るとかすると、必ず間に隙間ができます。その隙間をうまく町全体につなげて、全体を連続した風景にできないかと考えたのが「現代町家」なんです。

永田昌民さんの設計した住宅も基本的には母屋と下屋の構成になっていて、うまくずらしてありますね。それをもう少し意識的にやって、その隙間をうまくつなげていくような仕組みに持っていこうとしたのが「現代町家」の考え方なんです。

ですから田瀬さんに庭をやっていただいた「現代町家」は庭が一軒の庭だけで完結しないで、町に開いていくような構造になっています。それを2軒でも3軒でもいいからつないでいって、町の片隅から町かどをつくっていこうとしているわけです。

例えば伊神さんがこの前やられた「現代町家」の例では、2区画の旗竿敷地を一つにして3区画に分けた例があります。通常なら2区画を3区画にすれば、とんでもなく環境が劣悪になりますが、伊神さんがやられる住宅は町かどっぽくなる。車をなるべく入れないようにして、路地状の敷地を全部庭にしてつなげてしまうからですね。

伊神　真ん中に庭をつけて、共有できるようにしました。

趙　共有っていっても敷地境界はあるわけですね。

伊神　地面の中にあります（笑）。

趙　お客さんの反応はどうですか？　隣の家と地続きになっているということに抵抗感はありませんか？

伊神　「現代町家」を良いと言っていただけるお客さんに対して、こういうのが良いのではないですかといった感じで見ていただくと、ああ、そうだねって言われる方は多いですね。心配するほどお客様のほうに抵抗感はない。ただ私もローコスト住宅をやっていたときがありまして、ローコスト住宅のお客さんに対してこれを勧めても必ずクレームのもとになります。ですから誰にでも勧めるわけにはいきません。

行政が建築の芽を摘んでいる

田瀬　二〇一六年に神戸で里山住宅博

テラス脇の植栽（山王の家）。

車庫の奥の壁に穿たれた窓。庭を絵画のように切り取り視線を通す（山王の家）。

をやったときに、里山住宅博[*2]の敷地の隣に、新しい住宅地が既に完成していました。道路に面して全部コンクリートを打って、クルマが2台でも3台でも停まれるようになっていて、ブロックが1メートルぐらい積んであって、その上にネットフェンスがあって、その上に宅地がザーッとつながっている。どうしてあのような風景になってしまうのか、それは確認申請の手続きのせいだということがわかりました。

　里山住宅博のメンバーだった松澤穣さんが、設計したヴァンガードハウスの確認申請を提出したら、そんなの見ることができないから出すなと言われてたって（笑）。

　一九九九年に確認申請が民間に委託されるわけですが、その審査機関の人がもうわかることしか審査しない。段差は擁壁でやっています、境界はブロックを使っていますと申請書に書くと、すぐに降りる。だから工務店は時間をかけられないからそのように申請するんです。もうバカみたいな話です。

　確認申請の制度が変わってからずいぶん建築のつくり方が変わったのではないでしょうか。ものすごい弊害ですね。行政側が建築の芽を摘んでいる。

趙　宅地の既製品化ですね。もう本当に徹底してますね。伊神さんが日常の仕事で会う宅地の現状ってどういう状態なんですか？

伊神　数からいくと、やはり新しい敷地が多いです。建て替えは少ない。

趙　宅地として既に造成されていることが多いですか？

伊神　そうですね。そういう場合が多いかな。

小池　それをもう一度昔の里山風に戻すみたいなことなんですか？

趙　1軒だけだとできないですよね。だから、今、伊神さんがやろうとしているのは、まとめて2軒、3軒で何とかしようというふうなことを考えていらっしゃるわけですね。

伊神　ええ。その中でなら私のさじ加減でできるものですから。ただ道路を付けるとなると行政指導でアスファルト舗装にせざるを得なくなる。

趙　そうか。道路をつくるということは公道にするということなんですね。

伊神　そうですね。市に後の管理を移管するので、勝手なことはできないんですね。

趙　インターロッキングとか緑化された道路というのは受け付けてもらえな

＊2　二〇一六年六月から神戸市北区上津台で開催された地域工務店による期間限定の住宅博覧会のこと。財産としての「持ち家」ではなく、住まう場所としての「郊外」の見直しをテーマに掲げたこの住宅博では、街区は建築協定と設計ルールによって環境を保持し、斜面の里山は街区に住む人たちの持分共有地とした。現在、新たな家族が集い、集落をつくりはじめている。

いんですか？

伊神　これまでの経験ではダメでしたね。

田瀬　そういうところがね、役所の都合で。ひどいですよ。

趙　僕らの自衛手段としては道路をなるべくつくらない（笑）。大きな土地を開発行為で道路をつくって分割していくのではなくて、路地状敷地を何とかするようなことを考えざるを得ないですね。

「こかど」の挑戦

伊神　これまで工務店はお客さんの意見を聞いて、お客さんの希望どおりの家を建てるのが注文住宅だということを20年かけて教育してきたと思います。お客さんの希望を最大限かなえてあげるのが工務店の仕事だと。

でも今、私はお客さんの主導で家をつくってはだめだと思っているんです。こちらがプロとして絶対これがいいんだというものを提案していかないといけないと思っているんです。

だからもう今はお客さんの言うことはあまり聞いていないです（笑）。お客さんの数は減りますけれど、自分のやりたい家ができる。で、クレームも来ないので、これを突き詰めていきたいと思っているんです。

趙　自分のやりたい家って何ですか？

伊神　「現代町家」で群棟というか、何棟かまとめてつくる。私のところでは「小さなおうち」というのをやっているので、小さい町かどという意味で、「コカド」と呼んでいますが、「コカド」をやっていきたいんです。

お客さんに要望を聞けば、お客さんは、こうしたい、ああしたいと言います。でも任せてくれと言っています。お客さんがどうしても気に入らないと言ったら、やり変える覚悟はしています。それだけ覚悟と自信を持ってやらないと、お客さんの意見を聞いていては何も変わらないと思うんですね。

結局、私ら工務店がやる設計って、スケルトン＆インフィルということで言えば、インフィルの設計ばかりしているんです。それを設計打ち合わせと称している。インフィルの設計をして、それで外観が決まるみたいなことをやっているわけです。

私は町かどをつくるなら逆にスケルトンだけでもいいかなと思っている。スケルトンとインフィルの両方をやり

いがみ建築工房による小さな町かどづくり「こかど」の例。敷地境界を超えて各住宅の周りを一続きに緑化することで、狭い敷地であっても豊かな住環境をつくり出している。

きるとお金がかかるので、今、「こかど」ではスケルトン部分と庭だけ先につくって、インフィルは売れてからやってもいいかなと。

町かどをやるときの私のルールとしては、スケルトン部分に関してはこちらの主導でやらせてもらおうと。そうすると、外から見たときに町並みができるものですから。内部は住み手が好きなようにやっても大きく破綻はしません。

趙　スケルトンを先に置いて配置から考えるのは「現代町家」の大原則ですが、インフィルはあんまりやらないで、その分のお金を外構に回すということに、お客さんは納得しますか?

伊神　外構にお金をかけるということは最初にお客さんに話します。うちの家は一〇〇%外構が必要だと言って予算取りをします。標準仕様にしないと絶対だめですね。

家づくりから町かどづくりへ

真鍋　最近、小池さんが企画して田瀬さんが塾長をやった「町づくりプランナー養成塾*3」は、一つの敷地に一つの住宅という従来の設計者が考えてきた家づくりから町かどづくりへの頭の切替えの試みですね。

趙　すごく面白かったですね。田瀬さんの主導で、小さな町かどづくりと比較的大きな郊外型のと二つの課題に取り組みましたが、僕が感じたのは、とにかく参加者全員が敷地病患者。私も含めてね（笑）。

田瀬　柏市の町中にある敷地に4軒の家を建てなさいという課題を出したんです。

趙　4軒になると1軒だけでは解決できない問題がいろいろと出てくる。たとえば共用の道路をどうするかといった問題です。

小池　一番奥の家は困るんですね。

趙　必ず道路に面していない家が出てきますからね。

田瀬　課題に車2台という条件も付けた。1台ならけっこうできるんだけど、2台となると、もうとってもできなくなってしまう。

趙　今回の「町づくりプランナー養成塾」では、たとえば車を町かどの中まで入れてはいけないとか、できるだけ多くのものをシェアせよとか、いくつかそういう大きな目標を掲げてやって

＊3　町の工務店ネットが主催して茨城県つくば市で二〇一八年四月におこなわれた講座のこと。講師は田瀬理夫、趙海光の二人。課題は二つあり、一つは千葉県柏市の住宅密集地に、住まい手どうしのコミュニティーを育む「里山のある町かど」をプランニングするというもの。もう一つはつくば市の区域指定用地に「セルフ農家住宅」をプランニングするというもの。この養成塾は新しい用途地域「田園住居地域」をにらんだ先進的な取り組みとして注目を集めた。

みました。奥の敷地がどうしても条件が悪くなるわけですが、それを緩和するために知恵を絞らなくてはいけなくなって、路地を巡らすとか、菜園をみんなで管理するとか、何かしらシェアすることで環境を守る工夫が必要な状況に追い込まれます。

小池　これまで1軒の家の設計しかやった経験がない工務店は、町かどを計画する試みを面白がってくれました。こういう訓練を続けたいとみんな言ってましたね。

趙　小さい町かどから町全体を修復していく、そういう考え方のいい訓練になったと思うんです。やはり町かどをつくるというのは一人でできる仕事ではない。いろいろな人が知恵を出し合わないとできない。そういえば農業の専門家が一人参加していましたね。

小池　東大の柏キャンパスに在籍している農学の先生です。

趙　あの人がつくった計画は、もう感動的に面白かった。共有の菜園をつくるっていうんだけど、その菜園が絵空事でなくて、一軒の家庭で賄える菜園の面積はこのくらいで、そのために日当たりをこうすればよいとか、実にリアル。菜園だけではなく、それをサポートするための小さい広場がつくってあって、そこに共同の作業場も描かれていた。ああいうのを見ると、たとえ小さな町かどづくりでも建築家の設計力だけではできないと思いました。

小池　何人かで一緒にやればいろんな知恵が出てくる。町かどづくりはコーポラティブで、という考え方もあるかもしれません。

趙　確かに集合住宅のコーポラティブの手法を戸建ての町かどづくりに応用することも考えられますね。もう一つ面白かったのは、つくば市の区域指定された土地を使って旧集落のなかに新農家型住宅の群をつくるという課題で、真ん中に納屋を建てて、その納屋を3軒の農家でシェアしようという女性の案がありましたね。

田瀬　あれは秀逸だったな。

趙　僕もあの案を見たとき、これは良いと思いました。シェアする暮らしというのは絵空事になりがちなものですが納屋をシェアするというのはリアリティがあります。農家型コミュニティの新しいスタイルになりますね。

田瀬　彼女の説明が面白かったのは、なぜ3軒なんだという質問に対して、4軒だと2派に分かれちゃうことがあ

町づくりプランナー養成塾では課題に取り組む前に、地権者の案内で現地散策がおこなわれた。

ると。そのとおりだと思うんですね。基本的には奇数でないとだめだということだと思う。

小池 みんなで使う水場を一緒にするとかね。あそこは地下水が出るから共同の井戸が掘れる。共に住むと考えたとたんに、そういう共有のものをつくっていく視点が生まれる。納屋だけじゃなくてね。

趙 今まで隣地と接していても敷地で完全に分割されて、それぞれが離れ小島に住んでいるようなものだったけれど、実はその敷地にたいした大きな意味がないかもしれないと思ったとたんに、何か別な住まい方の可能性が見えてくる。「町づくりプランナー養成塾」の演習は、その意味で頭を一回白紙還元するいい機会だったと思います。

田瀬 今の我々の住まいは宅造して戸別にしてしまうと、もう下水道も何も行政が管理するからお隣といっしょにすることが何もないんです。だから実は最初から「限界集落」の状態なんですね。

「限界集落」というのは65歳以上の高齢者が人口の半分以上とか、水路や道路の共同管理をすっかりしなくなって、冠婚葬祭がその集落でできなくなって、というような五つぐらいの条件があるのですが、都会の住宅地というのは最初からもう全部条件が揃っている。「限界集落」そのものなんです。

小池 一九六〇年代の中頃から始まった高度経済成長により、大都市圏の外延化が進みました。郊外居住地は都心部に働きに行く人たちのベッドタウン（寝に帰る街）と呼ばれました。彼らは購入時、積極的に郊外を求めたわけでなくて、都市部の土地が高騰化したことによる「消極郊外」だった。

数十年を経た現在、それらの地域で空き家が増加し、日本の「ラストベルト」*4と呼ばれています。高齢化が進み、子どもたちは都市部のマンションに向かい、伴侶を失った主人は、寝に帰る街から寝たきりの街へと変わりました。看取る人がいなくなった主人は施設に入ろうにも、家が売れないということで困っている人が多い。

田瀬 空き家ばかりの郊外を、どう蘇生させるか、至難ですね。

郊外居住の可能性

小池 今、僕は郊外住宅にすごく関心を持っています。戦後高度経済成長以

*4 rust belt。「錆び付いた工業地帯」の意。具体的にはミシガン・オハイオ・ウィスコンシン・ペンシルベニアなどアメリカ中西部から北東部に位置する時代遅れの工場・技術に依存した鉄鋼、石炭、自動車などの主要産業工業地帯のこと。

「現代町家」による柏市郊外の町かどづくりの例（南増尾プロジェクト）。3間角2階建のベースに3間×4間平屋のゲヤを組み合わせたプラン。ベースとゲヤをずらして北と南に二つの庭をつくり、各戸の庭は路地によってつながっている。カーポートは2カ所にまとめ、敷地の真ん中に4戸が共有する菜園がある。

降につくられた首都圏の郊外住宅は、空き家がどんどん増えています。これをこれからどうするか。

たとえば2軒が空き家になったと。そこをまた同じように建て替えても町の風景は変わりません。どうやったら変わるかっていうと、2軒を連棟住宅にする。そうすると敷地境界は要らないから、その敷地境界の土地を前に持ってくれば、ちょっとした空間が生まれるのではないかと。で、その家をちょっと雁行型にするだけで変化がつく。だから住宅をもう一回建て替えるにしても、敷地をもう一度見直すだけで違う見え方が出てくるし、楽しくなります。

趙 たしかに、テラスハウスの可能性って大いにあると思いますね。私は自転車でよく東京中を走り回るのですが、東京って毛細血管のように路地が巡っているんです。自転車だからどこまでも路地の中に入り込んでいけるんですが、路地の奥に突然建売住宅群が現れる。とにかく凄まじい景観です。道路沿いにちっこいカーポートの付いた玄関がひしめき合って並んでいる。

そういったところに戸建ての意味はもう基本的にはない。それだったらまとめて3、4棟のテラスハウスにして、カーポートもまとめてしまうとか別のもっと賢い方法があるはずで、そうすればもう少し路地の風景も生きてくると思います。

小池 東京では1時間も電車に乗らないと郊外に出られませんが、地方では10〜15分程度で郊外に出られます。郊外でセルフ農業しながら街に勤めに出る、最近そんな試みを富山の工務店がやってのけました。「消極郊外」ではなく、「積極郊外」への転換を図る一歩となる取り組みです。

趙 富山の取り組みは面白いですね。

小池 富山は趙さんがかかわられた仕事が一つの起点になっています。「現代町家」の方法は、町なかだけでなく、「野の家」というか、郊外居住の方法にもなり得る、この自在性がいいと思っています。

真鍋 皆さんのお話を聞いていて、住まいが外に開いていくことによって家づくりの考え方や方法も変わりつつある、そういう時期に来ているのだなと実感しました。皆さんの今後のご活躍を期待しております。長い間、お話をありがとうございました。

（二〇一八年四月二七日収録）

南増尾プロジェクト立面イメージ。

あとがき

この本を書き終えていま改めて思うのは、建築家や工務店は「町かど」をつくるという新しい仕事に取り組むべきだ、その時期がもう来ている、ということです。

これまでパッシブな住宅のビジョンがさまざまに語られてきました。風を通し、太陽の光を利用し、雨水を貯め、環境と共生するといった事柄です。しかしそれは多くの場合、一軒の住宅のなかの話だったと思うのです。本当に風の力を利用するなら複数の家の間に生まれる微気候をコントロールしなくてはなりません。これは風の流れに限らず、木々の落とす陰や日当たりにも言えることでしょう。複数の家で町かどをつくる仕事は、これまでとは少し違うかたちの設計法を必要とします。

さらにまた、町かどをつくる仕事は一人ではできません。造園のプロ、行政の窓口、近隣やボランティアの方々まで、たくさんの人たちが計画段階から参加します。いや、参加できる体制をつくるべきです。そうしないと小さな町かどから町全体の環境を修復していくような効果は生まれないでしょう。

本書で提案した「現代町家」の設計法が、そういった「町かど」づくりへの入り口になることを願っています。

この本をつくることを勧めてくださったのは小池一三さん（町の工務店ネット代表）でした。「現代町家」という名前も小池さんの命名で、プロデューサー的な役割を果していただいています。また編集者の真鍋弘さんには本の構成からレイアウトに至るまで、すべてにわたって面倒を見ていただきました。パッシブソーラーの仕事に長く携わってこられた真鍋さんの貴重なアドバイスなしにはこの本はできなかったと思います。

「現代町家」をランドスケープの面から支援してくださっている田瀬理夫さん、「現代町家」で町かどをすでにつくっておられる伊神斉さんには、本書の座談会に登場していただきました。

また「現代町家」を実現するにあたって共に考え、作業し、施工してくださった日本各地の工務店の皆さまには深い恩を感じています。現在、「現代町家」のネットワークは思いがけない広がりを見せており、すでに実施している工務店からこれから実施するところまで含めたネットワーク地図を左頁に掲げました。最後に、現在すでに各地の「現代町家」にお住まいの皆さまに、深く感謝いたします。

二〇一八年六月

趙 海光

「現代町家」で町かどをつくる

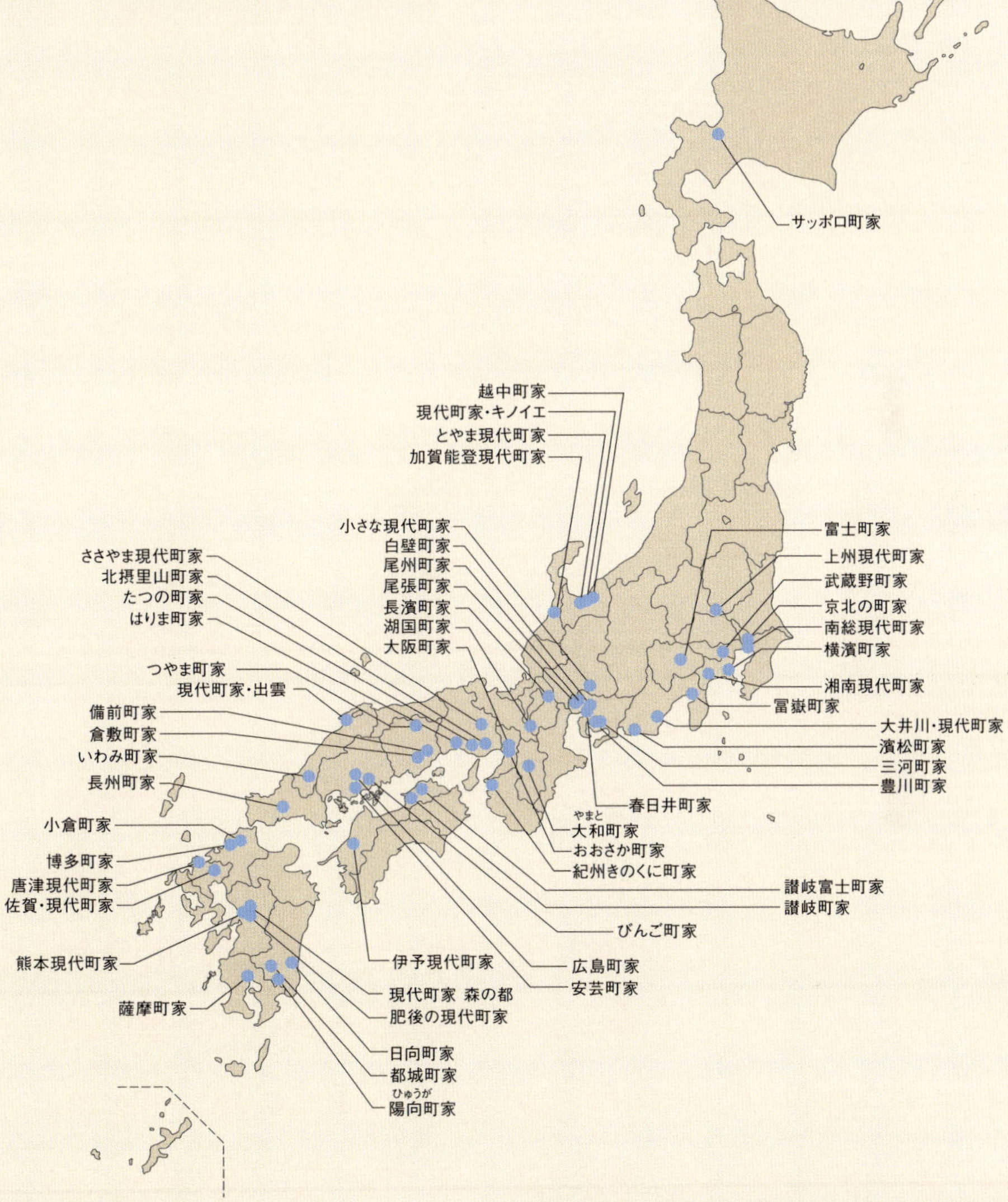

「現代町家」は町の工務店ネット内の「現代町家クラブ」参加の工務店によってつくられています。

1　美しい町並み景観をつくる家であること
2　緑あふれる家であること
3　長い必要・好み・寿命に応える家であること
4　地震に倒れない家であること
5　自然エネルギーを活用した家であること
6　特に、風が通る家であること
7　きれいな室内空気の家であること
8　木をたくさん用いる家であること
9　土・紙など自然素材を用いる家であること
10　楽しくお手入れできる家であること
11　その家は、前を通る人の家でもあること

（現代町家クラブの憲章から）

「現代町家」という方法

家づくりで町かどの風景を変える

二〇一八年七月一〇日第一刷発行

著者　趙 海光
発行者　馬場栄一
発行所　株式会社建築資料研究社
〒一七一ー〇〇一四　東京都豊島区池袋二ー三八ー二ー4F
電話 〇三ー三九八六ー三二三九　ファクシミリ 〇三ー三九八七ー三二五六
http://www2.ksknet.co.jp/book/
印刷所　シナノ印刷株式会社

[写真撮影・図版提供]
建築工房アシストプラスアルファ　p.9 右上・左上、59、62、63 上、63 右下、83 下
いがみ建築工房　p.97 上、107 上・中右
川島宙次　p.15
上田明　p.17、18、27、29 上･下、30 〜 33、35、38、40 右・左、41 上・下、42、49 上・右下・左下、78、79、87 下、97 下、100 〜 105、110、112
ぷらん･にじゅういち　p.20、24、50、53 上･下、84、85 上・下、91、93 下、94 下、99 左・右、109 右・左上・左下、122、125、129、131、132、135、137 上・下、147
市川かおり　p.43、46、47 上･下、66、67、70 〜 73、81 上・中・下、82、83 上、87 中、88 〜 90、98、104、105、123
北田英治　p.51、52、54、56、57
室澤敏晴　p.63 左下、64、65 上・下、87 上、107 下
山田新治郎　p.80
滝口建築　p.83 中、92 上・下
藤原木材産業　p.108 上
サンタ・クリエイト（山田つとむ）　p.108 下、114 〜 117
スギヤマオサム（ステイブル）　p.9 下、145 右・左
田瀬理夫　p.141 右・左、142 右・左、143 右・左

企画編集・制作　真鍋 弘◎ライフフィールド研究所
表紙デザイン　春井 裕◎ペーパー・スタジオ
図版制作　宮本善州、鈴木 聡（TRON/OFFice）

ISBN978-4-86358-582-9